하루15분
리더를 위한
인문학 수업

세상을 간파하고 움직이는 리더가 되는 법
하루 15분 리더를 위한 인문학 수업

ⓒ 임성훈 2022

인쇄일 2022년 10월 20일
발행일 2022년 10월 27일

지은이 임성훈
펴낸이 유경민 노종한
책임편집 이현정
기획편집 유노북스 이현정 류다경 함초원 **유노라이프** 박지혜 장보연 **유노책주** 김세민
기획마케팅 1팀 우현권 **2팀** 정세림 유현재 정지안
디자인 남다희 홍진기
기획관리 차은영
펴낸곳 유노콘텐츠그룹 주식회사
법인등록번호 110111-8138128
주소 서울시 마포구 월드컵로20길 5, 4층
전화 02-323-7763 **팩스** 02-323-7764 **이메일** info@uknowbooks.com

ISBN 979-11-92300-34-4 (03100)

세상을 간파하고 움직이는 리더가 되는 법

하루 15분
리더를 위한
인문학 수업

임성훈 지음

유노
북스

어떻게
세상을 간파하고 움직이는
리더가 될 것인가

如大器者 直要不受人惑 隨處作主 立處皆眞

(여대기자 직요불수인혹 수처작주 입처개진)

큰 그릇이라면 남에게서 얻어 미혹되지 말아야 한다. 이르는 곳마다
스스로 주인이 되는 현실을 창조하고, 선 자리가 모두 진실해야 한다.

임제의현 선사, 《임제어록》

 20여 년 전 따뜻한 5월, 나는 늦은 점심을 먹고 학교 도서관에서 이
책 저 책을 뒤적이고 있었다. 외환 위기의 터널 안에서 캄캄했던 시기,
현실은 팍팍하였다. 불안한 미래와 어깨를 짓누르는 의무감으로 줄이

끊어진 부표처럼 둥둥 떠다니던 시절이었다.

그러다 우연히 만난 한 문장! 머릿속에서 종이 울렸다. 순간 무한한 자유로움을 느꼈다. 탁류 속에서 허우적대다 갑자기 공중 부양하는 기분이랄까. 살얼음이 떠 있는 사이다를 들이켰을 때처럼 머리와 가슴을 시원하게 뚫어 주는 문장이었다.

'이런 글을 쓴 사람은 어떤 삶을 살았고, 어떤 생각을 했을까? 그는 자신을 어떻게 정의했을까?'

그날부터 나는 인문학의 바다에 빠져들었다.

문학·역사·철학에서 배우는 인간 경영

인문학人文學은 관점에 따라 그 정의가 다양하다. 일반적으로 '인간과 인간 문화에 대한 배움' 정도로 정의한다. 우리는 라틴어의 '후마니타스humanitas(인간다움)'를 《주역》에 나오는 '인문人文'[1]으로 번역해 쓰고 있는데, 그 뜻이 일맥상통하는 면이 있다.

'인문人文'은 '하늘의 도리에 따르는 인간의 도리, 인간의 질서'를 말한다. 文은 본래 '무늬, 결'을 뜻하는 글자로, 그 뜻을 그대로 살리면 인문人文은 '인간이 가진 고유의 무늬'라고도 할 수 있다. 즉 '인간다움, 인간의 길이 무엇인지 연구하는 학문'이 인문학이다. 그런데 이런 일반적인 정

---

1 《주역》 비괘(賁卦) 단사(象辭) "觀乎天文 以察時變 觀乎人文 以化成天下(관호천문 이찰시변 관호인문 이화성천하), 하늘의 무늬를 관찰해 사시 변화를 살피고, 인간의 무늬를 관찰해 천하를 조화롭게 완성한다"라는 말에서 '인문(人文)'을 따왔다.

의는 좀 심심하다. 조금 더 파고들어 보자. 구체적으로 인간은 어떤 속성을 가지며 인간다움, 인간의 길이라는 것이 무엇인지 생각해 보자는 말이다.

인간이란 어떤 존재일까? 인간은 감정과 욕망의 존재다. 울고, 웃고, 사랑하고, 미워하는 감정을 가지고, 가지기 힘든 것을 욕망한다. 인간의 보편적인 감정과 욕망을 이해하는 것을 인문학이라 할 수 있다.

다음으로, 인간은 행동한다. 그저 먹고사는 것에 그치지 않는다. 권력을 추구하고, 조직을 만들고, 때로는 다투기도 한다. 인간의 행동을 연구하는 것도 인문학이다.

또한 인간은 생각하는 존재이다. 무엇이 옳은지 그른지 따지고 자신이 누구인지, 삶이 무엇인지 정의하려는 욕구를 가진다. 인간의 사고를 들여다보는 것이 인문학이다.

인간의 감정, 행동, 생각. 이것이 인문학의 주요 연구 대상이다. 이런 인문학의 특징이 잘 드러난 대표적인 분야가 문학, 역사, 철학이다. 칼로 두부 자르듯 나눌 수는 없지만, 우리는 문학, 역사, 철학에서 각각 인간의 감정, 행동, 생각을 읽을 수 있다.

첫 번째, 문학은 경험과 상상력의 산물이다. 있을 법한 인간의 일이다. 우리는 문학을 통해 상상으로 만든 상황, 가상의 무대에서 인간이 어떤 감정을 느끼는지, 무엇을 욕망하고 성취하고 좌절하는지 살펴볼 수 있다. 《일리아스》에서 아킬레우스의 분노를, 《파우스트》에서 파우스트 박사의 욕망을 찾아보자.

두 번째, 극적인 역사의 한 장면에서 주인공들의 결단과 행동은 경외심을 불러일으킨다. 레오니다스는 절대적으로 열세인 그리스 연합군을 이끌고 테르모필레를 사수하려다 죽고 말았다. 궁형을 당한 사마천은 역경을 딛고 불멸의 역사서《사기》를 남겼다. 제갈량은 계란으로 바위 치기인 줄 뻔히 알면서 북벌을 고집하였다. 그들은 왜 그런 행동을 했을까? 그들은 자기만의 생각의 결이 있었다. 명예, 소명 의식, 충성 등 가치관이 뚜렷했다. 역사의 현실 속에서 자기 삶을 살았다.

세 번째, 생각 없는 경험은 성장에 도움이 되지 않는다. 철학자들은 자기 경험뿐만 아니라 선배들과 동시대인들의 경험을 재료 삼아 사유를 전개하고, 자기만의 생각을 단단하게 구축하였다. 소크라테스는 아테네인들에게 손가락질받으면서 '무지의 지'를 설파하다 죽음을 맞이하였다. 마키아벨리는 이탈리아의 통일이라는 시대적인 이상을 실현하기 위해 수십 년간 고전을 연구하고, 고향 피렌체에서 쓰임 받기 위해《군주론》을 집필하였다. 장자는 전국 시대 고통받는 민중들의 삶을 보며, 지배 수단에 불과한 군주들의 허울과 명분을 초월한 자기만의 자유로운 세계관을 정립하였다.

문학, 역사, 철학에서 조금씩 다른 인간의 특성을 찾아볼 수 있지만, 공통점은 자기만의 관점으로 세상과 삶을 바라보는 것, 결국 주인의식을 내포한다는 것이다. 인문학을 통해 얻을 수 있는 것, 통찰력과 내공 있는 리더가 되기 위해 필요한 것이 바로 이 주인의식이다. 외부의 소음을 차단하고 스스로 설 수 있는 힘은 수천 년의 지혜가 담긴 인간의 이야기 안에 있다.

인문적인 삶은 철저하게 자기 삶의 주인이 되는 것이다

그렇다면 '인간다움'이란 무엇일까? 여기에서부터는 가치관이 좀 더 문제가 된다. '무엇은 인간답고 무엇은 그렇지 않다'고 판단하는 기준이 필요한 것이다. 단순히 '옳다, 그르다'는 윤리학의 영역이 아니다. 인문학적인 통찰과 내공이 필요하다.

다수가 생각하고 느끼고 행동하는 방식이 인간다운 것일까? 소수의 천재 철학자의 그것이 인간다운 것일까? 약 2,500년 전 아테네 시민 소크라테스의 인간다움과 오늘날 서울 강남 거리를 걸어 다니는 한국인의 인간다움은 같아야 할까, 달라야 할까? 시간과 공간의 한계를 뛰어넘는 '인간다움'이란 것이 있을까?

이 책의 맨 처음 《임제어록》의 말로 돌아가서 '큰 그릇'을 '인간다운 사람', '인문적인 사람'으로 바꾸어 읽어 보자. 인문적인 사람은 남에게 미혹되지 않는다. 자기의 생각이나 감정, 행동을 타인에게서 얻으려고 하지 않는다. 타인의 인정에 목매지도 않는다. 지식도 남의 입으로 전해 들으려 하지 않고, 스스로 씹어서 소화한다. 인간다움이 무엇인지 스스로 정의한다. 타인에게 의존하면 미혹된다. 명료하지 않고 모호하다. 내가 원하는 것인지, 남이 좋다고 해서 원하는 것으로 착각하는 것인지 판단하기 힘들다.

'作(작)'은 '스스로 만들고 행동하고 창조하는 것'이다. 남의 이야기를 따라 하는 것이 아니라 나만의 고유한 이야기를 만들어 가는 것이다. 남에게 의존하는 노예가 아니라 주인으로서의 현실을 창조하는 것이다. 타인에게 의존해 끌려가는 삶은 인간답지 않고 진실하지도 않다. 자신을 속이는 것이다.

요약하자면, '인간다움'의 핵심은 타인에게 의존하지 않는 것이다. 나만의 관점을 갖고, 내가 스스로 생각하고 행동하는 것이다. 절대적인 인간다움이 있는 게 아니다. 주인으로 살아가는 각자의 인간다움이 있다. 지구상의 모든 인구수만큼의 인간다움을 발견해 가는 것이 인문학이 아닐까?

하루 15분, 수천년의 통찰을 내 것으로 만들어라

이 책을 집어 든 독자들은 아마 다음과 같은 몇 가지를 기대하고 있을 것이다.

첫째, 급변하는 시대에 중심을 잡기 위한 기준과 인문학적인 통찰력을 얻고 싶다.

둘째, 짧은 시간을 투자해서 풍부한 인문학적인 지식을 얻고 싶다.

셋째, 인문학의 주요 흐름과 뼈대를 잡고 싶다.

이 책은 세 가지에 중점을 두고 집필하였다.

첫째, 고전의 저자 혹은 역사적인 주인공의 삶을 이해하는 데 많은 지면을 할애하였다. 문학 작품도 사람이 쓰고, 역사도 사람이 만든다.

철학 사상도 마찬가지로 사람의 생각이다. 중요한 것은 그 '사람'이다. 책을 쓴 '그 저자', 역사 속의 '그 인물', 특정한 사상을 전개한 '그 사상가'가 중요하다. 그의 삶을 이해하지 않고서는 왜 그런 작품을 썼는지, 왜 그런 역사적인 결단을 내렸는지, 왜 그런 사상을 전개했는지 온전한 이해가 어렵다. 인문학은 정답을 찾는 것이 아니다. 사람의 삶을 느끼고 이해하는 것이다.

고전에는 정확한 답은 없다. 하지만 나만의 답을 찾을 수 있는 실마리를 얻을 수 있다. 책에 소개한 고전 중에 관심 가는 책의 원전이나 완역본을 읽으면서 필사하거나 관련 서적을 찾아보길 바란다. 이 책을 계기로 인문학의 세계에 더 깊이 들어가 보기를 권한다.

둘째, 정확한 지식을 전달하려고 하였다. 지식은 중요하다. 정확한 지식을 가진 사람의 말은 힘이 있다. 이 책은 인문학의 다양한 분야 중 대표적인 문학, 역사, 철학의 굵직굵직한 지식을 누구나 쉽게 알 수 있도록 정리하였다. 인문학의 큰 틀을 잡는 데 도움이 될 것이다.

이 책은 처음부터 쭉 읽어 나가도 좋지만, 목차를 보고 관심 가는 부분을 뽑아서 읽어도 좋다. 문학, 역사, 철학 각 장 안에서는 시간의 흐름에 따라 구성했기 때문에 전체적인 흐름을 알고 싶다면 각 장 안에서는 순서대로 읽어 나가기를 권한다.

백과사전식으로 단순히 지식을 정리한 것은 재미없다. 역사 편에서는 역사적 인물의 상황을 생동감 있게 느낄 수 있도록 이야기 중심으로 구성했고, 문학 편과 철학 편에서는 고전 속 명장면, 명언을 뽑아 소개하였다. 명언은 여러 번 곱씹으면서 생각을 확장하고, 외우거나 필사해서 활용해도 좋을 것이다.

지면상 다수의 주제를 다루지 못했기에 이 책만으로는 성에 차지 않을 수도 있겠지만, 이 책을 읽고 나면 누구와 인문학적인 대화를 나누더라도 크게 부족하지 않을 것이다.

셋째, '내 삶의 주인으로 살아간다는 것'에 대한 화두를 던졌다. 인문적인 삶은 타인에게 의존하지 않고, 철저하게 자기 삶의 주인이 되는 것, 나만의 관점을 만들어 가는 것이다. 주인이 되어 가장 나답게 살아가는 것이 가장 인간다운 것, 인문적인 것이다. 지식을 얻는 것과 함께 독자들이 각자 '나는 어떤 관점으로 내 삶의 주인이 될 것인가?'에 대해 생각해 보길 바란다.

이 책은 크고 작은 조직을 이끌어 가는 리더를 염두에 두고 썼다. 크게는 국가 기관이나 기업을 이끌어 가는 CEO뿐 아니라, 작게는 한 가족의 가장도 얻어 갈 메시지가 있을 것이다. 특히 역사 편이 현실적인 도움이 될 것이다. 제국을 건설하고 이끌어 간 키루스, 페리클레스, 칭기즈 칸의 이야기와 원칙의 리더십을 보여 준 제갈량, 창의적인 천재 이순신의 이야기 등을 읽으며 조직을 이끌어 가는 데 영감을 받길 바란다. 다양한 변화에 직면한 이 시대에 어떤 기준을 잡고 조직을 운영할 것인지 통찰력을 얻어 갈 수 있으면 좋겠다.

이 책은 또한 모든 이를 위한 책이다. 인문학의 거대한 바다 안에서

놀며 느낀 것은 '그 어떤 사람의 삶도 의미 있다'는 것이다. 내 삶을 절대 평가 절하하지 말자. 각자의 삶에 대한 평가는 오직 자기만이 할 수 있다. 우리는 각자 자기 인생의 CEO이다. CEO는 판단하고 책임지는 사람이다. 다른 사람들의 깨달음과 경험은 참고만 하지, 그대로 따라만 하지 말자. 인문학에 현실 문제의 구체적인 답이 모두 들어 있지는 않겠지만, 당신의 삶에 인문학을 허용한다면, 분명히 탁월한 관점으로 세상을 바라보고, 자기 삶의 주인이 될 수 있을 것이다.

차례

2장
미래를 예측하는
감각이 필요할 때
흐름을 간파하는 역사 편

3장
변화에 대처하는
기준이 필요할 때
사람을 움직이는 철학 편

1장

보이는 것 너머를 보는 눈이 필요할 때

본질을 파악하는 문학 편

고대 문학

르네상스 문학

계몽주의 문학

고전주의 문학

20세기 문학

B.C. 8세기

B.C. 19년

8년

1321년

1726년

1759년

1831년

1919년

그리스:
호메로스, 《일리아스》,
《오디세이아》

로마:
베르길리우스,
《아이네이스》

로마:
오비디우스,
《변신 이야기》

이탈리아:
단테, 《신곡》

영국: 조너선 스위프트,
《걸리버 여행기》

프랑스: 볼테르,
《캉디드 혹은 낙관주의》

독일:
괴테, 《파우스트》

독일:
헤르만 헤세,
《데미안》

1강

호메로스, 《일리아스》

주어진 상황을
어떻게 받아들이겠는가

헥토르와 아킬레우스의 운명

"신의 정원에는 두 개의 항아리가 있다.

하나에는 나쁜 선물이, 다른 하나에는 좋은 선물이 들어 있다.

운명을 받아들이고 눈물을 멈추어라."

호메로스, 《일리아스》

새해가 되면 많은 사람이 운수를 점치거나 첫날 떠오르는 해를 보며 한 해의 운이 좋기를 기원한다. 고대로부터 인간은 자신의 운명을 읽으려는 다양한 시도를 하였다. 점성술, 사주, 수상학, 관상, 타로점 등등 현재에도 마음먹고 둘러보면 내 운명에 대해서 알려 주겠다는 운명 전문가들이 가득하다.

운명이란 정해져 있는 것일까, 아니면 바꾸거나 피할 수 있는 것일까? 정해진 운명이 나쁘다면 피하고, 좋다면 기쁘게 맞이하려는 것이 인지상정이다. 고대 그리스인들도 이런 질문을 스스로 던져 보았을 것이다. 호메로스의 《일리아스》를 중심으로 운명에 대한 그들의 생각을 읽어 보자.

호메로스Homeros, B.C. 800?~750는 고대 그리스의 전설적인 서사 시인으로서, 서양 문학의 원형이자 뿌리가 된 《일리아스》와 《오디세이아》를 썼다. 호메로스의 작품은 그리스 정신의 출발점이 되었다고 해도 과언이 아닐 정도이다. 그만큼 그리스인들의 정체성에 대단한 영향을 주었다.

《일리아스》는 기원전 12세기경에 일어난 것으로 추정되는 그리스 연합군과 트로이군의 10년 전쟁이 그 배경이다. 그중 전쟁의 막바지 50여 일 동안 그리스와 트로이 사이에서 일어난 전투와 그에 관여하는 신, 그리고 영웅들의 이야기이다. '일리아스'는 '일리오스의 노래'라는 뜻인데, '일리오스'는 고대의 도시 트로이를 말한다.

호메로스는 트로이 전쟁을 신화와 역사의 경계에서 노래하였다. 인간의 이야기(역사)이면서 동시에 신들의 이야기(신화)인 것이다. 신들이 개입하면서 인간의 장엄한 이야기에 '운명'이라는 힘이 강하게 작용하게 된다.

이미 끝난 결정은
뒤돌아보지 않는다

"노래하소서, 여신들이여! 펠레우스의 아들 아킬레우스의 분노를!"
이렇게 그들은 헥토르의 장례를 치렀다.

《일리아스》는 그리스의 명장 아킬레우스의 분노로 시작해서 트로이
의 왕자 헥토르의 죽음으로 끝맺는다. 그리스와 트로이의 대결, 아킬레
우스와 헥토르의 대결, 아킬레우스의 분노와 헥토르의 죽음이 이야기
의 핵심이다. 재미있는 점은 아킬레우스의 분노가 어디를 향하느냐에
따라 전쟁의 향방이 결정되었다는 것이다. 초반부에는 아킬레우스의
분노가 상대편 트로이가 아니라 그리스군 총사령관 아가멤논에게 향하
였다. 그 이야기는 이러하다.

전쟁 10년째가 되는 해에 그리스군에게 역병이 돈다. 아킬레우스는
이 역병의 원인이 아가멤논에게 있다고 공개적으로 비난하였다. 아가
멤논이 아폴론을 모시는 사제의 딸을 자신의 전리품으로 삼아 돌려보내
지 않았기 때문에 아폴론의 분노를 샀다는 것이다. 이에 아가멤논은 자
기만 명예의 선물이 없으면 안 된다며 아킬레우스의 여인 브리세이스를
가로챈다. 사령관에게 애인을 빼앗긴 아킬레우스는 아가멤논을 '백성을
잡아먹는 왕'이라고 욕하면서 싸움터에 나가지 않기로 맹세한다.

그리스군에서 가장 용맹한 장군인 아킬레우스가 전쟁에서 빠지자,

트로이군은 그 기회를 놓치지 않았다. 트로이군의 공격에 그리스군은 해안의 함선까지 밀리면서 패색이 짙어진다. 주변에서 아킬레우스에게 분노를 거두고 전투에 나갈 것을 권하지만 그는 완강하게 거부한다. 이를 보다 못한 아킬레우스의 친구 파트로클로스가 그의 무구를 대신 입고 전투에 나가 트로이군을 몰아낸다. 이때 아킬레우스는 친구에게 트로이군을 몰아내기만 하고 트로이 성벽 가까이에는 가지 말라 충고하지만, 파트로클로스는 적진 깊숙이 쳐들어간다. 결국 그는 헥토르의 창에 죽음을 맞이한다.

헥토르가 파트로클로스에게 승리를 거둔 것까지는 좋았는데, 경솔하게 그의 몸에서 아킬레우스의 무구를 벗겨 낸 것이 문제였다. 헥토르가 파트로클로스의 시신과 무구를 정중히 그리스군에게 돌려주었더라면 죽음의 운명을 피할 수 있었을지도 모른다. 하지만 그는 아킬레우스에게 죽을 운명이었던 모양이다. 형제와도 같은 파트로클로스의 죽음으로 아킬레우스는 분노가 폭발한다. 두 영웅을 죽음의 운명으로 이끄는 분노, 그의 분노는 헥토르에게 향한다.

"아무리 괴롭더라도 지난 일은 잊어버리고, 가슴속 마음을 억제해야겠지요. 나는 이제 분노를 거둘 것이오."

아가멤논과 화해한 아킬레우스는 대장장이 신 헤파이스토스가 만들어 준 새로운 무구를 입고 전투에 나선다. 헤파이스토스는 어릴 적 아킬레우스의 어머니 테티스에게 보살핌을 받은 은혜를 이것으로 갚았다. 이때부터 전장은 아킬레우스의 독무대가 되었다. 그는 트로이의 수많은 장수를 제압하고, 마침내 헥토르와도 일대일 결투를 한다. 호메로스는 이 장면에서 헥토르가 죽을 수밖에 없는 운명임을 보여 준다.

"프리아모스는 손으로 머리에서 흰 머리털을 쥐어뜯었지만, 아들의 마음을 움직일 수 없었다."

트로이군은 아킬레우스의 기세에 밀려 성으로 후퇴하여 들어갔는데, 헥토르는 아킬레우스와 싸우지 말라는 아버지와 어머니의 말을 듣지 않고 혼자 남아 맞선다.

"이미 운명이 정해져 있는 한낱 필멸의 인간을 가증스러운 죽음에서 구하려 하시다니요!"

제우스가 죽음이 예정된 헥토르를 안타까워 하여 구하려는 속내를 내비치자, 그의 머리를 쪼개고 태어난 여신 아테나[1]가 반대한다. 인간의 이야기와 신의 이야기가 모두 죽음의 운명으로 흘러간다.

---

1 그리스 신화에 나오는 올림포스 12신 중 하나로, 전쟁·지혜·기술·직물 등을 관장하는 여신이다. 제우스가 첫째 아내인 메티스를 삼켰다가 그의 머릿속에서 다 자란 아테나가 나온 것으로 전해진다. 아테나는 트로이 전쟁에서 그리스의 편을 든다.

헥토르는 싸우려고 마음먹었지만, 막상 아킬레우스의 모습을 보자 오금이 저려 줄행랑친다. 트로이 성을 세 바퀴나 돌면서 아킬레우스를 피해 달아나다가 결국 그와 맞서는데, 이것은 아테나의 계략이었다. 그녀가 헥토르의 동생 데이포보스로 변신해서 함께 아킬레우스와 싸우자고 한 것이다. 헥토르는 첫 번째 던진 창이 아킬레우스의 방패에서 튕겨 나오자 데이포보스에게 긴 창을 달라고 한다. 하지만 아테나는 이미 사라지고 난 뒤였다. 결국 헥토르는 아킬레우스의 창에 목숨을 잃는다.

아킬레우스는 헥토르의 시신을 돌려주지 않고 화풀이한다. 친구를 죽인 자를 곱게 두고 싶지 않았던 것이다. 분노의 폭발. 아킬레우스는 헥토르의 다리를 묶어 전차에 매달아 머리가 뒤에서 질질 끌리게 하면서 트로이 성 주변을 돌며 분을 풀었다. 그 모습을 본 트로이의 백성들은 절망하고, 헥토르의 부모, 아내, 형제는 머리를 감싸며 울부짖는다.

매 순간을 결정하는 것은
나 자신이다

"나는 참으로 불행한 사람이오. 드넓은 트로이아에서 가장 훌륭한 아들들을 낳았지만 그중 한 명도 남지 않았으니 말이오."

헥토르가 죽은 뒤 트로이의 왕 프리아모스는 홀로 아킬레우스를 찾아가 아들의 시신을 돌려 달라고 간청한다. 이때 아킬레우스는 한편으로는 자신의 늙은 아버지를 생각하면서 한편으로는 죽은 파트로클로스를 떠올리며 울고, 프리아모스는 죽은 자식을 생각하며 운다. 한바탕 울고 난 다음 아킬레우스는 프리아모스의 손을 잡으며 슬퍼만 하지 말고 운명을 받아들이자고 말한다. 그리고 헥토르의 시신을 돌려준다.

"내 아들아! 너는 역시 단명하겠구나. 헥토르 다음에는 네가 곧 죽게 되어 있으니 말이다."
"제 죽음의 운명은 언제든 받아들이겠습니다."

《일리아스》에는 나오지 않지만, 아킬레우스는 후에 헥토르의 동생 파리스에게 화살을 맞고 죽는다. (유명한 '아킬레스건²'에 화살이 박힌다.) 그는 전쟁에서 헥토르를 제압하고 명예를 얻으면 죽을 운명임을 알고 있었지만, 친구의 복수를 대신하고 명예를 얻는 쪽을 택한다.

"언젠가 우리에게 멸망의 날이 오리라는 것을 알고 있소. 하지만 항상 용감하게 선두에서 명예를 지키도록 배웠기에 전투에서 물러설

---

2   아킬레우스의 어머니는 바다의 요정 테티스이다. 원래 제우스의 사랑을 받았지만 '아버지보다 모든 면에서 뛰어난 아들을 낳는다'는 예언 때문에 제우스는 그녀를 포기한다. 테티스는 인간인 펠레우스와 결혼하여 아킬레우스를 낳는다. 테티스는 아킬레우스가 아기일 때 그를 불사의 몸으로 만들기 위해 저승의 스틱스강에 담갔는데, 그녀가 잡았던 발목 부분(아킬레스건)은 치명적인 약점으로 남았다.

수 없소."

헥토르도 결국 트로이가 멸망당하고, 자신도 죽음을 맞이할 것을 알고 있었지만, 명예를 지키기 위해 자기 역할을 다하였다.

《일리아스》에는 이렇게 운명을 읽었지만, 자신이 가야 할 길을 가는 고대인들의 모습이 곳곳에 드러난다. 운명이라는 것이 존재하는지, 그것을 피할 수 있는지 없는지는 알 수 없는 일이다. 그리스인들은 인간의 삶이 신들과 완전히 동떨어져 펼쳐진다고 생각하지 않았다. 신의 뜻을 운명이라고 한다면, 그들은 인간의 운명이 정해져 있다고 믿은 것이다. 그들의 생각을 받아들이든 그렇지 않든, 자기 삶을 살아가기 위해서는 운명에 대한 태도를 결정할 필요가 있다.

5분 통찰

헤르만 헤세는 《데미안》에서 "운명과 마음은 하나의 개념에 대한 이름들이다"라고 하였다. 운명은 결국 나의 마음, 성격, 가치관에서 만들어진다. 어떤 가치를 지킬지 결정하는 데에서 운명이 달라지는 것이다.

《일리아스》의 두 주인공 아킬레우스와 헥토르는 자신들의 가치관을 지키면서 닥쳐오는 운명을 피하지 않았다. 어떤 현실이 펼쳐지든 자신의 몫이라면 당당하게 받아들이고 운명의 주인이 되는 삶을 선택하였다. 그들은 죽음 앞에서도 지켜야 할 가치를 지켜 냄으로써 자신이 운명의 주인임을 증명하였다.

아킬레우스의 말대로 신의 정원에는 나쁜 선물과 좋은 선물이 들어 있는 운명의 항아리가 있다. 인간의 머리로 열심히 계산한다고 해도 어떤 항아리를 선물로 받을지는 알 수 없다. 운명은 예측하기 힘들다. 우리가 할 수 있는 것은 해야 할 일을 하며 자신의 운명을 담담하게 받아들이는 것이 아닐까?

호메로스, 《오디세이아》

길은 잃어도
목적지는 잃지 마라

오디세우스의 목적

> "아직 우리의 고난이 다 끝난 것이 아니오.
>
> 우리가 겪어 내야 할 헤아릴 수 없이 많은 노고가 닥칠 것이오."
>
> 호메로스, 《오디세이아》

고난이 없는 삶이 어디 있을까? 잔잔한 호수와 같은 삶은 그리 많지 않다. 우리 삶은 바다와 같다. 바다에는 시시때때로 파도가 거칠게 몰아치고 짐작할 수 없는 드라마가 펼쳐진다. 파도에 높은 지점과 낮은 지점이 있듯이 꼭 그렇게 우리 삶에는 기쁨과 희망도 있고 고통과 절망도 있다.

그리스 반도는 삼면이 바다로 둘러싸여 있고, 주변에는 수많은 섬이 있다. 그리스인들에게 바다는 삶이었다. 그들은 바다를 항해하면서 인생을 배웠고, 영웅담과 모험담을 만들어 냈다. 《오디세이아》는 인생과 닮은 바다를 항해하는 그리스인들의 이야기이다.

《오디세이아》는 《일리아스》의 후속편이다. 트로이 전쟁에서 승리한 그리스의 장군이자 이타카[1]의 왕 오디세우스가 10년의 전쟁을 마치고 집으로 돌아가는 고난의 여정을 그렸다. 오디세우스는 트로이 전쟁을 그리스의 승리로 이끄는 데 결정적인 역할을 하였다. 유명한 '트로이의 목마'가 바로 오디세우스의 아이디어이다. 지략과 용맹을 두루 갖춘 오디세우스의 모험담인 《오디세이아》는 여러 원형을 만들어 냈다. 모험담의 원형, 아내를 두고 떠난 남편의 불안 심리의 원형, 지혜로운 자의 원형, 모든 것을 잃고 귀향하는 이야기의 원형이 된 그 서사시를 살펴보자.

고난에 변명하지 말고
실패에 굴복하지 마라

트로이 전쟁이 끝난 후 오디세우스는 부하들과 함께 먼저 트로이와

---

1   그리스 중서부 케팔레니아 섬 동쪽에 있는 작은 섬.

동맹 관계를 맺고 있었던 도시, 이스마로스를 공격한다. 오디세우스 일행은 처음에는 승리해 재물을 약탈하였지만, 상대가 힘을 모아 다시 공격해 왔을 때는 이겨 내지 못하고 도망친다. 이 전투에서 많은 전우가 적에게 죽임을 당하였다. 고난이 시작된다.

무시무시한 바람에 바다 위를 밀려다니다가 겨우 도착한 곳은 로토파고이족의 나라였다. 로토파고이족은 오디세우스 일행에게 로토스라는 열매를 주었다. 이것을 먹은 오디세우스의 부하들은 항해의 목적, 즉 고향으로 돌아가야 한다는 것을 잊고 그곳에 머무르려고 한다. 오디세우스는 울고불고하는 부하들을 억지로 이끌고 다시 바다로 향한다. 리더가 목적지를 잊지 않아 곤경에서 벗어난 것이다.

다음으로 오디세우스 일행은 외눈박이 거인 키클롭스들의 섬에 도착한다. 오디세우스는 그 섬에서 염소들을 잡아 배불리 먹고는 바로 떠나지 않는다. 오디세우스 일행은 호기심에 폴리페모스라는 거인의 동굴에 들어가게 된다. 폴리페모스는 바다의 신 포세이돈의 아들로, 신도 두려워하지 않는 자였다. 그가 무거운 돌덩이로 동굴 입구를 막아 버려서 오디세우스 일행은 동굴 속에 갇혀 몇몇은 거인의 먹이가 되고 만다. 오디세우스가 꾀를 내어 거인에게 포도주를 먹이고 술에 취해 잠든 거인의 눈을 찔러 위기에서 벗어나지만, 배를 타고 떠나면서 결정적인 실수를 한다.

"키클롭스! 네가 속이 빈 동굴에서 강력한 힘으로 먹으려 한 것은 보다시피 결코 허약한 자의 전우들이 아니었다. 그렇게 네 악행이 너를 따라잡게 되어 있었으니, 무정한 자여! 너는 네 집에서 손님 잡아먹기를 두려워하지 않았으니, 제우스와 다른 신들께서 벌을 내리신 것이다.”

그가 승리감에 폴리페모스를 조롱한 것이다. 거인은 커다란 바위를 집어던지고 저주의 기도를 한다. 오디세우스가 집에 돌아가지 못하거나, 돌아가더라도 부하들을 전부 잃게 해 달라고 자기 아버지 포세이돈에게 비는 바람에 오디세우스의 고난은 몇 배가 된다.

바람의 신 아이올로스의 섬에서는 바람의 신에게 환대받고, 떠날 때는 귀향에 방해가 되는 모든 방향의 바람을 가둔 가죽 자루를 선물로 받기까지 하였다. 여기까지는 좋았는데, 부하들이 오디세우스만 좋은 선물을 받은 것으로 오해하여 가죽 자루를 열고 만다. 그들은 고향 바로 앞까지 왔다가 다시 아이올로스의 섬으로 밀려가 버렸다.

고난은 계속 이어졌다. 오디세우스는 안티파네스라는 거인이 다스리는 나라에서 전우들과 배를 숱하게 잃은 뒤 도망쳐, 키르케라는 마녀가 있는 섬에 이른다. 키르케는 오디세우스의 부하들에게 마법을 걸어 돼지로 만들어 버리는데, 전령의 신 헤르메스의 도움을 받은 오디세우스가 그들을 구한다. 하지만 키르케의 유혹에 빠져 집으로 갈 생각을 하지 않고 1년을 그곳에서 잘 먹고 마시며 지낸다. 집으로 보내 달라는 오디세우스에게 키르케는 앞으로의 여정을 알려 준다. 그것을 들은 오디세우스는 맥이 풀려 버렸다. 저승에 가서 예언자 테이레시아스에게 귀향에 대해 들어야 한다는 것이었다.

"그대는 고생은 하더라도 고향에 돌아가게 될 것이오. 그대가 자신과 전우들의 마음을 억제하려고만 한다면."

저승에서 만난 테이레시아스는 절대로 태양신 헬리오스의 소 떼와 가축들을 잡아먹지 말라고 충고한다. 굶주림의 유혹에 빠지면 부하들을 다 잃고 비참하게 남의 배를 얻어 타고 귀향하게 되며, 집에 가서도 고난이 있을 거라는 예언이었다.

저승에서 돌아온 오디세우스에게 키르케는 또 다른 고난을 예고한다. 바다에서 세이렌, 스킬라와 카립디스라는 괴물들을 통과해서 항해해야 한다는 것이었다. 세이렌 자매는 달콤한 노래로 뱃사람들을 유혹해 죽였다. 오디세우스는 부하들의 귀를 밀랍으로 막아 세이렌의 노래를 듣지 못하게 하였다. 하지만 자신은 밧줄로 돛대에 묶고 세이렌의 노래를 들었다.

"자, 이리 오세요, 칭찬이 자자한 오디세우스여. 이곳에 배를 세우고 우리 자매의 목소리를 들어 보세요. (중략) 사람들은 즐긴 다음 더 유식해져서 돌아간답니다. 우리는 그리스인과 트로이인들이 신들의 뜻에 따라 겪은 모든 고통을 다 알고 있으며, 풍요한 대지 위에서 일어나는 일은 모르는 것이 없으니까요.”

오디세우스는 트로이의 목마 계책을 생각해 냈을 만큼 꾀가 많은 사람이다. 그는 지식과 지혜에 굶주렸다. 그래서 세이렌이 그를 유혹하기 위해서는 돈이나 재물보다는 지식이 더 확실한 무기가 되었다. 오디세우스는 세이렌의 유혹을 이기지 못하고 부하들에게 풀어 달라고 명령했지만, 미리 지시한 대로 부하들이 밧줄로 더욱 꽁꽁 묶어 위기를 벗어난다. 많은 고난은 유혹에 빠져서 일어난다. 나만은 유혹에서 자유로울 것이라 장담해서는 안 된다. 유혹 앞에서는 겸손해야 한다. 오디세우스는 자기가 유혹에 빠질지도 모르겠다는 생각에 안전장치를 마련해 두어 무사할 수 있었다. 하지만 고난은 여기서 끝이 아니었다.

다음으로는 스킬라와 카립디스. 오디세우스는 힘든 선택을 해야 했다. 스킬라 쪽으로 지나가면 여섯 개의 머리가 여섯 명의 부하를 먹어 치울 것이고, 카립디스 쪽으로 지나가면 배가 난파될 터였다. 그는 모든 부하를 잃는 쪽보다 여섯 명의 부하를 잃는 쪽을 선택할 수밖에 없었다.

“스킬라는 비명을 지르는 전우들을 먹어 치웠다. 나는 바다에서 길을 찾으며 온갖 고통을 다 겪었지만, 그것은 내 눈으로 본 가장 참혹한 광경이었다.”

동료들을 잃고 도착한 헬리오스의 섬에서 오디세우스는 부하들에게 절대로 소와 가축들을 잡아먹지 말라고 명령하였다. 그렇지 않으면 테이레시아스의 예언대로 그들은 모두 죽음의 운명을 맞이할 것이었다. 하지만 불길한 예언은 항상 들어맞기 마련이다. 바람이 잦아들지 않아 한 달 넘게 섬에 갇혀 식량이 떨어졌다. 부하들은 오디세우스가 잠든 틈에 소를 잡아먹고 만다. 섬을 떠난 그들을 기다리고 있는 것은 세찬 풍랑과 제우스의 번개였다. 배가 난파되어 부하를 전부 잃은 오디세우스는 칼립소의 섬에 떠밀려 가 7년을 지낸다.

　　이후 다시 고향을 향해 떠난 그는 포세이돈의 풍랑을 만나 난파당한다. 천신만고 끝에 알키노스 왕의 도움을 받아 고향으로 돌아가게 되는데, 이때 그는 혼자 몸이었다.

　　고향에 돌아온 오디세우스는 바로 집으로 돌아가 환대받을 형편이 아니었다. 그가 없는 20년 동안 이타카의 무례한 구혼자들이 오디세우스의 아내 페넬로페에게 접근하였다. 페넬로페는 시아버지의 수의를 만든다는 구실로 낮에는 옷감을 짜고, 밤에는 옷감을 풀어 내며 시간을 끌었지만, 그마저도 한계에 다다른 상황이었다. 오디세우스는 장성한 아들 텔레마코스와 함께 108명의 구혼자를 물리치고 꿈에 그리던 아내를 만난다. 그때 오디세우스는 말한다.

　　"우리의 고난은 계속될 것이다."

　　이후 아테나의 중재로 전투가 끝날 때까지 그의 손에 죽은 구혼자들의 집안과 싸워야 했기 때문이다.

수많은 방해와 유혹을
이겨 낸 지혜

오디세우스의 귀향 여정은 고난으로 가득하다. 이스마로스에서는 적의 공격을 받아 부하들을 잃었고, 폴리페모스와 스킬라를 만났을 때는 눈앞에서 부하들이 잡아먹히는 것을 보아야 했다. 바다에서 풍랑을 만나 몇 번 난파를 당하기도 하였다. 고난은 외부에서만 오는 것이 아니었다. 부하들의 배신으로 고향을 눈앞에 두고 다시 아이올로스 섬으로 떠내려갔고, 명령을 어기고 헬리오스의 소를 잡아먹은 부하들 때문에 결국 자기 몸뚱이 하나 말고는 모두 잃고 만다. 그뿐인가. 온갖 고난을 이겨 내고 고향 땅에 도착했을 때 그의 집에는 108명의 무뢰한이 살림을 축내고 있었다.

오디세우스의 여정에서 부하들을 잃거나 시간을 크게 지체하지 않은 것은 두 번이었다. 로토파고이족의 섬을 벗어날 때와 세이렌의 유혹을 이겨 냈을 때이다. 모두가 로토스를 먹고 현실에 안주하여 집으로 가지 않으려고 할 때 오디세우스는 그들에게 돌아가야 할 집이 있음을 상기시켰다. 목적지를 잊어버리지 않게 한 것이다. 또한 세이렌의 유혹에는 이길 수 없다는 것을 겸손하게 인정하고, 만일의 사태에 대비하였다. 집으로 돌아간다는 목표가 명확했기에 만에 하나 유혹당하지 않기 위해서 밧줄로 자신을 묶는 안전장치를 만들었다. 그렇게 한 덕분에 세이렌의 노래를 즐기면서도 빠져들지 않을 수 있었다.

5분 통찰

변화의 속도가 빠른 시대이다. 누군가에게 변화는 기회이지만, 누군가에게는 고난이다. 변화의 파도가 밀려와 정신없을 때 리더만큼은 목적지가 어디인지 잊어버리지 말아야 한다. 목적을 상실한 상태에서 맞이하는 고난은 그저 괴로움에 불과하다. 거센 파도에 배가 난파당하듯 무너지기 쉽다. 하지만 목표가 있는 고난은 배우는 과정이다. 과정을 파도타기 하듯 즐길 수 있다. 모두가 길을 잃고 고난의 무게에 짓눌릴 때, 리더는 목적지를 잃지 말아야 한다.

베르길리우스, 《아이네이스》

정해진 명을 따르면
저절로 운이 따른다

아이네이아스의 성공

"참고 견디고 더 나은 미래를 위해 자신을 보전하시오."

베르길리우스, 《아이네이스》

성공한 사람들은 자신의 성공 비결을 묻는 사람들에게 '운이 좋았다'고 답하곤 한다. 허탈한 대답이다. 운이 좋았다니? 성공을 위해 열심히 노력하는 사람들에 대한 예의가 아니지 않은가? 그런데 그들의 말과 달리, 삶을 들여다보면 생각이 달라진다. 성공한 사람들에게는 누구보다 치열하게 노력하고 도전한 시간이 있었기에 행운의 문이 열린 경우가 많다. 그들은 '운 때문에' 성공했다기보다 '운이 따를 수밖에 없는 삶을 살았기 때문에' 성공한 것이 아닐까?

운이 따르는 이상적인 인간상의 전형 중 하나는 베르길리우스Publius Vergilius Maro, B.C. 70-19가 쓴《아이네이스》의 주인공 '아이네이아스'다. 아이네이아스에 대해 이야기하기 전에 먼저 시성詩聖으로 대우받는 작가 베르길리우스를 알아보자.

베르길리우스는 앞서 살펴본《일리아스》와《오디세이아》의 호메로스, 뒤에 살펴볼《신곡》의 저자 단테와 함께 3대 서사시 작가로 추앙받는 로마의 시인이다. 그는 북이탈리아의 만투아¹ 근처에서 태어나 젊은 시절에는 수사학을 배워 정치, 법률 분야에서 입신하려고 했지만 이내 그만두었다. 까무잡잡한 얼굴에 북부 이탈리아 사투리를 쓰는 소심한 청년은 대중 앞에 서는 것을 단념하였다.

대신에 그는 문학과 철학에 전념하면서《전원시》와《농경시》를 썼고, 당시 문인들을 적극적으로 후원했던 가이우스 마이케나스를 통해 아우구스투스(옥타비아누스)와도 친분을 쌓는다. 훗날 악티움 해전에서 돌아온 아우구스투스에게 베르길리우스는 전쟁으로 피폐해진 농촌 생활의 회복을 노래한 자신의 작품《농경시》를 낭독해 주었는데, 이를 계기로《아이네이스》의 집필을 시작한 것으로 보인다. 그는 호메로스와 같이 서사시를 쓰는 것이 평생의 꿈이었는데, 로마의 영광을 찬미하는 작품이 필요했던 당시 최고의 권력자 아우구스투스 황제의 격려를

---

1   현재 이탈리아 북서부 롬바르디아주에 있는 도시 만토바.

받았을 것이다.

베르길리우스는 40세가 되는 B.C. 30년부터 《아이네이스》를 집필하기 시작하였다. 11년에 걸쳐 12권을 썼지만 완성하지는 못하였다. 그리스와 소아시아로 현장 답사를 위해 떠난 길에서 열병을 얻어 돌아오던 길에 브룬디시움²에서 죽음을 맞이한 것이다. 평소 병약했던 베르길리우스는 죽음을 예상했던 것일까? 그는 답사 여행 전에 친구 바리우스에게 자신이 만약 귀국하기 전에 죽는다면 《아이네이스》를 태워 없애달라고 부탁하였다. 하지만 다행히 아우구스투스의 명령으로 원고가 살아남아 오늘날 전해지게 되었다.

300년 왕조를 창업한 리더에게 배우는 성공의 본질

이제 《아이네이스》의 내용을 살펴보자. 아이네이스는 '아이네이아스의 노래'라는 뜻으로, 로마 건국의 기초를 다진 영웅인 아이네이아스의 이야기를 노래하였다. 베르길리우스는 호메로스의 영향으로 12권의 《아이네이스》를 전반부 여섯 권은 《오디세우스》와 같은 모험 이야기로, 후반부 여섯 권은 《일리아스》와 같은 전쟁 이야기로 구성하였다.

---

2   현재 이탈리아 풀리아주에 있는 도시 브린디시.

"무기들과 한 전사를 나는 노래하노라."

《아이네이스》의 첫 구절이다. 무기와 전사를 노래한다는 말로 시작하는데, '무기'는 이 서사시가 《일리아스》 같은 전쟁 이야기임을, '전사'는 《오디세이아》 같은 모험과 고난의 이야기임을 나타낸다. 줄거리를 살펴보면 다음과 같다.

전쟁에서 패배한 트로이는 처참하게 몰락한다. 프리아모스 왕은 아킬레우스의 아들 네오프톨레모스에게 옆구리를 깊숙이 찔려 살해당했고, 도시는 불타올랐다. 트로이 왕족이자 헥토르 다음으로 용맹을 자랑했던 아이네이아스였지만, 가족들 걱정으로 두려움에 휩싸였다.

"누워 있는 내 몸에 작별 인사를 하고 너희들은 떠나거라.
사랑하는 아버지, 내 목덜미에 오르십시오. 제가 몸소 양어깨에 멜 것입니다. 우리 두 사람은 위험해도 같이 위험하고 안전해도 같이 안전할 것입니다. 아들아, 너는 내 옆에서 걷고 부인은 뒤를 따라오시오."

아이네이아스는 몸이 불편한 늙은 아버지를 업고, 옆에는 어린 아들, 뒤에는 아내를 데리고 트로이를 빠져나오는데 정신없이 이동하던 중 아내를 잃는다. 그는 눈앞에 나타난 아내의 환영을 세 번이나 끌어안으려고 했지만, 환영은 번번이 그의 두 손에서 빠져나갔다.

"여보, 긴 망명이 당신의 운명이며, 당신은 망망대해를 쟁기질해야 합니다."

그가 트로이를 떠날 때 망명하려는 많은 백성이 모였다. 아이네이아스는 그들과 함께 새로운 정착지를 찾아 떠났다. 7년간 트라키아, 델로스, 크레타, 스트로파데스 섬 등을 거치면서 괴조 하르피아아, 키클롭스를 만나고 바다의 폭풍에 쫓기는 등 마치 오디세우스의 귀향길처럼 온갖 고난을 겪는다. 이 과정에서 아버지 앙키세스도 시킬리아 섬에서 죽음에 이른다.

아이네이아스 일행은 여왕 디도가 다스리는 카르타고에 한동안 정착한다. 카르타고인들과 교류하면서 모험담을 들려주고 우애를 쌓는다. 하루는 사냥을 나갔다가 폭풍을 만나 아이네이아스와 디도가 일행과 떨어져 단둘이 동굴에서 머물게 되면서 사랑에 빠진다. 하지만 제우스는 아이네이아스에게 이탈리아에 가서 나라를 세워야 한다는 목표를 잊지 않도록 헤르메스를 보냈다. 이에 아이네이아스는 디도의 간청을 뿌리치고 다시 항해를 시작한다. 디도는 떠나는 아이네이아스에게 저주를 내리며 자결한다.

"나는 내 인생을 살았고, 운명이 정해 준 길을 모두 마쳤다. 저 멀리 바다 위에서 장작더미가 불타는 것을 오래오래 바라보며 내 죽음에서 나쁜 전조들을 가져가기를!"

아이네이아스는 이후 예언녀 시빌라의 도움으로 저승으로 가서 아버지와 미래 로마 역사의 주요 인물들을 만난다. 자손들이 제국을 세운다는 확신을 가지고 이승으로 돌아온 그는 이탈리아 티베르 강가에 이르러 새로운 나라를 건설할 준비를 한다. 당시 이 지역은 라티누스 왕이 다스리고 있었다. 그는 아이네이아스 일행을 환영하고 딸 라비니아를 아이네이아스와 결혼시키려고 하였다. 하지만 라티누스의 아내는 루툴리의 왕이자 친척 관계인 투르누스를 사윗감으로 점찍어 둔 데다가 호전적인 투르누스도 아이네이아스 일행을 그들의 땅에서 몰아내려고 하였다. 아이네이아스와 투르누스의 전쟁은 피할 수 없게 되었다. 몇 번의 전투로 많은 사상자가 생겼다. 아이네이아스는 투르누스와 일대일로 대결해서 누가 라비니아를 아내로 맞이할지 결정하기로 했는데, 투르누스 쪽에서 조약을 위반하여 최후의 전면전이 펼쳐졌다.

"아이네이아스는 피를 흘리며 두 걸음에 한 번 꼴로 긴 창에 몸을 기댔다. 그는 분통을 터뜨리며 부러진 화살대를 잡고 화살촉을 뽑으려 했다."

길 잃은 화살을 맞아 부상당한 아이네이아스는 그의 어머니 아프로디테의 도움으로 상처를 치료하고 싸움터로 달려 나가기 전에 아들에게 유언이 될지도 모를 말을 한다.

그는 아스카니우스를 안고 투구 사이로 입술 끝에 입 맞추며 말하였다. "내 아들아, 너는 진정한 용기와 노고는 나에게 배우고, 행운은 다른 사람들에게 배워라."

그는 손으로 거대한 창을 휘두르며 거인처럼 성문 밖으로 달려 나갔다.

아이네이아스는 아들이 자기를 그저 운이 좋은 사람이 아니라 용기와 노고의 화신으로 기억하기를 바랐다. 이 최후의 전투에서 승리한 아이네이아스는 라비니아와 결혼하고 라비니움을 건설한다. 이후 그의 아들 아스카니우스는 알바롱가를 건설하고 그 후손들이 300년을 통치한다. 알바롱가의 마지막 왕 누미토르의 딸이 로마의 건국 시조 로물루스와 그의 쌍둥이 형제 레무스를 낳았다고 전해진다.

고생을 마다하지 않아야 원하는 바를 이룬다

아이네이아스가 라비니움을 건설하기까지의 과정이 순탄하지만은 않다. 그는 패망한 나라의 왕족 신분으로 아버지를 업고 불타는 트로이를 빠져나오는 길에 아내를 잃었다. 제 한 몸조차 어떻게 할지 막막한 상황에 갈 곳 없는 트로이 유민들은 그를 의지하였다. 기약 없는 항해는 세찬 풍랑과 고난의 연속이었고, 아버지마저 잃었다. 디도를 만나 정착을 할 수도 있었지만, 백성들과 명예를 위해 기꺼이 고난을 감내하기로 하고 그녀를 떠났다. 이탈리아에 도착해서는 토착 세력인 투르누스와 목숨을 건 전쟁을 치러야 했다. 운명은 그에게 가혹했고, 고난의 시간을 요구하였다.

하지만 기꺼이 노고를 받아들이는 과정에서 운이 따르기 시작하였다. 시빌라의 도움으로 저승에서 종족의 미래를 확신하게 되었고, 투르누스와 싸우기 전에는 에우안데르의 도움으로 에트루리아인과 동맹을 맺었다. 어머니인 아프로디테의 도움으로 헤파이스토스가 만든 방패를 얻고 전투 중 얻은 상처도 금세 치유할 수 있었다. 신들은 결국 아이네이아스의 손을 들어 주었고, 그는 원하는 것을 성취하였다.

5분 통찰

"인간의 마음은 운명과 다가올 미래사를 알지 못하기에 행운이 떠받쳐 주면 절제할 줄 모르는 법이다."

운에 기대지 말라. 고난을 통해 충분히 단련되지 않았을 때 갑자기 얻은 행운은 때로 독약이 될 수도 있다. 절제하지 못하고 교만해지거나 과도한 욕심을 내기 쉽다. 인간의 역사는 두려움에도 불구하고 행동하는 자의 용기와 노고로 하나하나 이루어진다. 운은 그 용기와 노고에 따라오는 것이다. 리더라면 자신을 따르는 수많은 사람의 운명을 운에 맡기지 말고, 기꺼이 노고를 받아들여야 한다. 그래야 '운이 따를 수밖에 없는' 역사를 만들어 갈 수 있는 것이다.

오비디우스, 《변신 이야기》

할 수 있다는 착각에서
빠져나오라

파에톤과 이카로스의 추락

"왜 그렇게 응석을 부리는가?
그대는 더 현명해져야 한다."

오비디우스, 《변신 이야기》

당신이 미로에 갇혀 있다고 상상해 보자. 눈앞에 보이는 것이라고는 좁은 통로와 벽뿐이다. 통로를 따라 걷다 보면 막다른 벽과 마주친다. 돌아서 다른 길로 가다 보니 새로운 통로로 이어진다. 희망에 차서 걸어가 보지만, 이내 다른 벽을 만난다. 몇 번의 비슷한 상황을 겪고 다시 출발했던 곳으로 돌아가고 싶지만, 왔던 길조차 정확하게 기억나지 않는다.

우리가 겪는 많은 상황은 미로를 헤매는 것과 비슷하다. 어디로 가야 할지 답을 알 수 없고, 실제로 가 보지 않으면 결과를 예측하기 힘들다. 답답한 상황에 빠진 나에게 만약 누군가가 외부의 높은 위치에서 미로를 내려다보며 길을 알려 준다면 어떨까? 아무리 뛰어난 사람이라도 미로 안에서 헤매고 있다면 미로 밖에서 조언해 주는 사람의 지혜를 뛰어넘기란 힘들다.

이렇듯 누군가가 다른 관점에서 충고해 주는 말에 귀를 기울이면 현실의 문제를 좀 더 빨리 해결하거나 최소한 큰 실패는 막을 수 있을 것이다.

최고의 인생에서 최악의 인생으로
떨어진 오비디우스

《변신 이야기》는 아우구스투스 시대에 오비디우스Publius Ovidius Nasō, B.C. 43-A.D. 17가 그리스 로마 신화를 모아 엮은 책이다. 15권으로 구성한 서사시로, 천지 창조에서부터 시작해서 로마의 아우구스투스 황제 시대까지 약 250여 편의 변신에 관한 신화와 전설을 담았다. 헤시오도스의 《신통기》 등과 함께 우리가 알고 있는 그리스 로마 신화의 원전 중 하나이다.

오비디우스는 중부 이탈리아의 술모시[1], 기사 집안에서 태어났다. 그는 로마에서 정치가가 되기 위해 수사학, 웅변술을 배웠다. 그의 부친은 아들이 법조계로 진출하기를 희망했지만, 오비디우스는 잠시 법관으로 관료 생활을 하다가 원로원직까지 포기하고 문학에 매진하였다. 그만큼 문학에 대한 열정이 있었다. 문학에 대한 열정만큼 재능도 뛰어났던 오비디우스는 《여걸들의 서한》, 《사랑의 노래》, 《사랑의 기술》, 《사랑의 치유》 등 사랑에 대한 시를 써서 굉장히 유명해졌다. 앞서 살펴본 고전 《아이네이스》의 작가 베르길리우스와도 얼굴을 알고 지냈고, 당시 유명했던 문인 호라티우스[2]의 시 낭송회에도 참석해 교류하기도 하였다. 오비디우스는 호라티우스와 함께 로마 문학의 황금시대를 이루었다고도 평가받는다.

잘나가는 인기 시인이었던 그는 갑자기 추락해 버린다. 아우구스투스 황제가 그의 《사랑의 기술》[3]이 너무 외설적이라는 이유로 흑해 연안 토미스[4]로 유배를 보내 버린 것이다. 황제가 금서로 지정한 《사랑의 기술》은 이후 모든 도서관에서 압수되어 소각되었다. 그런데 재미있는 점은 《사랑의 기술》이 출간된 시점(A. D. 2년)과 오비디우스의 유배 시점(A. D. 8년)이 실제로는 6년이나 차이가 난다는 점이다. 6년이나 베스트셀러로 사랑받은 책의 작가를 갑자기 유배 보내 버리다니 무언가

---

1   현재 이탈리아 아브루초주에 있는 도시 술모나.
2   아우구스투스 황제의 총애를 받은 로마의 시인. 로마 서정시의 완성자로 평가된다.
3   총 세 권으로 이루어져 있다. 1, 2권은 남자가 여자를 유혹하는 기술을 가르치는 내용이다.
4   현재 루마니아 남동부 흑해 연안의 항구 도시 콘스탄차.

이상하지 않은가?

오비디우스는 유배된 이후로 더는 사랑에 대해 노래하지 않았다. 끊임없이 자신의 무죄를 주장하고, 다시 로마로 불러 줄 것을 탄원하는 내용의 글을 썼다. 그는 《비탄가》에서 자기가 흑해로 유배된 것이 "시詩와 잘못carmen et error"이라고 밝혔다. 여기에서 '시'는 유배의 표면적인 이유인 '외설적인 《사랑의 기술》'이라는 것이 명백하다. '잘못'이 무엇인지에 대해서는 학자들의 의견이 분분한데, 오비디우스가 아우구스투스 황제의 뒤를 이은 티베리우스 황제의 왕위 계승에 반대하는 세력과 연루되었다는 설이 유력하다. 그는 끝내 로마로 복귀하지 못하고 흑해 연안에서 숨을 거두었다.

오비디우스는 시인으로서, 작가로서 최고의 자리에 있다가 밑바닥으로 추락하는 경험을 하였다. 그가 쓴 《변신 이야기》에는 마치 미로에 갇힌 것처럼 자신의 어리석음을 벗어나지 못하는 사람들의 이야기가 들어 있다. 아테나 여신의 충고를 무시하고 자신의 베 짜기 실력을 뽐내다 거미가 되어 버린 아라크네, 음악의 신 아폴론과 판의 연주 대결에서 개인적인 친분으로 공정하게 판결하지 못하고 판의 편을 들었다가 당나귀처럼 귀가 늘어나 버린 미다스 왕은 주변의 목소리에 귀 기울이지 않고 자신의 어리석음에 빠져 있다가 벌을 받은 사람들이다.

《변신 이야기》에 소개된 다른 이야기 중에서 하늘을 날다가 추락하는 두 주인공의 이야기를 살펴보자.

자기 생각에 갇히면
일을 그르친다

능력의 착각 '파에톤의 추락'

파에톤은 태양신 헬리오스의 아들이었다. 태양신은 발에 날개가 달린 말들이 끄는 태양 마차를 몰아서 대지에 열기를 전해 주는 신이다. 어느 날 파에톤은 친구 에파푸스에게 어머니의 말만 듣고 바보처럼 태양신을 아버지로 잘못 알고 있는 것이라고 모욕당한다. 파에톤은 아버지를 찾아가는데, 헬리오스는 자기를 찾아온 아들이 안쓰러워 무슨 소원이든 들어주겠다고 약속한다. 보통 이런 약속을 하면 바로 후회할 일이 생기기 마련이다. 아니나 다를까, 파에톤은 아버지에게 태양 마차를 몰게 해 달라고 졸랐다.

태양신은 아들에게 세 차례 충고한다. 먼저, 태양 마차를 모는 일은 안전하지 않으니 죽을 운명을 타고난 인간은 해서는 안 되는 일이라고 조언하였다. 마차가 지나야 하는 길이 가파르고 말들은 다루기 어려워서 심지어 제우스라고 해도 불타는 마차를 몰 수 없다며 능력 이상의 일은 하지 말라고 한 것이다. 헬리오스는 자신이 파에톤의 아버지라는 가장 확실한 증거는 파에톤의 안전을 염려하는 마음이라고도 말하였다. 하지만 파에톤은 자기가 신의 아들이라는 것을 자랑할 생각에, 신이 모는 마차를 몰아 보고 싶은 욕망에 아버지의 충고를 귀담아듣지 않았다.

파에톤의 마음을 돌리기 힘들다는 것을 안 헬리오스는 두 번째로 충고하였다. 마차를 몰 때 꼭 주의해야 할 사항을 알려 준 것이다. 채찍은 아끼고, 고삐는 힘껏 틀어쥐고, 말들이 서두르면 궤도를 이탈하지 않게 고삐를 당겨 누그러뜨려야 한다고 말하였다. 특히 적당한 높이로 몰아야 하늘의 궁전이나 대지를 불태워 버리는 불상사를 막을 수 있다고 강조하였다.

마침내 파에톤이 출발할 때가 되었다. 태양신은 마지막으로 충고하였다. 아직 늦지 않았을 때 그만두라고, 다시 한 번 생각하라고. 하지만 파에톤은 아버지의 마지막 충고를 듣지 않고 마차에 오른다.

자, 결과는 어떻게 되었을까? 의기양양하게 고삐를 손에 쥐고 출발했지만, 파에톤은 마차를 통제할 능력이 없었다. 평소보다 마차가 가볍다고 느낀 말들은 미친 듯이 질주했고, 태양 마차는 하늘과 땅 여기저기를 불태웠다. 파에톤은 파랗게 질려 후회했지만, 후회는 아무리 빨라도 항상 늦은 것. 중간에 후회해도 갈 길이 더 멀었다. 돌아갈 수도 없고 계속 갈 수도 없는 상황, 고삐를 놓을 수도 없고 쥐고 있을 수도 없었다. 통제를 벗어난 말들은 이리저리 날뛰었고, 파에톤은 정신을 잃고 고삐를 놓쳐 버렸다.

지구가 온통 불바다가 되는 것을 보다 못한 제우스는 파에톤에게 벼락을 던졌다. 파에톤은 불길에 머리털이 그을리며 거꾸로 떨어져 죽고 말았다.

한계의 착각 '이카로스의 추락'

이카로스는 다이달로스의 아들이다. 다이달로스는 다방면에 재능이 있는 장인으로 크레타섬 미노스 왕의 총애를 받았는데, 왕비 파시파에가 낳은 반인반수의 괴물 미노타우로스를 가둔 미궁 라비린토스를 만든 것으로 유명하였다. 하지만 미노스 왕이 그와 아들을 가두어 버려 꼼짝하지 못하는 신세가 되어 버렸다.

다이달로스는 고향으로 돌아가기 위해 새의 깃털을 모아 밀랍으로 이어 붙여 새 날개를 만들었다. 아버지가 날개를 만드는 동안 이카로스는 떠다니는 깃털을 잡으러 뛰어다니거나 날개를 이어 붙이는 중요한 재료인 밀랍을 이기면서 장난쳤다. 철없는 소년이었다. 다이달로스는 아들에게 완성된 날개를 주면서 하늘 중간에서 날도록 너무 낮게 날지도 말고 너무 높이 날지도 말라고 조언하였다.

이카로스는 처음에는 아버지의 가르침을 잘 따랐지만, 막상 하늘을 날아보니 더 높이 날고 싶은 욕망에 사로잡혔다. 그는 아버지의 충고를 무시하고 작열하는 태양 가까이 날아올랐다. 결국 날개를 이어 붙인 밀랍이 녹아 버렸고, 이카로스는 맨 팔을 위아래로 움직이며 허우적거리다가 맥없이 바다로 떨어져 버렸다.

5분 통찰

능력이 부족한 사람이 욕망이 지나쳐서 자신의 역량을 뛰어넘는 일을 하는 것은 위태롭다. 파에톤이나 이카로스는 태양 마차를 몰거나, 하늘을 나는 것처럼 헛된 욕망에 사로잡혀 자기 분수를 뛰어넘는 일을 하고 말았다. 분명히 적절한 충고를 하는 사람들이 있었음에도 그 말에 귀 기울이지 않았다.

특히 파에톤의 이야기에서 헬리오스가 하는 충고는 현시대에도 적용된다. 그는 욕망에 사로잡혀 해서는 안 되는 일을 하려는 아들에게 세 차례 충고한다.

1. 그 일은 해서는 안 되는 일이다.
2. 꼭 해야겠다면 적당한 높이를 날아야 한다. (이런 점을 주의하라.)
3. 다시 한 번 생각해라.

리더가 경험이 없는 분야에 뛰어들려고 할 때 이렇게 충고하는 조언자들이 있을 것이다.

1. 그 일은 우리에게 경험이 없고 역량이 되지 않으니 하지 않는 것이 좋다.
2. 꼭 해야겠다면 대규모 투자를 하기 전에 다른 곳의 사례와 외부의 자문을 구하고, 시험적으로 진행해 보자.
3. 꼭 해야 하는지 다시 한 번 생각해라.

'성공할 수 있다'는 감이나 욕망만으로는 일을 이루기 어렵다. 미로 밖에서 전체 판을 보면서 다른 관점으로 충고해 주는 조언자들의 말을 흘려듣지 말고 귀담아들어야 추락을 피할 수 있다. 용기는 근거 없는 두려움에 움츠리지 않는 것이지, 어리석음에 빠져 귀를 닫고 막무가내로 밀어붙이는 것이 아니다. 자신이 어리석음을 인정하고 충고에 귀를 기울이는 것이 진정한 리더의 자세일 것이다.

단테, 《신곡》

누구에게나
자신만의 별이 있다

단테의 희망

"누구든 할 수 있는 한 힘을 다해 돛을 올리고

노를 저어 제 배를 밀고 나가야 한다."

단테, 《신곡》

스마트폰이 나오기 전에는 대중교통을 이용하는 사람들의 시선이 창 밖이나 책을 향하는 경우가 많았다. 요즘은 대부분 사람이 스마트폰을 쳐다보고 있다. 길에서 스마트폰을 쳐다보며 걸어 다니는 사람들도 쉽 게 볼 수 있다. 팬데믹 이후에는 학교나 학원 수업이 비대면 화상 수업 으로 대체되고, 기업의 회의와 채용 면접을 메타버스에서 진행하는 것이 일반화되었다.

경제적으로 자유로운 파이어족을 꿈꾸는 사람도 많아졌다. 전통적인 방식의 노동을 투입해 시간에 비례한 임금 소득으로 삶을 꾸려 가기보다 돈이 일하게 하는 방식으로 노동에서 해방되어 삶을 즐기면서 살겠다는 생각에 많은 이가 동조한다. 심지어 학교 교실에서 아이들이 암호화폐나 주식 투자에 대해 이야기하고, 장래 희망을 건물주라고 공공연히 말하기도 한다.

이렇게 급변하는 시대에는 내 생각을 잃고 다수의 선택에 휩쓸려 갈 수도 있고, 흐름에서 밀려나 도태될지 모른다는 두려움에 사로잡힐 수도 있다. 이때 중요한 것이 자기만의 소명, 목적지를 찾는 것이다. 확고한 삶의 목표가 있다면 다수가 따르는 대세나 세상의 흐름에 휘둘리지 않고 자기만의 중심을 잡을 수 있다.

꿈이 있는 자는
절망 속에서도 포기하지 않는다

중세에서 근대로 넘어가는 시기, 13세기 이탈리아. 정치적인 소용돌이에 휘말려 피렌체 최고의 권력자에서 남에게 빵을 빌어먹는 망명자의 생활까지 인생의 많은 굴곡을 겪으며 인류에게 불멸의 대작 《신곡》을 남긴 시인이 있다. 단테 알리기에리 Dante Alighieri, 1265~1321 는 인생의 고비를 맞이할 때마다 베르길리우스, 아리스토텔레스, 키케로, 보에티우스, 토마스 아퀴나스 등 고전 작가들의 글을 읽으며 자기만의 길을 찾으려 하였다.

단테와 《신곡》을 이해하기 위해서는 그에게 절대적인 영향을 미친 두 인물을 살펴보아야 한다. 바로 베아트리체와 베르길리우스이다.

단테는 베아트리체를 아홉 살 때 처음 만났다. 어린 단테는 아버지를 따라 피렌체 귀족 집안인 포르티나리 가문에서 연 축제에 갔다가 폴코 포르티나리의 딸인 베아트리체를 보고 마치 천사를 보는 듯한 환상에 빠졌다. 그리고 곧 연모하는 마음을 품는다.

하지만 베아트리체는 당시 피렌체 귀족 집안의 여느 여성들처럼 다른 귀족 집안의 남자와 결혼한다. 단테는 베아트리체를 손 한 번 잡아 보지 못한 채 잃었다가 처음 만난 때로부터 9년 후 기적처럼 그녀를 다시 만난다. 하지만 두 번째 만남도 다리 위에서 지나치는 짧은 시간이었다. 이때 베아트리체는 단테에게 인사를 건넨다. 마음속에 품고 있던 여인의 짧은 인사가 단테에게는 구원이고, 빛이고, 지극한 선과 행복이었다. 어찌 생각하면 보잘것없는 짝사랑 이야기인데, 시인에게 베아트리체와의 만남은 자신보다 뛰어난 신[1]을 만나는 축복이었다.

단테에게 빛이었던 베아트리체는 그와의 두 번째 만남 이후 몇 년 뒤 젊은 나이로 세상을 떠난다. 이때 단테의 나이는 25세였다. 단테는 20세

---

1   단테는 베아트리체를 "나보다 뛰어난 하나의 신(Ecce deus fortior me)"이라고 말하였다.

에 젬마 도나티와 결혼한 상태였지만 정신적인 기둥이 무너지는 혼돈에 빠졌다. 이 시기 단테는 고전을 연구하면서 고통을 이겨 냈다.

당시 피렌체의 정계는 중산층을 옹호하는 구엘프당과 상류층을 대변하는 기벨린당으로 나뉘어 싸우고 있었다. 단테는 구엘프당의 일원으로 전투에 참여해 기벨린당을 축출하는 데 일조하였다. 이후 피렌체를 다스리는 6인의 행정 위원 중 한 명으로 활약하였다. 하지만 단테의 정치적 생명은 길게 이어지지 못하였다. 구엘프당이 교황을 지지하는 네리파와 피렌체의 독립을 수호하려는 비앙키파로 분열되어 싸웠고, 비앙키파의 단테는 네리파가 세력을 잡은 뒤 피렌체에서 추방되고 말았다. 이때 단테의 나이는 37세였다. 베아트리체의 죽음으로 혼란했던 시기를 정치적 이상의 실현으로 극복하려 했던 단테는 12년 만에 또 다른 인생의 고비를 맞이하였다.

"남의 빵이란 얼마나 쓴 것인지, 또 남의 층층대를 오르고 내리는 것이 얼마나 힘든 것인지."

단테는 《신곡》 천국 편에서 자신이 정치적인 망명 기간에 느낀 심정을 이렇게 표현하였다. 남의 빵을 얻어먹고, 남의 집에서 기거하는 것이 얼마나 비참한지 말이다. 하지만 단테는 비탄에 빠져 있지만 않았다. 그는 56세로 눈감을 때까지 《신곡》, 《향연》, 《수사학》 등을 집필하고, 고전을 공부하였다. 그가 고전에서 만난 작가 중 가장 흠모한 인물이 바로 베르길리우스다.

《아이네이스》에서 살펴본 바와 같이 베르길리우스는 패망당한 트로이의 유민을 이끌고 새로운 희망의 나라를 건국하는 아이네이아스의 이야기를 썼다. 단테는 자신의 인생이 완전히 망가져 버린 절망 속에서 새로운 희망을 노래한 베르길리우스를 자기의 길잡이로 택한 것이 아닐까?

당신의 별을
따라가라

《신곡》은 지옥 편, 연옥 편, 천국 편 세 부분으로 이루어진다. 여기에서 베르길리우스는 지옥과 연옥의 길잡이로, 베아트리체는 천국의 안내자로 등장한다. 베아트리체가 완전한 신성이고 이상향이라면 베르길리우스는 좀 더 현실적인 멘토라고 할 수 있다.

"이제야말로 그대의 태만을 벗어 버려야겠다. 이불 밑에 누워서 명성을 얻을 수는 없으니, 그 명성 없이 삶을 낭비하는 자는 연기나 물거품 같은 흔적만을 세상에 남길 따름이다."

베르길리우스는 단테와 지옥과 연옥을 여행하면서 단테가 나태한 마음을 품거나 두려움에 빠지면 때로는 부드럽게 타이르고, 때로는 강한 어조로 독려하는 스승의 모습으로 나온다.

《신곡》에서 가장 유명한 지옥 편에는 지은 죄에 따라 벌받는 영혼들의 모습이 사실적으로 묘사되어 있다.

"여기 들어오는 그대들은 온갖 희망을 버릴지어다."

지옥문에는 모든 희망을 버리라는 무시무시한 말이 적혀 있다. 지옥에는 애욕, 탐욕, 낭비나 인색, 태만, 불신, 무절제, 폭력, 사기, 배신 등 각자 지은 죄에 따라 그에 상응하는 벌을 받는 영혼들로 가득하다. 당시 사람들이 단테가 정말로 지옥을 보고 와서 쓴 글이 아니냐고 할 정도로 끔찍한 지옥의 모습이 눈앞에 그려지듯 묘사되어 있다. 단테는 베르길리우스와 함께 지옥의 가장 밑바닥에 있는 지옥의 마왕 루시페르를 사다리 삼아 지옥을 빠져나와서 연옥으로 향한다.

"발로 딛고 일어나라. 갈 길은 아득하고 행로는 험난하다."

지옥의 끝, 절망의 끝을 딛고 두 발로 일어난다면 희망이 시작된다. 지옥과 달리 연옥은 영원히 끝나지 않는 벌을 받는 곳이 아니다. 지은 죄를 용서받고 깨끗이 씻어 내는 것이 가능하다. 천국에 가기 위한 희망이 있다.

베르길리우스는 연옥까지만 단테와 함께한다. 이후 단테는 베아트리체와 함께 하느님의 완전한 빛의 세계인 천국을 여행하고, 그 사랑과 하나가 된다. 《신곡》은 다음 구절로 끝이 난다.

"지존하신 환상 앞에 나는 힘을 잃었다. 그러나 이미 나의 열망과 의지는 같은 방향으로 움직이는 바퀴와 같이 해와 별들을 움직이는 사랑이 돌리고 있었다."

《신곡》의 원래 제목은 《희극》[2]이다. 시작은 어둡고 음울하지만, 그 결말은 빛이고 행복이다. 삶은 그 누구에게도 평탄하기만 한 길을 허락하지 않는다. 예상하지 못한 변화에 절망하기도 하고, 그 흐름에 중심을 잡기 힘들 때도 있다. 단테가 지옥을 여행하면서 브루네토를 만나는 장면이 있다. 브루네토는 피렌체의 유명한 시인이자 학자로 존경받던 사람이고, 단테가 그의 가르침을 받기도 했다. 브루네토는 단테에게 이렇게 말한다.

"너의 별을 따라가는 한, 영광스러운 항구에 실패 없이 도달할 수 있으리라."

---

2 Commedia. 훗날 작품에 매료된 보카치오가 '신적인(Divina)'이라는 형용사를 붙여 위대함을 강조했고, 우리나라에는 일본 작가 모리 오가이가 처음 번역한 《신곡》이라는 제목으로 소개되었다.

5분 통찰

각자의 삶에서 영광, 성공의 정의는 모두 다르다. 그것은 자기만의 소명을 찾았는지, 그리고 그것을 달성하기 위해 노력했는지의 여부에 달려 있다. 자기 소명을 수행하기 위해 노력하는 삶 그 자체가 성공이다. 단테는 자기의 별을 고전 속의 스승 베르길리우스와 아름다운 사랑 베아트리체에게서 찾았고, 그것을 《신곡》이라는 작품으로 표현하였다.

수많은 변화에서 때로는 삶이 비극적으로 보일 수 있다. 하지만 그 안에서 자신만의 별을 찾고, 주저하지 않고 그 별을 따라간다면 실망은 언제나 치유될 수 있으며 삶은 결국 희극이 될 것이다.

6강

괴테, 《파우스트》

스스로 얻을 수만 있다면
무엇이든 원하라

괴테와 파우스트의 욕망

"내가 세상에 남긴 흔적은 영원히 사라지지 않을 것이다."

괴테, 《파우스트》

　방황하지 않는 삶이 있을까? '방황(彷: 헤맬 방, 徨: 헤맬 황)'이란 그야말로 '헤매는 것'이다. 모두에게 가야 할 길이 정해져 있다면 좋겠지만, 실상 삶은 그렇게 단순하지 않다. 헤맬 수밖에 없다. 인간은 무엇 때문에 헤매는가? 감당하기 힘든 운명의 무게에 짓눌려서, 무엇이 옳고 무엇이 그른지 알 수 없어서, 혹은 자신의 채워지지 않는 욕망 때문에…. 우리는 각기 다양한 이유로 방황한다. 인간은 살아 있는 한 방황하는 존재가 아닐까?

고전의 작가들은 인간의 보편적인 주제인 '방황'을 놓치지 않고 자신들의 작품에서 보여 주었다.

"사느냐 죽느냐, 그것이 문제로다. 가혹한 운명의 화살을 맞고도 죽은 듯 참아야 하는가. 아니면 성난 파도처럼 밀려드는 재앙과 싸워 물리쳐야 하는가."

세익스피어, 《햄릿》

감당하기 힘든 운명의 무게에 짓눌려 방황하는 인간의 대표적인 예는 세익스피어의 《햄릿》에서 찾아볼 수 있다. 아버지를 살해하고 왕좌와 왕비까지 차지한 숙부를 어떻게 해야 할까? 덴마크 왕자 햄릿은 받아들이기 힘든 진실과 운명 앞에서 어찌할지 몰라 고뇌하는 모습을 보여 준다.

"이 엉뚱한 짓은 집어치워야 해. 갈매기 무리에게 날아가, 이대로 만족하며 살아야 해. 한계가 많은 처량한 갈매기로."

리처드 바크, 《갈매기의 꿈》

자기가 하고 싶은 일을 그 누구도, 심지어 가족들조차 이해하지 못한다면 과연 그 길이 옳다고 확신할 수 있을까? 리처드 바크는 《갈매기의 꿈》에서 먹고사는 데만 힘을 다하는 여느 갈매기와는 달리 비행하는 법에 관심을 가지는 조나단의 이야기를 전한다. 조나단은 처음에는 마음이 가는 대로 비행을 연습한다. 하지만 부족의 모든 갈매기가 그 노력에 반대하자 갈등한다. 무엇이 옳고, 무엇이 그른지 알 수 없게 된다.

"아는 게 아무것도 없다는 걸 깨닫고 보니 내 가슴은 거의 타 버릴 것만 같다."

괴테, 《파우스트》

괴테는 평생에 걸쳐 《파우스트》를 썼다. 그는 이 작품에서 욕망 때문에 '악마와의 거래'라는 극단적인 선택을 한 인간을 그렸다.

방황과 집필의 연속이었던
천재 괴테의 인생

괴테 Johann Wolfgang von Goethe, 1749~1832 는 '천재'라는 말이 어울리는 인물이다. 그는 법률, 정치, 과학, 시, 소설, 예술, 철학 등 다양한 분야에서 두각을 나타냈고, 신비주의나 연금술 등에도 관심을 두었다. 독일 문학에서는 괴테가 살았던 시대를 '괴테 시대'라고 할 정도로 그를 독일 정신사의 상징적인 인물로 여긴다.

괴테는 25세에 쓴 첫 소설《젊은 베르테르의 슬픔》으로 독일뿐만 아니라 전 유럽의 스타가 되었다.[1] 괴테는 이듬해에 바이마르 공국 카를 아우구스트 공작의 요청으로 정치에 발을 들여놓는데, 공직에서도 승승장구한다. 괴테는 젊은 시절에는 질풍노도 문학 운동[2]을 주도했고, 장년에는 실러와 함께 독일의 고전주의 문학을 꽃피웠다. 스마트폰과 SNS가 없던 그 시절에도 사람들은 괴테의 얼굴을 알아보았다. 괴테는 1786년과 1790년 두 차례 이탈리아로 여행을 떠났는데, 이탈리아 거리에서 사람들이 자신을 알아볼까 걱정할 정도였다.

괴테는 분명 화려한 삶을 살았지만, 그 인생이 평탄하지만은 않았다. 괴테의 아버지는 어릴 적 괴테를 엄하게 대하였다. 특히 공부에서는 가혹하다 싶을 정도로 몰아붙였다. 무슨 일이 있어도 해야 할 분량의 공부를 마치도록 했는데, 병을 앓더라도 예외가 없었다. 괴테는 아버지에게 고전과 인문적인 지식은 배웠지만, 사랑을 배우지는 못했던 듯하다. 여동생은 괴테와 사이가 좋았지만 오빠에게 집착하는 편이었고, 괴테의 연애에 민감하게 반응하였다.

괴테의 연애 또한 평범하지 않았다. 여성들과의 관계는 그의 문학에

---

1   괴테의 소설에 감명받은 나폴레옹이 괴테를 만난 뒤에 "여기에도 사람이 있다"라고 말한 것으로 전해진다.
2   1760년대 중반부터 1780년대 중반까지 독일 문단을 휩쓴 흐름. 1776년 발표된 프리드리히 막시밀리안 폰 클링거의 동명의 희곡 작품에서 따온 말이다. 기존의 지나치게 합리주의적인 사고방식과 규율, 인습 등으로부터의 해방을 주장하며 인간의 자연스러운 충동과 감정을 높이 평가하였다.

영감을 주었다. 하지만 그는 누군가에게 구속받는 것이 싫어 번번이 상대에게 연락도 없이 사라지고는 하였다. 괴테는 결혼 전 수많은 여인과 교제했는데, 친구의 약혼녀인 샤를로테 부프를 사랑한 자신의 체험을 바탕으로 《젊은 베르테르의 슬픔》을 3개월 만에 집필하였다. 평민 출신인 크리스티아네 불피우스와는 18년의 동거 끝에서야 결혼하였다. 결혼한 이듬해에 40세 연하의 여인에게 반하기도 하고, 아내가 사망하기 2년 전에도 한 여인과 사랑에 빠졌다. 심지어 74세에는 19세의 울리케 폰 레베초프에게 진지하게 청혼했는데, 아들의 반대로 무산되기도 하였다.

괴테는 꽤 장수한 편으로 83세에 죽음을 맞이하였는데, 이것이 꼭 좋지만은 않았다. 그는 16살 어린 아내와 자녀 다섯의 죽음[3]을 지켜보아야 했다. 특히 그와 함께 독일 고전주의를 이끈 10살 어린 동료 작가 프리드리히 실러의 죽음에 정신적으로 큰 충격을 받아서 신장 산통 등의 질병에 시달렸다고 전해진다. 실러는 괴테의 《파우스트》 1부를 읽고 크게 감동하여 괴테에게 집필을 재개하도록 독려한 사람이다.

괴테는 바이마르 공국에서 재상까지 올랐지만, 그의 마음은 항상 문학에 가 있었다. 그는 '살기 위해서' 카를 아우구스트 공작을 속이고 몰래 이탈리아 여행을 떠나기도 했고, 공직 생활 중에도 수많은 작품을 남겼다.

---

3 자녀 다섯 명 중 넷은 어릴 때 죽고, 유일하게 살아남은 아들 아우구스트는 괴테가 81세 때 로마에서 사망하였다. 사망 당시 아우구스트의 나이는 41세였다.

괴테는 《젊은 베르테르의 슬픔》을 출간하기 전인 24세 때부터 그의 대표작인 희곡 《파우스트》를 집필하기 시작했는데, 거의 60년이 지난 82세에 완성하였다. 물론 60년 내내 《파우스트》만 쓴 것은 아니지만, 그만큼 오랜 시간 동안 심혈을 기울인 작품이다. 괴테의 삶은 화려했지만 정신적인 방황의 연속이었다. 어떻게 보면 《파우스트》를 쓰기 위한 삶이었다고도 볼 수 있지 않을까?

내가 걸은 만큼이
내 인생이다

이제 괴테 필생의 역작 《파우스트》를 살펴보자. 《파우스트》는 2부로 구성되어 있다. 1부는 주인공 파우스트가 악마 메피스토펠레스와 계약을 맺고, 그레트헨이라는 소녀를 타락시키는 이야기가 주요 내용이다. 2부는 파우스트가 황제를 도와 권력과 그리스 신화 속 미녀 헬레나를 얻었다가 타인을 위한 선행과 자유의 가치를 깨닫고 구원받는 것이 이야기의 줄거리이다.

"파우스트가 지상에 사는 동안 네가 무슨 유혹을 하든 말리지 않겠다. 인간은 노력하는 한 방황하는 법이니까. 그를 자극하고 일깨우도록 악마의 역할을 다하거라."

신은 악마 메피스토펠레스가 지상의 노력하는 인간 파우스트를 유혹하는 것을 허락한다. 신은 인간의 선함을 믿고, 방황하더라도 끝내 올바른 길을 찾으리라 생각한다. 하지만 악마는 신의 가설을 시험하고 싶어 한다. 주인공 파우스트는 뛰어난 학자이지만, 세상의 본질을 모두 밝혀내기에는 학문에 한계가 있다는 것을 절감한다. 그는 마법의 힘을 빌리려 하지만 그것도 여의치 않자, 죽음을 선택한다. 마침 우연히 울려 퍼지는 부활절 종소리에 풍요롭고 의미 있는 삶을 갈망하는데, 그때 메피스토펠레스가 나타난다. 악마는 파우스트에게 쾌락의 삶을 주기로 한다.

"내가 어느 순간에 집착하는 즉시 자네의 종이 되는 거야."

파우스트는 자기가 욕망에 빠져 더 이상의 노력을 멈추고 순간의 쾌락에 만족한다면 악마의 종이 될 것을 약속한다. 그는 마녀의 영약을 마시고 20대의 청년이 되어 방탕한 생활을 시작한다. 그는 순진한 그레트헨을 사랑하게 되는데 악마는 파우스트가 그레트헨의 오빠를 죽이고, 그레트헨은 어머니를 죽이도록 만든다. 그레트헨은 정신이 나가 감옥에 갇히게 되고, 파우스트는 그녀를 탈출시키려 애쓴다.

"구걸한다는 것은 비참한 일이에요. 게다가 양심의 가책은 어떻게 하란 말인가요."

탈옥을 권하는 파우스트에게 그레트헨은 죗값을 치르겠다고 하며 남는다. 이때 메피스토펠레스는 그녀를 두고 나오며 "심판받았다"라고 말하지만, 천상에서는 "구원받았다"라는 소리가 들려온다. 그레트헨은 처음부터 끝까지 순수하고 고귀한 정신, 속죄를 상징하며 작품의 마지막 부분에서는 파우스트를 구원해 주는 역할을 한다.

2부에서 파우스트는 파산 직전에 이른 황제를 도와 신임을 얻는다. 황제는 고대 그리스 신화 속 최고의 미인 헬레나를 불러내라고 요구하고, 파우스트는 경솔하게 승낙한다. 환영 속에서 헬레나를 놓치고 정신을 잃은 파우스트는 옛 서재에서 깨어나는데, 그의 조수였던 바그너가 만든 호문쿨루스가 그를 옛 그리스 세계로 인도한다. 파우스트는 헬레나와 결혼하여 아들 오이포리온을 얻지만, 오이포리온은 그리스 신화의 이카루스처럼 하늘을 날려다 떨어져 죽어 버리고, 헬레나의 환영도 사라진다. 파우스트에게는 그녀의 옷과 베일만이 남는다. 메피스토펠레스는 파우스트에게 또 다른 쾌락을 주려 하지만, 파우스트는 거절한다.

"나는 자유로운 땅에서 자유로운 백성들과 함께 살고 싶다."

그는 황제를 도와 하사받은 해안 지대를 비옥하게 만들면서 자유의 경지에 도달하려는 자기 욕망을 실현하려고 한다. 그의 육체적인 욕망은 점차 정신적이고 사회적인 차원의 욕망으로 확장된다. 파우스트는 악마의 노예가 될 것을 알면서도 결국 최고의 순간을 붙잡으려 한다.

"멈추어라, 너 정말 아름답구나!"

악마는 하찮고 허망한 순간을 잡으려는 파우스트의 영혼을 빼앗으려하지만 실패한다. 그레트헨의 사랑으로 구원받은 파우스트의 영혼이 승천한 것이다.

"불가능한 것을 갈망하는 자, 그런 사람을 전 좋아해요."[4]

파우스트는 끊임없이 노력하여 삶의 최고 형태를 추구하고, 신의 경지에 도달하려는 욕망을 가진 인간이다. 그것은 불가능하지만, 건강한 욕망이다. 욕망을 이루려는 과정에서 인간은 방황할 수도 있다. 파우스트는 원하는 것을 얻으려 자기 외부에 있는 것에 의존하면서 헤맨다. 처음에는 학문에 의존했지만, 아는 것이 없음을 깨닫고 절망한다. 마법과 정령의 힘에 의존해 보려고 했지만, 그것 또한 도움이 되지 않는다. 마지막으로 악마의 힘까지 빌려 육체적 쾌락, 아름다움, 권력 등 원하는 모든 것을 얻지만, 그 또한 구원이 되지 않는다.

"지혜의 마지막 결론은 '자유도 생명도 날마다 싸워 얻는 자만이 누릴

---

4 테베의 예언자 테이레시아스의 딸 만토의 말. 오디세우스는 저승에서 테이레시아스를 만나 고향으로 갈 방도를 묻기도 하였다. 괴테는 《파우스트》에서 만토를 의술의 신 아스클레피오스의 딸처럼 묘사하였다.

자격이 있다'는 것이다."

결국 파우스트는 자기의 의지와 노력만으로 얻은 것에서 위안을 얻는다.

5분 통찰

《파우스트》에서 신은 흔들리더라도 항상 노력하면서 스스로 애쓰는 사람을 구원한다. 파우스트는 자유를 지향하면서 이리저리 흔들렸지만, 노력하는 태도를 견지하였다. 인간은 필연적으로 욕망하는 존재이다. 욕망하는 것은 나쁜 것이 아니다. 하지만 원하는 것을 얻기 위해 남에게 의존하면 방황할 수밖에 없다. 파우스트가 메피스토펠레스에게 영혼을 담보로 의존한 것처럼 자기를 믿지 않는다면, 노력하지 않는다면 원하는 것을 얻는다고 하더라도 자유로울 수 없다.

지금 당신이 욕망 때문에 헤매고 있다면, 자신에게 몇 가지 질문을 던져보라.

1. 자신의 욕망을 바라보라. 그것이 가치 있는가?
2. 그 욕망을 실현하기 위해 남에게 의존하고 있지 않은가?
3. 자신에게 부끄럽지 않게 노력하고 있는가?

욕망해도 괜찮다. 방황해도 좋다. 흔들려도 된다. 단, 스스로의 힘으로 노력해야 한다. 그렇다면 언제나 희망이 있다.

조너선 스위프트, 《걸리버 여행기》

변화와 경쟁에
휩쓸리지 않는 방법

걸리버의 관점

"자신이 태어난 곳에 대한 편견과 편애에

휘둘리지 않을 사람이 어디 있겠는가?"

조너선 스위프트, 《걸리버 여행기》

동시대를 살아가는 많은 사람이 당연하다고 생각하는 것은 정말로
모두가 '당연히' 받아들여야만 하는 것일까? 누구나 인정하고 진리처
럼 받아들이는 사실이 있다. 철학 용어로 '공리 公理, Axiom'[1]와 같은 것

---

1   일반적으로 자명한 진리로 인정하는 원리. 다른 명제를 증명하는 데 전제가 되는 것.

이다. 권위가 있는 사람들, 신문이나 방송, 책에서 말하는 바를 의심해 본 적이 있는가? 자명해 보이는 사실을 낯선 시선으로 비틀어 보고, 깊게 파고 들어가 '이게 정말 맞나?' 하고 생각하기란 쉽지 않다. 우리는 종종 '상식'이나 '대세'라는 말에 압도되어 사고가 마비되어 버리는지도 모른다.

세상을 새로운 시선으로 바라보려면 위치를 바꾸어야 한다. 이곳이 아닌 다른 곳에 서서, 혹은 내가 아닌 다른 존재가 되어 나를 바라보는 경험을 해 보자. 그러면 편견에 빠지지 않고 머리를 말랑말랑하게 유지할 수 있다. 그런 경험을 간접적으로 할 수 있는 좋은 책이 조너선 스위프트의 《걸리버 여행기》이다. 《걸리버 여행기》가 동화책이라는 편견은 잠시 미루어 두자. 작가의 이야기와 작품의 배경을 제대로 알고 읽어 보면 새로운 시선으로 현실을 바라보는 데 도움을 얻을 수 있을 것이다.

중심이 흔들리면
똑바로 바라볼 수 없다

조너선 스위프트Jonathan Swift, 1667-1745는 부모가 영국 귀족 출신이었지만, 실제 태어나 자란 곳은 아일랜드의 수도 더블린이었다. 당시 아일랜드는 영국의 식민지와 다름없었다. 그는 영국인이었지만 식민지 거주자였던 것이다. 이는 그가 런던에 살았다면 볼 수 없는 것을 볼 수 있는 기회가 있었다는 말이다.

그가 살았던 17세기에서 18세기 근대의 영국은 많은 변화의 중심에 있었다. 정치적, 종교적으로 카톨릭과 국교회의 충돌, 왕위 계승 문제 등으로 명예혁명(1688년)이 일어나 카톨릭 군주 시대가 막을 내렸다. 그 과정에서 토리당과 휘그당이 서로 협력하기도 했다가 대립하면서 권력의 줄다리기가 이어졌다.

명예혁명 당시 조너선 스위프트의 나이는 21세였다. 그는 오늘날 영국 보수당의 전신이라고 할 수 있는 토리당 쪽에 있었다. 명예혁명은 영국 국교회를 탄압하고 왕권을 강화하려는 제임스 2세를 큰 무력 충돌 없이 왕위에서 물러나게 한 사건이다. 이때는 토리당과 휘그당이 협력하였다. 하지만 제임스 2세 이후 즉위한 윌리엄 3세와 메리 2세의 공동 통치 시기에는 휘그당이 우세하였다. 이후 1702년에서 1714년까지 앤 여왕이 통치한 10여 년은 토리당이 우세했는데, 이 시기에 조너선 스위프트는 30대와 40대를 토리당 편에서 정치적으로 활발하게 활동하였다. 그러다 앤 여왕이 죽고, 조지 1세가 즉위하였다. 토리당의 기반이 약해져 휘그당이 정권을 잡으면서 조너선 스위프트는 아일랜드로 피신한다.

당시 영국은 식민지 지배를 통해 부를 축적하였다. 조너선 스위프트는 영국인이었지만, 아일랜드에 살면서 영국의 아일랜드 수탈을 몸소 겪으며 저항하였다. 그는 《드레피어의 편지》를 통해 아일랜드에 불량

통화를 유입하려던 영국 정부의 정책을 비판했고,《겸손한 제안》이라는 책에서 아일랜드의 경제적인 문제를 해결하기 위해 아일랜드의 아이들을 영국에 식용으로 팔자는 주장을 하였다. 물론 정말로 그렇게 하자는 것이 아니라, 그런 말도 안 되는 주장을 통해 영국의 식민 정책을 강력하게 비난한 것이었다.

한편 조너선 스위프트는 17세기 근대 과학의 혁명을 이끈 아이작 뉴턴(1643~1727년)과 동시대 사람이기도 하다. 뉴턴은 잘 알려진 바와 같이 만유인력과 운동의 3법칙[2]을 통해 물체와 천체의 운동을 설명하였다. 또한 광학 연구에도 매진해서 백색의 빛에 굴절률이 다양한 여러 색의 광선이 존재한다는 것을 증명하였다. 뉴턴은《프린키피아》를 출간한 이후 유명해져서 정치에 입문했는가 하면, 영국 조폐국장을 거쳐 왕립 학회 의장으로도 활동하였다. 한마디로 뉴턴은 과학계의 스타였다.

당파 정치, 식민주의, 과학주의가 퍼져 있던 당시 영국의 현실은 조너선 스위프트에게는 '상식'이나 '시대적인 흐름'이라는 이름하에 무비판적으로 받아들여야만 하는 성질의 것이 아니었다. 그는 현실을 다른 관점으로 보면서 과연 그것이 정당한 것인지, 수용해야만 하는 것인지 의문을 제기하였다.《걸리버 여행기》를 통해 그가 어떻게 현실을 풍자하고 비판했는지 살펴보자.

2   관성의 법칙, 힘과 가속도의 법칙, 작용 반작용의 법칙.

당연한 것을 의심하고
중심을 바로잡는 사고방식

《걸리버 여행기》가 아이들을 위한 동화책으로 오해받아 온 이유는 '소인국과 대인국을 방문하는 상상 속의 이야기'라는 인상이 강하기 때문이다. 하지만 엄밀하게 말하자면 이 책은 아이들을 위한 동화가 아닌 어른들을 위한 풍자 문학 작품으로 분류되어야 한다.

《걸리버 여행기》는 총 4부로 구성되어 있다. 1부는 소인국인 릴리퍼트에 가는 이야기이다. 1부에서 걸리버가 만나는 소인들은 보통 인간의 12분의 1 크기이다. 그들은 크기만 작을 뿐 인간이 가진 부조리함을 모두 가지고 있다. 작가는 1부에서 당대 영국의 정치적, 종교적 상황에 대해 비판한다. 예를 들면 이런 식이다.

"줄타기 놀이는 높은 관직이나 국왕의 총애를 받는 자리에 오르고자 하는 사람들만이 할 수 있다. 그들은 젊어서부터 이 기술을 훈련하였다."

황당하게도 이 나라에서 고위 관직에 오르기 위해서는 줄타기를 잘해야 한다. 줄타기 재주로 얼마나 황제를 만족시키느냐에 따라 지위가 달라지는 것이다. 스위프트는 관료를 능력이나 도덕성이 아닌 줄서기나 아첨하는 기술로 선발한 당시 영국의 실상을 해학적으로 보여 준다. 릴리퍼트가 또 다른 소인국인 블레푸스쿠로 분열되고 두 나라 간에 피

터지게 전쟁이 이어지는 원인을 밝힌 부분을 보면 피식 웃음이 나온다.

"지금 황제의 조부가 어릴 때 달걀을 먹기 위해 넓적한 부분을 깨다가 손가락 하나를 베였다. 그러자 당시 황제는 칙령을 내려 모든 백성이 달걀을 뾰족한 쪽으로 깨도록 했고, 이에 따르지 않으면 벌을 주었다. 백성들은 이 법에 분노했고, 이 때문에 여섯 번의 반란이 일어났다."

'달걀을 어느 방향으로 깰 것인가?' 같은 어처구니없는 이유로 전쟁하는 소인국의 모습을 보여 주면서 당시 토리당과 휘그당의 갈등, 구교와 신교의 반목을 우스꽝스럽게 풍자하였다.

2부는 걸리버가 대인국 브롭딩낵을 여행하는 이야기이다. 1부에서는 걸리버가 거인의 눈으로 말도 안 되는 이유를 가지고 아옹다옹하는 소인국 인간들을 내려다보았지만, 2부에서 걸리버는 생존을 위해 작은 동물이나 곤충과도 사투를 벌여야 하는 나약한 존재이다. 그리고 그는 거인들에게 철저하게 무시당한다. 새로운 위치에서 세상을 바라보는 이야기이다.

"나는 하루에 열두 번 볼거리로 관중 앞에 나섰으며, 바보 같은 짓을 똑같이 반복하였다. 공연이 끝날 즈음에는 피곤과 분노로 반쯤 죽는 줄 알았다."

문명국 영국에서 온 지성인이자 외과 의사인 걸리버는 거인국에서는 노리갯감에 불과하였다. 걸리버는 대부분의 거인국 사람에게 인간이 아닌 동물이나 장난감처럼 취급된다. 걸리버는 자신과 동등하지 않거나 비교가 불가한 존재들 사이에서 인간다움이나 명예를 지키려고 노력하는 것이 헛된 시도임을 느끼게 된다.

"그 나라에 있는 동안 거대한 사물에 눈이 익숙해진 뒤로는 거울 보는 걸 잘 견딜 수가 없었다. 그들과 비교하면서 나 자신을 지독히 경멸했기 때문이다."

걸리버는 자신이 뛰어난 존재임을 알리기 위해 아무리 노력하더라도 헛수고가 된다는 것을 깨닫고 거인의 눈으로 자신을 바라본다. 그는 정체성의 혼란을 느끼고 거울을 볼 수 없을 정도로 자신을 부정하게 된다. 관점을 바꾸는 것은 객관적으로 자신을 바라볼 수 있는 기회가 되기도 하지만, 자칫 잘못해 타인의 관점에 매몰되어 버리면 오히려 혼란에 빠질 수도 있다.

"애초에 꽤 괜찮은 제도들이 자네 나라에 있었음을 알겠네만, 그중 절반은 사라지고 나머지 절반은 타락하여 완전히 와해되고 없어졌군."

거인국의 선한 왕은 걸리버가 전해 준 영국의 이야기를 듣고 이렇게 대꾸한다. 이 장면을 통해 조너선 스위프트는 당시 영국의 사회 제도가 애초의 좋은 취지를 잃고 타락했다는 점을 지적한다.

3부는 걸리버가 하늘을 떠다니는 섬 라퓨타와 식민지 발니바비, 마법사의 나라 글럽덥드립 등을 여행하는 이야기이다. 라퓨타는 천연 자석의 힘을 이용해 하늘을 떠다니는 섬이다. 라퓨타인들은 수학과 음악, 천문학 같은 학문만을 최고로 여겨서 일상생활을 하는 능력은 전혀 없다고 보아도 무방하다. 그들은 남들의 일에는 전혀 관심이 없고 자기만의 세계에 빠져 있다. 라퓨타인들의 일상생활에는 하인이 꼭 필요한 것으로 묘사된다. 아무 데나 부딪히거나 떨어질 수 있기에 항상 하인이 옆에서 돌봐 주어야 하는 것이다.

"그들은 항상 생각에 잠겨 있어서 절벽에서 떨어지거나, 기둥에 머리를 부딪히거나, 혹은 거리에서 다른 사람들과 맞부딪치거나, 하수구에 빠질 위험이 매우 컸다. 그들은 너무 추상적이고 사색에만 몰두했기에 내가 만난 사람 중 가장 재미없는 사람들이었다."

3부는 과학주의와 개인주의적인 근대의 인간에 대한 풍자로 볼 수 있다. 과학에만 빠진 라퓨타인들은 타인에 대한 공감 능력이 결여되어 있다. 그들은 섬 아래 영토 발니바비를 식민지로 지배하면서 이기적으로 살아간다. 그러다 라퓨타에 저항하는 대규모 반란이 성공하는 장면이

나오는데, 이 부분은 아일랜드를 지배하려는 영국의 폭압에 저항하는 아일랜드의 모습을 그린 것으로 볼 수 있다.

4부는 걸리버가 온전한 이성을 지닌 말들의 나라 후이늠을 방문하는 이야기이다. 후이늠국에서는 말과 사람의 위치가 서로 바뀌어 있다. 말은 사람이 되고, 사람이 말이 된다. 짐승과 인간 사이에 완전한 관점의 전환이 일어난다. 이성을 가진 말(후이늠)들이 사람(야후)들이 끄는 탈것으로 이동하고, 사람은 말의 시중을 든다. 여기에서 묘사되는 말은 실제 사람 이상의 이성을 가지고 있다. 그들은 소모적인 토론이나 논쟁을 하지 않고, 완벽한 이성을 바탕으로 현상의 본질과 진실을 직관적으로 알고 있다. 후이늠들은 불완전한 인간의 이성으로 만들어진 영국보다 훨씬 더 합리적인 공동체를 운영하고 있다. 그들에게는 '악'이나 '병'이라는 개념 자체가 없고, 불필요한 욕망에 빠져 허우적거리지 않는다.

"정부, 법과 같은 제도는 명백히 이성의 엄청난 결함, 그리고 그로 인한 우리의 도덕적 결함에 기인한 것이다. 왜냐하면 이성은 그 자체로 이성적 존재를 충분히 다스릴 수 있기 때문이다."

스위프트는 잘난 체하며 이성주의를 내세우는 인간의 이성은 불완전하다고 보았다. 걸리버는 후이늠국에서 추방되어 인간 세상으로 돌아왔지만, 정신 착란을 일으킨다. 완벽한 이성의 후이늠에 비해 불완전한 인간이 그를 미치게 한 것이 아닐까?

《걸리버 여행기》는 관점의 전환이 계속되는 이야기이다. 거대한 존재가 되어 인간 세상과 똑같은 짓을 하는 소인들을 바라보았다가, 반대로 작은 존재가 되어 거인들에게 밑천을 다 드러내 보이고 무시당한다. 인간미를 상실한 개인주의와 과학주의를 비판하고, 완전한 이성을 가지지 못해, 짐승만도 못한 인간 세상을 조롱한다.

5분 통찰

"타인에게 배워 미혹되지 말고, 내면에서나 밖에서나 만나기만 하면 바로 죽여라. 부처를 만나면 부처를 죽이고, 조사를 만나면 조사를 죽이고, 나한을 만나면 나한을 죽이고, 부모를 만나면 부모를 죽이고, 가까운 친척을 만나면 친척을 죽여라."

임제 의현,《임제어록》

외부의 권위나 우상, 타인에게 의존하는 마음은 독약이다. 우리 시대에는 어떤 우상이 있는가? '경제적 자유', '일하지 않고 즐기는 삶', '4차 산업 혁명', '소확행'같이 많은 이의 입에 오르내리며 마치 진리처럼 우상화된 관념이 있다. 그것은 모두 옳고 따라야만 하는 것일까? 변화는 항상 현재 진행형이다. 영원히 멈추어 있는 건 없다. 바람에 휩쓸리는 나뭇잎처럼 둥둥 떠다니는 유행과 내가 스스로 검증하지 않은 가치들을 모두 좇으려고 하면 평생 흔들리며 살아갈 수밖에 없다.

나만의 중심을 잡는 지혜와 깨달음은 외부의 권위에 의존하지 않는 마음에서 생겨난다. 다수의 권위에 짓눌리거나 의지하지 말고 다른 관점, 색다른 시선으로 세상을 바라보려고 노력해야 길이 열린다. 조너선 스위프트처럼 유쾌한 상상력으로 현실을 삐딱하게 쳐다보는 것은 어떨까?

볼테르, 《캉디드 혹은 낙관주의》

현실을 있는 그대로
바라보라

캉디드의 태도

"인간은 본성을 잃어버리고 타락한 것 같다.

원래 태어날 때는 늑대가 아니었지만, 늑대처럼 되어 버렸다."

볼테르, 《캉디드 혹은 낙관주의》

"볼테르는 18세기를 지배하였다."

문학사가 랑송이 《프랑스 문학사》에서 한 말이다. 영국에서 조너선 스위프트가 활동하던 시기에 바다 건너 프랑스에서는 볼테르가 필명을 떨치고 있었다. 볼테르Voltaire, 1694-1778는 루소, 디드로, 몽테스키외와 함께 프랑스 계몽주의를 대표하는 사상가로, 평생 135권의 저서를 집필할 정도로 열정적이었다. 계몽주의는 이성으로 사회의 부조리와 구습을 타파하려는 사상운동으로, 볼테르는 펜이라는 무기를 거침없이 휘두른 실천적인 지식인이었다.

당시 프랑스인은 자신들이 살아가는 시대를 '볼테르의 시대'라고 부를 만큼 볼테르의 영향력은 절대적이었다. 그는 대중에게 많은 사랑을 받았다. 계몽주의 사상가라고 하니 볼테르를 굉장히 이성적이고 학구적인 이미지로 그릴지도 모르겠다. 하지만 볼테르의 삶은 학자적과는 거리가 멀고 꽤 시끄러웠다. 그는 성격이 매우 자유분방했고, 여기저기에서 사건 사고가 끊이지 않았다.

세상 문제에 목소리를 높인
시대의 오피니언 리더

볼테르의 본명은 프랑수아마리 아루에 François-Marie Arouet 이고, 볼테르는 그의 필명이다. 그는 계몽주의 철학자, 극작가, 시인, 역사가 등으로 문명을 떨쳤다. 볼테르는 프랑스 파리에서 태어나 10세에 예수회에서 운영하는 중학교에 입학하여 라틴어와 신학을 배웠다. 17세에는 공증인이었던 아버지의 뜻에 따라 법률을 공부하였다. 하지만 신학이나 법학같이 딱딱한 학문은 기지 넘치는 그의 적성에 맞지 않았다. 볼테르는 사교계를 기웃거리거나 시를 쓰면서 아버지의 속을 썩였다. 보다 못한 아버지는 아들이 19세가 되자 네덜란드 주재 프랑스 대사의 비서 자리를 마련해 주어 그를 헤이그로 보냈다. 안에서 새는 바가지가 밖에서도 새지 않았을까? 볼테르는 반항이라도 하듯 제대로 일하지 않고 연애에 빠져 물의를 일으키고 파리로 불려 왔다.

겁 없는 말썽꾸러기 청년은 23세에 결국 큰 사고를 쳤다. 절대 군주 루이 14세 사후 실질적인 권력을 휘두르던 섭정 오를레앙 공을 풍자하는 시를 써서 11개월간 바스티유 감옥에 갇히게 된 것이다. 그는 1년 전에도 오를레앙 공에 대한 풍자시를 쓴 것으로 문제되어 친구의 성에 피신했었는데, 1년 만에 새로운 풍자시를 썼다.

볼테르는 감옥에서 허송세월하지 않았다. 그는 투옥 기간에 한 가지에 몰두하며 시간을 보냈고, 비극 작품인 《오이디푸스》를 완성하였다. 이때부터 그는 '아루에 드 볼테르Arouet de Voltaire'라는 필명을 사용하였다. 《오이디푸스》은 대중적으로 큰 성공을 거두었는데, 이 성공으로 오를레앙의 축하와 두둑한 연금까지 받았다.

여기에서 그의 필명의 의미를 언급하지 않을 수 없다. 그는 필명에 귀족들만 쓰던 'de'를 사용하였다. 귀족이란 어떤 존재인가? 본래 귀족은 무기를 들고 국가를 위해 싸우는 자들이다. 말하자면 국가의 수호자이다. 명예롭고 영광스러운 존재라고 할 수 있다. 하지만 16세기부터 국가의 재정 확보를 위해 왕들은 작위를 돈 받고 팔았다. 조선 후기에 공명첩을 팔던 행태와 비슷하다. 볼테르 시대에 귀족은 더 이상 존경받는 존재가 아니었다. 예의 없고, 멍청하고, 혈통만 따지는 집단으로 전

락해 있었다. 그런데 볼테르는 왜 자신의 필명에 'de'를 넣었을까? '지금
의 귀족은 전부 가짜이다. 청산해야 할 존재이다. 내가 바로 진짜 귀족
이다'라는 선언이 아니었을까? 그는 날카로운 안목으로 당대의 많은 현
실 문제에 간여했고 여론을 이끌었다. 오피니언 리더의 역할을 자처한
것이다. 신분의 제약, 관용이 없는 종교, 전제 군주정의 폐해, 전쟁 등은
그에게 이성이라는 무기로 개혁해야 하는 현실의 부조리, 세상의 악이
었다.

32세에 볼테르의 삶에 결정적인 사건이 일어난다. 대귀족 가문의 기
사와 말다툼이 벌어졌다. 상대 기사는 치사하게 하인을 시켜 볼테르를
흠씬 두들겨 패 버렸다. 화가 난 볼테르는 기사에게 결투를 신청했지
만 문제를 크게 만들고 싶지 않았던 정부는 볼테르를 바스티유 감옥에
가두어 버렸다. 9년 만에 다시 바스티유 감옥행. 볼테르는 어떤 생각을
했을까? 첫 번째에는 권력자를 풍자했다는 이유로 갇히고, 두 번째에
는 피해자임에도 불구하고 부당하게 투옥되었다. 볼테르는 이 사건으
로 신분 제도의 불합리함과 국가 권력의 부당함을 뼈저리게 느꼈을 것
이다.

그는 영국 망명을 조건으로 석방되었다. 이후 3년간 영국에서의 경
험은 그의 사상에 큰 영향을 미쳤다. 당시 영국은 사상적으로 프랑스에
비해 자유로웠으며 개인의 자유가 법률로 보장되었다. 그는 영국에서
프랑스로 돌아와 《영국인에 관한 편지 혹은 철학 서간》을 출간했는데,
프랑스 사회를 비판하는 내용 때문에 사회적으로 큰 파장을 일으켰다.

결국 그는 다시 몸을 피해야 했다. 그는 이때부터 10년간 애인 샤틀레 부인의 성에서 지냈다.

볼테르는 50세에 파리로 돌아와 왕실 사료 편찬관으로 일하였다. 56세에는 프로이센 프리드리히 2세의 초청으로 베를린에 가서 황제의 시종으로 지내기도 하였다. 하지만 현실을 조롱하고 풍자하는 성향, 격식에 얽매이지 않는 성격을 받아 줄 절대 군주는 없었다. 그는 우여곡절 끝에 64세에 프랑스와 스위스 국경 근처 페르네라는 곳에 정착하여 20년 동안 농사를 지으며 농민들과 어울려 지냈다. 이때 그는 '페르네의 영주'로 불렸다.

이 장면을 어디에선가 본 것 같다면 당신은 이 책을 제대로 읽고 있다고 할 수 있다. 《파우스트》에서 주인공 파우스트가 마지막에 해안 지대를 개간하며 정착한 장면이 떠오르지 않는가?

파우스트와 달리 볼테르의 이야기는 여기에서 끝나지 않는다. 그는 페르네에서 입 다물고 지내지 않았다. 사회 문제에 적극적으로 관심을 가졌다. 특히 개신교에 대한 편견과 불관용 때문에 부당하게 처형된 장 칼라스의 복권을 위해 3년여간 프랑스의 사법 체계와 싸워서 결국 이긴 '칼라스 사건'은 유명하다.

이 사건의 전말은 이러하다. 개신교도 장 칼라스의 아들이 자살하였다. 카톨릭 교도들은 칼라스가 아들의 카톨릭 개종을 막아서 생긴 일로 모함하였다. 칼라스는 거열형을 당하였다. 잔인하게 사지가 찢겨 죽은 것이다. 볼테르는 이 일에 적극적으로 개입하였다. 수많은 글을 써서 칼라스를 옹호했고, 사람들의 정의감을 일깨웠다. 결국 볼테르가 이겼다. 1765년에 칼라스가 복권되었는데, 이때 볼테르의 나이는 71세였다. 당시 평균 연령을 생각해 보면 이미 무덤 속에 누워 있어야 할 나이에 그는 행동하는 지식인의 모습을 보여 주었다.

볼테르는 84세에 비극 《이렌》의 상연을 계기로 28년 만에 파리로 돌아왔다. 파리 시민들은 열광하였다. 하지만 기력이 다한 것일까, 볼테르는 파리에 돌아온 지 3개월여 만에 세상을 떠나고 말았다.

볼테르는 생전에 '철학적 콩트'라는 장르를 개척해 자신의 철학을 우화적인 소설로 대중에게 전하였다. 그중 65세에 출간한 《캉디드 혹은 낙관주의》는 그의 가장 유명한 작품이다. 그는 이 책에서 현실의 부조리를 적나라하게 보여 주었다. 우리가 세상을 어떻게 보아야 할지, 정말 행복이 있는지 의문을 제기한다.

볼테르의 삶은 드라마틱하였다. 7세에 어머니의 죽음을 보았고, 28세에 아버지마저 세상을 떠났다. 애인인 샤틀레 부인은 다른 남자에게 빠져 그를 배신하기도 했고, 출산 후유증으로 사망하였다. 볼테르는 한밤중에 죽은 애인의 이름을 부르며 미친 사람처럼 헤매기도 하였다. 그뿐인가. 귀족들의 시기와 질투, 부조리한 세상과의 불화로 이리저리 옮겨 다니며 살아야 했다. 세상은 희극일까, 비극일까? 상황을 낙관적이고 따뜻한 시선으로 보아야 할까, 비관적이고 냉정한 시선으로 보아야 할까? 볼테르의 대답은 명확하다.

"닥치고! 있는 그대로 보라!"

현실을 허용해야
가야 할 길을 갈 수 있다

'캉디드candide'는 프랑스어로 '순박하다'는 뜻이다. 《캉디드 혹은 낙관주의》의 주인공 캉디드는 베스트팔렌 툰더텐트론크 남작의 성에 사는 유순한 청년이다. 그는 남작의 여동생이 이웃 귀족 사이에서 낳은 아이인데, 그의 부모는 결혼하지 않았다. 그 이유가 어처구니없다. 남자 쪽 조상을 71대까지만 알 수 있고 그 윗대를 알 수 없기 때문이다. 1세대를 30년으로 잡았을 때, 71대면 2,130년이다. 그 정도 가문 따위는 상대할 수 없다는 것일까? 신분 제도에 대한 지독한 풍자이다. 아무튼 캉디드는 이곳에서 팡글로스라는 순진한 낙관주의자 선생에게 이 세상이 완벽하다고 배운다.

"우리 세계는 가능한 모든 세계 중 최선의 세계이다. 모든 것은 목적이 있다. 코는 안경을 얹기 위해 만들어졌다. 그래서 우리는 안경을 쓴다. 다리는 양말을 신기 위해 만들어졌다. 그래서 우리는 양말을 신는다."

팡글로스의 궤변이다. 당시 유행했던 라이프니츠의 예정 조화설[1]을 비틀었다. 캉디드는 남작의 아름다운 딸 퀴네공드와 키스하다가 에덴

---

1   세계는 독립된 존재 단위인 단자로 이루어지며, 단자가 질서를 이루는 것은 신에 의해 전체의 조화가 예정되어 있기 때문이라는 학설. 우주 질서는 신의 예정 조화 속에 있다는 주장.

동산과도 같은 이 완벽한 성에서 쫓겨난다. 이때부터 본격적인 비극이 시작된다. 현실의 쓴맛을 보기 시작한다. 캉디드는 불가리아 군대에 들어가 몇 번의 죽을 고비를 넘기고, 전쟁의 참상에 몸서리친다.

"온몸에 총상 입은 늙은이들이 목이 찔려 죽어 가는 아내들의 모습을 멍하니 지켜보고 있었다. 또 다른 쪽에는 처녀들이 마지막 숨을 거두고 있었다. 몇몇 영웅이 욕망을 채우고 난 후 배를 갈라 버렸기 때문이었다."

완벽한 성에 살던 순진한 청년이 감당하기 힘든 장면이었다. 캉디드는 우여곡절 끝에 전쟁터를 벗어나 비단 공장을 운영하는 마음씨 좋은 사장을 만난다. 그의 보살핌 속에 다시 안도한다.

"팡글로스 선생님 말씀이 맞아요. 세상 모든 게 최고로 잘되어 가고 있어요."

캉디드는 순진하게 팡글로스 선생님의 가르침이 여전히 옳다고 믿는다. 하지만 비극은 아직 시작도 하지 않았다. 그는 곧 거지꼴이 된 팡글로스를 만난다. 그리고 퀴네공드 집안이 풍비박산 났다는 소식을 듣고 기절한다. 에덴동산이 전쟁통에 지옥으로 변해 버린 것이다. 이후 캉디드는 죽은 줄 알았던 퀴네공드와 만난다. 다시 세상은 완벽해지는 것일까? 그녀는 종교 재판소장과 한 유대인의 협박에 반강제로 그들의 애인으로 지내고 있었다. 캉디드는 그 애인들을 죽이고 신세계 남아메리카로 떠난다. 사람을 죽이다니! 또다시 비극이다.

"모든 게 잘될 겁니다. 바다만 봐도 그래요. 신세계의 바다는 우리 유럽보다 더 좋지 않나요? 분명히 이곳은 최선의 세계일 겁니다."

캉디드는 신대륙에서 행복을 꿈꾼다. 하지만 남아메리카에서도 희망을 발견하지 못한다. 살아남기 위해 애인을 권력자에게 빼앗긴다. 죽은 줄 알았던 퀴네공드의 오빠와 만나지만, 말다툼 끝에 그를 찔러 죽여 도망자 신세가 된다. 중간에 엘도라도라는 이상적인 나라를 방문하지만, 존재 자체가 비현실적이다. 그는 다시 유럽으로 돌아온다. 유럽에 돌아와 만난 인간 군상은 실망 그 자체이다. 볼테르는 자기가 살던 당시의 부조리한 사건을 작품 곳곳에서 보여 준다. 사람을 많이 죽이지 않았다고 해군 제독을 총살하는 장면, 신분이 낮다는 이유로 길모퉁이에 묻히는 여배우, 종교인들의 위선 등을 말이다.

작품의 마지막에 캉디드는 퀴네공드와 재회한다. 드디어 해피 엔딩일까? 미적지근하게 끝낼 볼테르가 아니다. 그렇게 아름답던 퀴네공드는 추녀가 되어 있다. 캉디드는 썩 내키지 않지만 그녀와 결혼한다. 그리고 여전히 이 세계가 가능한 모든 세계 중 최선이라고 믿는 팡글로스, 인간은 어디에서나 불행할 수밖에 없다고 믿는 마르틴, 신중한 친구 카캄보, 세상의 고난이란 고난은 다 겪은 노파와 함께 지낸다. 그들은 모두 불행한 것 같다. 못생긴 아내는 까탈스럽고, 노파는 퀴네공드보다 더 심술 사납다. 카캄보는 고된 일로 힘들어하고, 팡글로스는 학문적 재능을 발휘할 기회가 없어 괴로워한다. 그런데 단 한 명, 괴로워하지 않는 사람이 있다. 비관론자 마르틴이다.

"헛된 공리공론은 집어치우고 일이나 합시다. 그것이 삶을 견뎌 내는 유일한 방법입니다."

마르틴의 이 말에 함께 사는 이들이 재능을 발휘한다. 못생긴 퀴네공드는 빵과 케이크를 만든다. 심술궂은 노파는 침대 덮개 만드는 데 재주가 있다. 뒤에 이들 무리에 합류한 파케트라는 창녀는 수를 놓고, 타락했던 지로플레 수사는 훌륭한 목수가 된다. 이런 중에 팡글로스의 대책 없는 낙관론은 계속된다.

"최선의 세계에서는 모든 사건이 연계되어 있네. 만일 자네가 성에서 쫓겨나지 않았다면, 여기서 설탕에 절인 레몬과 피스타치오를 먹지 못하지 않았겠나?"

이 말에 캉디드는 이렇게 대답한다.

"지당한 말씀이에요. 하지만 이제 우리는 우리의 밭을 갈아야 합니다."

순진했던 캉디드가 변하였다. 세상은 에덴동산이 아님을 깨달았다.

우리는 세상을 어떻게 보아야 할까? 모든 것이 완벽한 최선의 상태라고 볼 수도 있다. 팡글로스의 관점, 낙관론이다. 현실은 우리와 무관하며 모순으로 가득 찬 비극이라고 볼 수도 있다. 마르틴의 관점, 비관론이다. 무엇이 옳을까? 볼테르는 기존의 모순과 부조리를 비판하는 관점에서 이야기하는 것을 보아 비관론 쪽으로 기울어진 것 같다. 하지만 그가 남미에 상상의 나라 엘도라도를 묘사했듯이, 언제나 희망은 있다.

온실 속의 화초처럼 성에서 자란 캉디드는 세상의 거친 풍파를 겪으면서 현실에 눈을 뜬다. 그 과정에서 성장했고, 작은 공동체의 리더가 된다. 낙관적이기만 했던 그는 현실을 있는 그대로 보는 눈을 가지게 된다. 희망도 절망도 아닌, 그대로를 허용하는 관점이다.

5분 통찰

캉디드의 마지막 말 "우리는 우리의 밭을 갈아야 한다"는 무엇을 뜻하는가? 상황에 일희일비하지 말고 묵묵히 해야 할 일을 해야 한다는 것이다. 현실을 낙관하지도 비관하지도 말고 있는 그대로 바라보자. 그리고 내 앞에 주어진 일을 해 나가라.

헤르만 헤세, 《데미안》

가장 좋은 스승은
자기 자신이다

싱클레어의 성장

"난 오직, 진정 내 안에서 솟아 나오는 번뜩임을 따라 살려 하였다.

왜 그것이 그토록 힘들었을까?"

헤르만 헤세, 《데미안》

인간의 성장에 한계가 있을까? 있다. 신체적인 성장에는 분명히 한계가 있다. 성장기의 아이들을 보면 쇠라도 씹어 먹어 버릴 듯한 기세로 음식을 먹고 폭발적으로 성장한다. 포털 사이트 연애 소식란에서 몇 년 못 보았던 아역 배우들의 '폭풍 성장'에 놀라움을 표현하는 글을 심심치 않게 보곤 하지 않는가. 청소년기 아이들은 비 온 뒤 죽순 자라듯 쑥쑥

큰다. 그러다 20대가 되면 몸의 성장은 서서히 멈춘다. 더 자라면 곤란하다. 몸을 유지하는 것 자체에 너무 많은 에너지가 들어가는 것은 비효율이다. 신체적인 성장에 한계가 있다는 것, 아니 있어야 한다는 것은 상식이다. 시시한 자문자답인지도 모르겠다.

　질문을 조금만 바꾸어 보자. 정신의 성장에 한계가 있을까? 없다. 정신적인 성장에는 한계가 없다. 소위 말하는 '깨달음'을 얻었다는 사람들도 계속해서 수행하며 자기 자신을 갈고닦는다. '돈오점수頓悟漸修(단박에 깨달음을 얻은 뒤에도 점진적으로 수행해야 한다)'라는 말도 있지 않은가. '구도求道'는 끊임없이 앞으로 나아가는 과정이지, 어떤 종착점이 아니다. '나는 모든 것을 안다. 완성되었다'고 선언하는 사람이 있다면 사기꾼일 가능성이 크다. 자기 성찰을 멈추고 꿈꾸기를 그만두었기 때문이다.

　소크라테스는 "나는 나의 무지를 알기 때문에 모르면서도 안다고 생각하는 사람들보다 낫다"라고 하였다. 공자도 "아는 것을 안다고 하고 모르는 것을 모른다고 하는 것, 이것이 아는 것이다"라고 하였다. 이들의 공통점은 자기 자신을 들여다보고 끊임없이 내면과 대화했다는 것이다. 인간은 '완성'이라는 궁극의 목표에 깃발을 꽂기 위해서가 아니라 성장하는 과정에서 의미를 찾는 존재가 아닐까?

　초등학교 2학년 때, 헤르만 헤세의 《데미안》을 처음 만났다. 무슨 말인지도 모르고 열심히 읽었다. 재미있다기보다는 그냥 좋았다. 내용은 싱클레어를 괴롭히는 나쁜 녀석이 크로머라는 정도만 접수한 것 같다. 하지만 왠지 모르게 데미안의 자신만만함, 아브락삭스에게 날아가려고 껍데기를 깨는 새의 이미지, 에바 부인의 따뜻한 날카로움에 매료되었다. 《데미안》은 10번 이상 읽은 책이다. 삶의 고비마다 손에 잡았다. 《데미안》에 명확한 해답은 없었다. 하지만 책을 펼칠 때마다 모든 답은 내 안에 있다는 것, 내면을 찬찬히 다시 살펴야 한다는 것, 끊임없이 성장해야 한다는 것을 되새길 수 있었다.

정신의 성장에는
한계가 없다

헤르만 헤세 Hermann Hesse, 1877~1962 처럼 자아 탐구의 과정을 적나라하게 작품에 투영한 작가는 많지 않을 것이다. 헤르만 헤세는 뷔르템베르크의 칼프¹라는 곳에서 태어났다. 아버지는 목사였고 어머니는 선교사 집안의 딸이었다. 헤세는 인도에서 선교사로 활동한 외할아버지의 영향을 많이 받았다. 외조부는 인도를 비롯한 동서양의 수많은 고전을 소유하고 있었다. 헤세의 글에서 불교, 인도 문화 등의 동양적인 분위기를 느낄 수 있는 것은 유년 시절 외조부의 서재에서 접한 책과 30대에

1   독일 남부에 자리 잡은 인구수 2만 명 정도의 자그마한 도시이다.

한 인도 여행 덕분일 것이다.

헤세는 부모님의 영향으로 어릴 때부터 자연스럽게 신앙적인 분위기에서 자랐다. 신학교 입학은 정해진 길이었을 것이다. 하지만 헤세는 마울브론 수도원 학교에서 뛰쳐나왔다. 생각이 독자적이고 자유로웠던 그는 엄격한 기숙사 생활에 적응할 수 없었다. 그는 자살 기도를 하기도 했으며, 이때의 체험을 《수레바퀴 아래서》라는 작품에서 잘 드러냈다.

> "천재와 그들을 가르치는 선생들 사이에는 깊은 심연이 존재한다.
> 애초에 천재적인 아이들은 누구나 교사들에게 괴짜로 보일 수밖에 없다."
>
> **헤르만 헤세, 《수레바퀴 아래서》**

헤세가 수도원을 뛰쳐나온 이유는 시를 쓰기 위해서였다. 그는 "시인이 아니면 아무것도 되고 싶지 않다"라고 말하였다. 시계 부품 공장 수습공, 서점 점원으로 일하면서 22세에 쓴 첫 시집 《낭만적인 노래》는 라이너 마리아 릴케[2]의 찬사를 받았다. 출발이 좋았다. 27세에는 장편소설 《페터 카멘친트》로 문학계에서 탄탄한 지위를 획득하였다. 이후 《게르트루트》, 《로스할데》, 《크눌프》 등을 집필하면서 성공적인 작가

---

2   1875~1926. 독일의 시인으로 《말테의 수기》, 《두이노의 비가》 등이 대표작이다. 사람과 사물의 본질을 꿰뚫는 글쓰기로 문학사에서 독보적인 영역을 구축하였다.

의 길을 걸었다. 문단에서는 대문호로 자리 잡았다.

《데미안》은 1919년, 헤세가 중년에 들어선 42세에 출간하였다. 재미있는 것은 이 책을 주인공이자 화자인 '에밀 싱클레어'라는 필명으로 세상에 소개했다는 점이다. '헤르만 헤세'의 명성이 아닌 작품성만으로 평가받으려는 시도였다. 결과는 대성공이었다. 제1차 세계 대전이라는 혼란한 현실 속에서 자아로 향하는 길을 제시해 큰 반향을 일으켰다. 《데미안》에서 밝은 세계에 속했던 주인공 싱클레어는 어둠의 세계를 경험하면서 온전한 자기만의 문제를 직면하고 성장해 간다. 이처럼 당시 세계인들은 세계 대전이라는 어둠에 직면하여 내면을 면밀하게 탐구해야 한다는 인생의 보편적인 과제를 상기한 것이 아닐까?

많은 이가 《데미안》을 청소년이 꼭 읽어야 할 성장 소설로 추천한다. 물론 맞는 말이다. 하지만 나는 《데미안》은 오히려 어느 정도 삶의 굴곡을 경험한 중장년이 읽으면 더 좋다고 생각한다. 정신적인 성장에는 나이가 따로 없기 때문이다.

자신의 알을 깨고 나오기 위해서는 온 힘을 다해야 한다

주인공 에밀 싱클레어는 유복한 집안의 막내아들이다. 부모님의 재력은 학교에서부터 드러난다. 그는 공립 학교가 아닌 사립 라틴어 학교에 다니는 소년이다. 10세의 싱클레어는 '아버지의 집 안' 아름답고 밝은 세계에 속해 있다. 하지만 소년은 거칠고 격렬하고 어두운 완전히 다른 반대편의 세계를 은밀히 동경한다. 주정뱅이, 하녀, 강도, 살인 같은 단어가 이 세계를 나타낸다. 두 세계는 완전히 떨어져 있지 않고 그 경계가 가깝게 닿아 있다. 밝은 세계에서 맑은 목소리로 찬송가를 부르던 하녀는 푸줏간에서 이웃집 여인과 싸울 때는 완전히 다른 세계의 사람이 되는 식이다.

싱클레어에게 두 세계의 경계가 무너지는 사건이 일어난다. 그는 세 살 많은 술주정뱅이의 아들 프란츠 크로머에게 약점을 잡혀 버린다. 싱클레어는 다른 세계에 속한 크로머에게 인정받기 위해 하지도 않은 도둑질을 했다고 거짓말한다. 크로머는 과수원 주인, 경찰, 아버지에게 그 사실을 알릴 것처럼 하면서 집요하게 싱클레어를 괴롭힌다. 처음에는 2마르크의 돈을 뜯어내고, 잔심부름을 시키거나, 누나를 데리고 나오라는 무리한 요구를 한다.

"나를 감싸던 세계가 무너졌다. 모든 혼돈과 공포가 나를 위협해 왔다. 내 삶은 산산조각이 나 버렸다."

싱클레어가 크로머에게 괴롭힘을 당하면서 헤어나지 못하고 있을 때 데미안이라는 친구가 나타난다. 데미안은 성경에 대한 권위 있는 선생님의 해석조차 받아들이지 않는 독자적인 생각을 가진 친구이다. 데미안은 싱클레어에게 카인과 아벨 이야기[3]에 대한 자신의 견해를 말해 준다. 데미안은 동생을 죽인 카인은 강한 자였고, 약한 자들에게 두려움의 대상이 되었다고 해석한다. 카인의 이마에 있는 표적은 살인자에 대한 낙인이 아니라 뛰어난 자의 훈장과도 같은 것으로써 스스로 생각하는 자립적인 인간이야말로 바로 카인의 후손이 될 자격이 있다고 생각한다. 싱클레어는 상당한 충격을 받는다. 단 한 번도 그런 식으로 생각해 본 적이 없었기 때문이다. 그는 크로머의 괴롭힘을 잊어버릴 만큼 그 생각에 몰두한다.

"불행한 이 상황이 시작되었던 그 고통스러운 밤, 나는 한순간 아버지로 대표되는 밝은 세계와 지혜를 경멸하였다. 그렇다. 그때 나는 분명 카인이었고 이마에 표적까지 달고 있었다. 하지만 수치심을 느끼기보다 표창이라고 우쭐댔다."

싱클레어의 삶에 균열이 일어났다. 자신을 둘러싸고 있던 세계, 마치 알과 같이 단단한 경계에 금이 가기 시작한 것이다. 여기에서 좀 더 성장하여 스스로 크로머에게서 벗어났다면 좋았을 것이다. 하지만 싱클

---

3 창세기에 나오는 '카인과 아벨'은 인류 최초의 살인 이야기이다. 최초의 인간인 아담과 이브는 카인과 아벨이라는 두 아들을 낳는다. 큰아들 카인은 농부, 작은아들 아벨은 양치기가 된다. 하느님이 아벨의 제물만을 반기자, 질투에 눈이 먼 카인은 아벨을 죽여 버린다. 이후 죄를 깨닫고 죽을까 봐 두려워하며 살게 되는데 하느님은 이마에 표적을 찍어 사람들이 그를 해치지 못하게 한다.

레어는 자기 힘이 아닌 데미안의 힘에 의존해서 크로머라는 악마에게 서 벗어난다. 데미안이 크로머와 이야기를 나눈 뒤 크로머는 싱클레어 의 삶에서 사라져 버린다.

"넌 그 녀석에게서 벗어나야 해. 다른 방법이 없다면 때려죽여서라도 말이지. 네가 그럴 수 있다면 좋겠어. 내가 널 도와줄게."

일종의 부채 의식 때문이었을까? 이후 싱클레어는 데미안에게 다가 가지 못한다. 아니, 두려워서 도망친다. 데미안을 가까이하면 '자립적 인 인간이 되어야 한다'는 혹독한 주문이 이어질 것이다. 싱클레어는 그것을 받아들일 준비가 되어 있지 않았다. 싱클레어에게 데미안은 크 로머와는 성질이 다른 또 하나의 '다른 세계'였던 것이다. 그래서 그는 도망친다.

싱클레어는 소년 기숙사에 들어가면서 방탕한 생활을 시작한다. 술 마시고 난동을 부리고, 음담패설을 일삼는다. 그는 그런 행동이 일종의 '자기 견해를 가지는 방식'이라고 믿으며 자신을 속이면서 하루하루 더 욱 고독해진다. 밝은 세계에 속한 부모님과 누나들은 그를 이해하지 못 한다.

"그 밖에 다른 어떤 일을 해야 할지 몰랐다. 그저 하던 그대로 계속했 을 뿐이었다."

자기 파괴적인 방식으로 어두운 세계에서 허우적거리던 싱클레어는 봄날의 공원에서 한 소녀를 만난다. 그는 그녀를 '베아트리체'라고 이름 붙인다. 이 책을 잘 읽어 온 당신이라면 누군지 바로 알아챘을 것이다. 단테의 그녀, 성스러움과 구원의 상징 그 베아트리체이다. 여기에서부터 싱클레어의 본격적인 성장이 시작된다. 싱클레어는 베아트리체를 숭배하면서 그녀의 모습을 그린다. 이제부터 그는 외부에서 주어지는 것에 의존하지 않는다. 스스로 밝은 세계로 향한다. 베아트리체를 그리는 행위를 통해 밝은 세계를 창조한 것이다.

"내가 완성한 그림 앞에 앉으니 어떤 야릇한 감동이 전해져 왔다. 절반은 남성적이고 절반은 여성적이었으며, 나이를 초월한 모습으로 꿈을 꾸고 있는 것 같으면서도 강한 의지가 엿보였다."

그는 베아트리체의 얼굴이 시시각각 변해 가는 것을 느낀다. 처음에는 공원에서 만난 소녀였지만, 이내 데미안의 얼굴로 보인다. 그리고 점차 그 얼굴은 베아트리체나 데미안이 아닌 자기 자신이라는 느낌을 받는다. 베아트리체는 밝은 세계나 어둠의 세계 어느 한쪽에만 속하지 않는다. 모두를 아우른다. 베아트리체는 자아가 성장하는 하나의 상징이라고 할 수 있다.

"새는 알에서 나오려고 투쟁한다. 알은 세계이다. 태어나려고 하는 자는 한 세계를 깨뜨리지 않으면 안 된다. 새는 신에게 날아간다. 신의 이름은 아브락삭스다."

아브락삭스 또한 신적인 것과 악마적인 것을 결합하는 성장의 상징이다. 싱클레어는 아브락삭스에 대해, 곧 자기 내면에 대해 치열하게 고민하고 질문하면서 알아 간다. 그 과정에서 괴짜 음악가 피스토리우스와 교류한다.

"어떤 예감이 당신을 찾아들고 당신의 영혼 속에서 어떤 목소리가 들리기 시작하면 그것들에 당신의 몸을 맡기시오."

피스토리우스는 스스로의 힘으로 성장한 인물이다. 싱클레어가 자아로 가는 길로 한 걸음 더 나아갈 수 있도록 힘을 준다. 싱클레어는 피스토리우스를 넘어서고, 이후 데미안과 재회한다. 이때 데미안의 어머니인 에바 부인도 함께 만나게 된다. 에바 부인은 싱클레어를 한층 더 성숙한 깨달음의 길로 이끌어 준다.

"태어나는 것은 언제나 어려운 일이지요. 새도 알을 깨고 나오려면 온 힘을 다해야 한다는 걸 당신도 잘 알잖아요. 돌이켜 자신에게 한번 물어보세요. 그 길은 그렇게도 어려웠던가? 그저 어렵기만 했던가? 그러나 역시 아름답지는 않았는가? 하고 말이에요."

새가 알을 깨고 나오는 것은 여간 어려운 일이 아니다. 미처 단단해지지 않은 연약한 부리로 깨질지 어떨지 모르는 껍질을 쪼아야 한다. 잘못하면 부리가 다치지 않을까? 온 힘을 다해야 한다. 모든 것을 걸지 않으면 껍질에 균열을 만들 수 없다. 하지만 그 과정이 어렵기만 한 것은 아니다. 아름다운 과정이다. 성장은 결코 고통스럽기만 한 것이 아니다.

싱클레어는 데미안과 함께 참전하고 크게 다친다. 병상 매트리스 옆에서 그는 데미안과 다시 만난다. 데미안은 자신의 내부에 귀 기울여야 한다는 것을 일깨운다.

"꼬마! 프란츠 크로머를 아직도 기억하고 있나? 나는 떠나야 해. 네가 나를 부른다고 해서 쉽게 갈 수는 없을 거야. 그럴 때는 자신의 내부에 귀를 기울여야 해."

싱클레어는 자기 세계를 벗어나 성장하는 과정에서 많은 스승, 상징을 만난다. 데미안, 베아트리체, 아브락삭스, 피스토리우스, 마지막으로 에바 부인까지. 하지만 이 모든 스승과 상징이 가리키는 방향은 결국 싱클레어 자신이다.

"영원히 계속되는 꿈이란 없어요. 다시 새로운 꿈이 나타나지요. 어떤 꿈에도 집착해서는 안 돼요."

5분 통찰

성장을 위한 궁극의 스승은 나 자신이다. 모든 답은 내 안에 있다. 어떤 꿈을 꾸는지, 어떻게 자신을 한계 짓는지에 따라 모든 것이 달라진다. 하나의 꿈을, 목표를 이루었다고 해서 자만하고 있는가? 그러면 그 꿈에 집착하게 되고 제자리에 멈추어 서 버리고 만다.

리더나 스승의 위치에 있는 사람이라면 외부의 환경이 아무리 압도적이라도 그것에 휩쓸리면 안 된다. 헤세가 세계 대전이라는 혼란 속에서 '자기 성찰'이라는 해법을 제시한 것을 생각해 보자. 또한 스스로 계속 성장하려는 의지를 가지고 앞으로 나아가야 한다. 하나의 알껍데기를 깨부수었다고 멈추면 안 된다. 새로운 껍질, 한계가 기다리고 있다. 또 깨뜨려야 한다. 그러면 끝일까? 또 새로운 껍질이 있을 것이다. 끊임없이 한계를 극복하며 성장해야 한다. 이 경험을 자신을 따르는 사람들에게도 전해 주어야 한다. 에바 부인과 데미안처럼 각자의 꿈을 일깨워야 한다. 쉬지 않고 성장하는 것이 인생의 목적이기 때문이다. 꿈에는 종착지가 없다. 꿈은 계속 진화되어야 하는 그 무엇이다.

2장

미래를 예측하는
감각이
필요할 때

흐름을 간파하는 역사 편

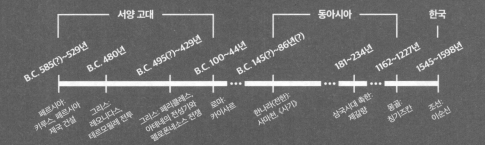

서양 고대   동아시아   한국

B.C. 585(?)~529년

B.C. 480년

B.C. 495(?)~429년

B.C. 100~44년

B.C. 145(?)~86년(?)

181~234년

1162~1227년

1545~1598년

페르시아:
키루스, 페르시아
제국 건설

그리스:
레오니다스,
테르모필레 전투

그리스: 페리클레스,
아테네의 전성기와
펠로폰네소스 전쟁

로마:
카이사르

한나라(전한):
사마천, 《사기》

삼국시대 촉한:
제갈량

몽골:
칭기즈칸

조선:
이순신

페르시아 제국 건설

상대가 원하는 것을
얼마든지 주라

키루스의 그릇

"친구에게 사랑받기를 원한다면 은혜를 베풀어야 한다."

크세노폰, 《키로파에디아》

1879년, 호르무즈드 라삼이라는 영국인이 이라크 바빌론 신전에서 '키루스 실린더'를 발견하였다. 이름이 꽤 거창한데 실상은 길이 23센티미터, 지름 10센티미터의 원기둥 모양의 돌이다. 성인이 한 손에 쥐고 들 수 있을 만한 크기의 돌덩이일 뿐이다. 중요한 것은 돌에 새겨진 내용이다. 키루스 실린더에는 아카드어 쐐기 문자로 페르시아 제국의 키루스 대왕 Cyrus the Great, B.C. 585?~529(키루스 2세, 이하 키루스)의 업적이 기록되어 있다.

키루스는 페르시아 아르키메데스 왕조를 건국하였다. 그는 메디아의 속국에 불과했던 작은 나라 페르시아를 세계 최초의 대제국으로 만든 걸출한 인물이다. 키루스의 지휘 아래 페르시아는 메디아, 리디아, 신바빌로니아 등의 강대국을 멸망시키고 오리엔트를 제패하였다. 오늘날 이란인들은 페르시아 제국의 후예임을 자처하며 키루스를 건국의 아버지로 여긴다. 우리가 우리 민족이 '단군의 후예'라고 하듯이 이란인은 자신들을 '키루스의 후예'라고 하는 것이다.

알렉산더 대왕이 칭송한
최고의 왕 키루스

알렉산더 대왕은 그리스의 전설적인 영웅 아킬레우스와 페르시아 제국을 건설한 키루스를 마음속 깊이 존경하였다. 그래서 호메로스가 쓴 《일리아스》와 소크라테스의 제자 크세노폰이 쓴 《키로파에디아》[1]를 애독하였다. 훗날 그가 키루스가 세운 페르시아를 멸망시켰을 때도 키루스 대왕의 무덤을 훼손하지 않고 잘 보존해 주었다. 키루스는 고대 세계를 통일해 최초의 대제국을 세운 위대한 왕으로 칭송받아 왔다.

---

1   '키루스의 교육'이라는 뜻이다. 경영학의 대가 피터 드러커는 "리더십을 체계적으로 다룬 최
     초이자 최고의 책"으로 평가하였다.

역사는 승자의 것이다. 정복 전쟁에서 승리한 왕은 미화되기 마련이다. '최초', '최고'의 수식어가 붙는 왕 키루스도 지나치게 미화된 것이 아닐까? 키루스는 그저 전쟁광이 아니었을까? 하는 합리적인 의심을 할 수 있다. 하지만 키루스 실린더의 내용을 보면 생각이 조금 달라질 것이다. 키루스 실린더는 B.C. 539년, 키루스가 신바빌로니아를 무너뜨린 뒤 만들어 공표하였다. 그 내용은 대략 이러하다.

1. 신바빌로니아의 왕 나보니두스는 마르두크를 경배하지 않고 백성들에게 해를 끼쳤다.
2. 마르두크는 내(키루스)가 모든 나라의 왕이 될 것이라고 선포했고 나를 도와 나보니두스를 물리치게 하였다.
3. 나는 바빌론의 백성들을 해방시켰고, (포로로 끌려온) 모든 백성과 그들의 신을 고향으로 돌아가게 하였다.

삐딱하게 보면 승자의 자랑질이다. '나는 신의 가호 아래 신바빌로니아 마지막 왕 나보니두스의 폭정에 신음하는 너희들을 해방시킨 것'이라고 승리를 미화하고 있다. 그런데 자세히 살펴보면 그 내용이 조금 이상하다. 페르시아의 종교는 조로아스터교다. 그런데 키루스는 마르두크의 도움을 받아 신바빌로니아에 왔다고 하였다. '마르두크Marduk'는 '태양의 아들'이라는 뜻으로, 신바빌로니아의 신이다. 키루스는 자기 나라의 신이 아닌, 정복당한 나라의 신에게서 정당성을 확보하려고 하였다. 아마 그리스를 정복했다면 '제우스 신의 가호 아래' 그리스를 정복한다고 했을 것이다. 이집트를 정복했다면 '태양신 라Ra의 인도로' 이집트에 왔다고 했을 것이다.

그뿐만이 아니다. 키루스는 바빌론에 포로로 끌려온 백성들을 풀어 주었다. 이때 유대인은 키루스 덕분에 고향으로 돌아가 예루살렘 성전을 세울 수 있었다. 이런 이유로 그들은 키루스를 신바빌로니아로부터 유대 민족을 구해 준 영웅으로 치켜세웠다. 성경에도 '고레스' 왕으로 나오는데, '기름 부음 받은 자', 즉 메시아로 칭송받았다.

키루스는 페르시아 제국 이전의 강대국들과는 다른 방식으로 제국을 통치하였다. 바로 자발적으로 복종하도록 만드는 것이다. 지배자가 무력으로 다스리면 피지배자들이 힘에 눌려 일시적으로 복종할지는 몰라도 마음속으로는 반란을 도모한다. 하지만 피지배자들이 왕을 진정한 지도자로 인정하고 스스로 따르면 통치 체제가 오랫동안 유지될 수 있다.

"사람들은 모든 일에 키루스에게 자발적으로 복종하였다. 그들은 키루스를 본 적 없으며, 그들 중 일부는 앞으로도 보지 못할 것을 잘 알고 있었다. 그럼에도 그들은 기꺼이 키루스의 백성이 되기를 원하였다."

크세노폰, 《키로파에디아》

키루스에 대한 기록으로는 헤로도토스의 《역사》와 크세노폰의 《키로파에디아》가 대표적이다. 일반적으로는 헤로도토스의 《역사》가 더 객관적으로 평가받는다. 하지만 독자의 시각에서는 크세노폰의《키로파에디아》가 더 재미있다. 헤로도토스가 객관적인 시각으로 사실을 기술했다면, 크세노폰은 역사적 사실을 바탕으로 하되 상상력을 가미하였다. 후한 말기 위, 촉, 오 삼국의 정립과 대결, 멸망 과정을 그린《삼국지》도 진수의 정사《삼국지》보다 나관중의《삼국지연의》가 더 재미있듯이,《키로파에디아》에는 키루스를 이상적인 왕으로 그리려는 크세노폰의 사심이 들어가 있어 서사가 더 극적이고 풍부하다.《역사》와《키로파에디아》를 중심으로 키루스가 어떻게 자발적인 복종을 이끌어냈는지 살펴보자.

사람을 얻는 능력이
곧 리더의 능력이다

헤로도토스에 따르면 키루스는 태어나자마자 죽을 위기에 처하였다. 그의 외할아버지는 메디아의 왕 아스티아게스였는데 의심 많고 잔인한 성격이었다. 그는 꿈에서 딸 만다네 공주가 눈 어마어마한 양의 오줌이 자기의 도시를 집어삼키고 아시아를 뒤덮는 장면을 보았다. 메디아의 사제에게 들은 해몽 내용은 괴이하였다. 외손자가 자신을 해치고 왕이 된다는 것이었다. 아스티아게스는 불안함에 딸을 메디아의 지체 높은 인물과 혼인시키지 않고, 속국 페르시아의 캄비세스에게 시집보냈다.

왕은 딸이 임신했을 때도 비슷한 꿈을 꾸었다. 이번에는 딸의 다리 사이에서 자라난 포도나무가 온 아시아를 뒤덮었다. 꿈풀이는 이전과 같았다. 두려움에 휩싸인 아스티아게스는 하르파고스라는 대신에게 외손자를 죽이라고 명령하였다. 이쯤 되니 백설 공주가 떠오른다. 하르파고스는 제 손으로 아이를 죽이지 못하였다. 물론 그가 인정 때문에 백설 공주를 죽이지 못한 사냥꾼처럼 순진하고 착한 성격은 아니었다. 그는 왕위 계승 서열 1순위인 만다네 공주가 왕좌에 오르면 자신이 위험해질 것이라 판단하였다. 자기 손에 피를 묻히지 않고 어린 키루스를 처리하려고 했지만, 운명은 키루스의 손을 들어 주었다.

"슬프게도 우리 아이는 죽은 채 태어났어요. 어차피 죽은 아이는 내다버리고 만다네 공주의 아이를 우리 아이인 것처럼 기르도록 해요."

헤로도토스, 《역사》

하르파고스가 사주한 목동과 그의 아내는 키루스를 죽이지 않고, 자신들의 아이를 대신해 키웠다. 그렇게 왕의 외손자인 키루스는 목동의 아들로 자라났다. 키루스가 10살이 되었을 때, 친구들과 왕과 신하 놀이를 하면서 왕 역할을 맡은 키루스가 귀족 집안 아이를 때려 주었다. 이 일을 계기로 외할아버지 앞에 서게 되었는데, 키루스의 당당한 모습을 본 아스티아게스의 심문으로 출생의 비밀이 밝혀졌다. 하루아침에 목동에서 왕자로 신분이 바뀐 키루스는 한편으로는 아스티아게스의 견제를, 한편으로는 부모의 사랑과 교육을 받으며 성장한다.

키루스의 정체가 밝혀졌을 때 왕의 명령을 이행하지 않은 하르파고스는 끔찍한 벌을 받았다. 아스티아게스가 하르파고스의 아들을 죽여 잔치에서 그 고기를 아비에게 먹인 것이다. 하르파고스는 목숨을 부지하기 위해 태연하게 그 상황을 넘겼지만, 속으로는 이를 부득부득 갈았다. 그는 메디아의 귀족들을 설득해 잔인한 아스티아게스에게서 등돌리도록 하였다. 그리고 키루스가 성장한 뒤에 메디아를 정복하는 것을 적극적으로 도왔다. 키루스는 메디아를 정복 후 리디아, 신바빌로니아를 차례로 무너뜨리고 페르시아 제국을 건설하였다.

키루스는 페르시아 제국을 건설하는 과정에서 자발적인 복종을 이끌어 내는 리더십을 보여 주었다. 그 핵심은 상대가 원하는 것을 주는 것이다.

"키루스는 잘하는 분야에서는 친구들과 겨루지 않았다. 대신 자기가 부족하다고 생각하는 분야를 골라 시합을 제안하였다. 그리고 졌을 때는 크게 웃었다."

크세노폰,《키로파에디아》

어떤 분야든 시합을 하면 누구에게나 경쟁심이 생긴다. 상대에게 이기고 싶지, 지려는 사람은 없다. 키루스는 자신이 말을 잘 타지 못하면서도 친구들과 말 위에서 창을 던지거나 활을 쏘는 시합을 하였다. 결과는 어땠을까? 키루스가 번번이 패하였다. 그에게 승리를 거둔 상대는 겉으로는 왕자를 이겨 미안한 듯이 행동했지만, 속으로는 통쾌했을 것이다.

《키로파에디아》에는 어린 시절 키루스가 외할아버지의 왕궁에서 지내면서 메디아인들의 마음을 사로잡는 장면이 소개되어 있다. 하루는 아스티아게스가 키루스에게 성대한 잔칫상을 차려 주었다. 그리고 외손자에게 음식을 마음대로 처분하게 해 주었다.

"말 타는 법을 가르쳐 주느라 정말 수고했다."

"창 던지는 법을 가르쳐 주었으니 너에게도 줘야지."

"할아버지를 잘 보좌한 너도 받을 자격이 있어."

"너는 내 어머니를 공경하니까 너도 받아야 해."

어린 키루스는 이런 식으로 시종들에게 고기를 나누어 주었다. 산해진미로 가득한 잔칫상을 눈앞에 둔 시종들은 무엇을 원하였을까? 고기였다. 신분이 낮아 평소 맛보기 힘든 기름진 음식을 먹고 싶었을 것이다. 키루스는 시종들에게 고기를 모두 나누어 주고 그들을 기쁘게 하였다. 그 장면을 지켜본 아스티아게스를 비롯한 왕궁 사람들도 흐뭇했을 것이다.

키루스는 자기를 따르는 사람들이 무엇을 원하는지 파악하고, 그 욕구를 채워 주기 위해 노력하였다. 장성한 키루스는 아스티아게스에게 반기를 들기 전에 페르시아 병사들을 모았다. 그는 병사들에게 첫날에는 엉겅퀴로 덮인 묵은 땅을 하루 만에 개간하도록 하였다. 가축이나 기계의 힘을 빌리지 않고 척박한 땅을 고르는 것은 보통 일이 아니다.

일부러 죽을 고생을 시킨 것이다. 그리고 다음 날에는 염소, 양, 그리고 소 같은 가축을 잡아 고기를 마련하고, 포도주와 요리를 준비해 대접하였다. 그리고 병사들에게 이렇게 말하였다.

"페르시아의 전사들이여, 내 말을 들으면 오늘 같은 즐거움을 누리며 노예처럼 일할 필요가 없을 것이오. 그렇지 않으면 어제와 같은 고통을 계속 겪게 될 것이오. 내 말을 듣고 자유민이 되시오!"

헤로도토스, 《역사》

페르시아 병사들 누구나 노예처럼 일하기보다 풍요롭게 즐기기를 원하였다. 강대국 메디아의 속국의 백성으로 사는 것에 만족하면 당장 목숨을 부지할 수 있더라도 노예의 삶을 살아야 하였다. 메디아와 싸우면 목숨을 잃을 위험은 있지만, 승리했을 때 메디아를 지배하고 자유민이 될 수 있었다. 진짜 지도자를 만난 페르시아인들은 자유와 풍요를 얻기 위해서 키루스에게 자발적으로 복종하였다.

"귀족들과 같은 무기를 받고, 승리하면 귀족들과 같은 보상을 받게 할 것이오."
페르시아 병사들은 생각하였다. 함께 고생하고 보상을 같이 나누자는 키루스의 제안을 수용하지 않는다면 평생 궁핍하게 살 것이라고.

크세노폰, 《키로파에디아》

키루스는 병사들에게 싸움에 전념할 수 있도록 좋은 무기를 제공하고, 승리했을 때 귀족들과 똑같은 보상을 하기로 약속하였다. 병사들이 원하는 것을 정확하게 파악해서 제공한 것이다. 키루스는 전리품을 독차지하지 않고 함께 싸운 이들에게 충분히 나누어 주었다. 원하는 것을 주면 마음을 얻는다. 마음을 얻으면 상황이 변해도 배신당하지 않는다.

키루스의 군대는 페르시아인뿐만 아니라 정복한 나라에서 차출한 병사들로 구성되었다. 정복 전쟁이 한창일 때, 메디아의 왕이자 키루스의 외삼촌인 키악사레스는 메디아인의 철수를 명하였다. 키루스군의 많은 수가 메디아군이었기 때문에 메디아 병력이 철수하면 전쟁 수행이 불가능한 상황이었다. 이때 키루스는 자신을 따를 사람들만 남고 돌아가도 좋다고 했지만, 메디아의 장군과 군사들은 모두 키루스를 따랐다. 페르시아군은 말할 것도 없었고, 아르메니아, 히르카니아 출신의 군사들도 마찬가지였다. 원하는 것을 주고 마음을 얻었기 때문에 가능한 일이었다.

"우리 머릿속은 '어떻게 더 많이 소유할까' 하는 생각으로 가득 차 있지만, 당신은 '어떻게 하면 더 잘할 수 있을까' 생각하는 것 같습니다."

크세노폰, 《키로파에디아》

아들을 죽인 잔인한 아시리아 왕을 배신하고 키루스를 도운 고브리아스라는 사람이 키루스에게 한 말이다. 사람들을 이끄는 사람은 자기의 욕심을 내려놓아야 한다. 그보다는 자기를 따르는 사람이 원하는 것을 줄 수 있어야 한다. 사람은 자기가 원하는 것을 줄 수 있는 사람을 따른다. 경제적인 안정, 심리적인 안정, 명예, 소속감, 사랑, 인정, 지식과 노하우 등···. 그것이 무엇이든 형태만 다를 뿐이다.

키루스가 신바빌로니아를 정복한 뒤에 피정복민들의 신 마르두크에게서 정당성을 찾은 것도 같은 맥락이다. 정복당한 민족이 원하는 것은 자기들의 정체성은 유지하면서 더 좋은 삶을 사는 것이다. 키루스는 그들이 원하는 바를 정확히 알고 그것을 주었다. 페르시아라는 대제국은 그렇게 기초를 다질 수 있었다.

5분 통찰

나를 따르는 사람들의 자발적인 참여를 얻고 싶은가? 그렇다면 키루스의 아버지 캄비세스의 말을 기억하자.

"사람은 복종하는 것이 자신에게 이익이 된다고 믿을 때 즐거운 마음으로 복종한다."

크세노폰, 《키로파에디아》

2강

테르모필레 전투

무엇이 영광이고
무엇이 명예인가

레오니다스의 명예

그들의 창은 이제 대부분 부러졌다.

그래서 칼로 페르시아인들을 도륙하였다.

레오니다스는 이 혼전 중에 분투하다 전사했고,

내가 이름을 알고 있는 다른 저명한 스파르타인들도 기억에 길이 남을

인물들로 전사하였다.

"사실 나는 300명 전원의 이름을 알고 있다."

헤로도토스, 《역사》

'명예'란 무엇일까? 한자어를 그대로 풀이하면 '이름 명名', '기릴

예譽', 즉 '이름을 기린다, 찬양한다'는 의미이다. 사전적으로는 '세상에서 훌륭하다고 인정되는 이름이나 자랑. 그런 존엄이나 품위'라고 풀이하고, 영어로 'honor'는 '누군가에 대한 큰 경의와 존경great respect and A.D.miration for somebody'을 뜻한다. 어느 경우라도 명예는 사회적인 관계에서 '나에 대한 다른 사람들의 인정'의 의미를 내포한다. 다시 말해, 명예는 합의된 사회 공통의 가치를 잘 지켰을 때만 얻을 수 있는 평판이다. 특히 지켜야 할 가치가 개인의 이기심이나 욕심과 충돌할 때, 사적 이익을 희생할 때 명예를 얻을 수 있다.

명예는 시대와 장소에 따라 그 의미가 다르다. 현재를 사는 우리가 고개를 끄덕이며 받아들일 만한 명예도 있지만, 그렇지 않은 명예도 있다. 역사적으로 많은 사람이 명예를 지키기 위해 특히 자신의 목숨같이 다른 중요한 것을 희생하였다.

'스파르타식 훈련'이 유래한 전사들의 국가

고대 정신문명을 꽃피운 그리스인들은 무엇을 명예로 여겼을까? 그리스의 폴리스 중 스파르타는 사적 영역을 지키기보다 공적 영역에 헌신하는 것을 아주 중요시하였다. 폴리스 중심의 독특한 문화를 형성한 스파르타인들의 명예를 테르모필레 전투를 통해 들여다보기 전에 '스파르타'라는 폴리스에 대해 알아보자. 스파르타는 라케다이몬이라 불렸으며 수도는 라코니아였다. 스파르타의 지배층은 북방에서 내려온 도리아인이었는데, 그들은 라코니아를 정복한 후 원주민을 노예로 삼고 '헬리오타이'라 불렀다. 스파르타의 지배층은 언제든 군에 봉사하기 위해 노동 따위는 하지 않았다. 노동은 헬리오타이의 몫이었고, 지배층은 그들에게서 정해진 비율의 세금을 거두었다. 노예 계급의 불만이 이따금 반란으로 이어졌지만, 직업이 군인인 시민들에게 번번이 제압당하였다.

스파르타의 시민은 오직 전쟁과 관련된 일에 몰두하였다. 그들의 가혹한 훈련은 태어날 때부터 시작되었다. 신생아 중 각 부족장의 검사를 통과하지 못한 병약한 아이는 바로 버려졌다. 모든 남자아이는 20세가 될 때까지 학교에서 함께 훈련받았다. 그 내용은 강인함을 기르고 고통에 초연하며 명령에 복종하는 것이었다. 20세부터 정식으로 군 복무를 시작해서 30세까지는 결혼하더라도 기숙사에서 남자들끼리 지내야 했다. 인생의 절반 이상을 남자들끼리 합숙 생활을 한 셈이다.

그들은 가난해서도 부유해서도 안 되었다. 각자 정해진 식당에서 함께 모여 식사했는데, 음식은 부지 내에서 생산된 농산물을 똑같이 거두어 준비하였다. 스파르타의 화폐는 금이나 은이 없었고, 철로 만들었다. 그들은 주변 그리스인들과 달리 상당히 검소하게 지냈다.

스파르타에 예술 따위는 없었지만, 전쟁 기계 같은 무적의 전사 육성에는 확실히 성공하였다. 사회 전체가 용맹함과 전쟁에 가치를 두었다.

어느 정도였느냐 하면 여자들이 비겁한 자를 경멸하고, 아들의 비겁한 행동을 꾸짖으면 칭찬받고, 갓 태어난 자식이 병약해 버려지거나 자식이 전쟁터에서 죽어도 슬퍼하는 모습을 보이지 않을 정도였다. 또한 자식을 가지지 못하는 여자는 다른 남자를 통해 아이를 낳으라는 폴리스의 명령을 기꺼이 따라야 했다. 그들에게 명예란 폴리스를 수호하고 국력을 더 강하게 하는 것이었다. 싸움터에서 물러나는 비겁함은 애초에 꿈도 꿀 수 없었다. 혹시라도 전쟁에서 도망쳐 살아남았다 하더라도 평생 손가락질을 받으며 비참하게 살아야 했다.

오늘날의 관점에서는 전체주의적인 이런 스파르타의 문화를 동시대의 그리스인들은 경외의 시선으로 바라보았던 것 같다. 그리스 대부분의 폴리스가 혁명으로 혼란스러웠는데도 스파르타는 수 세기 동안 안정된 체제를 유지하고 강력한 군사력을 자랑하였다. 플라톤도 스파르타의 정체에서 많은 영감을 받았고, 그의 이상 국가론에 반영하였다.

리더의 가치를
공동의 가치로 만들어라

자, 이제 테르모필레 전투를 살펴보자. B.C. 480년, '뜨거운 문'이라는 뜻인 마케도니아 해안의 좁은 골짜기 테르모필레. 스파르타 왕 레오니다스Leonidas, 재위 B.C. 487~480는 결단을 내려야 했다. 이틀간 페르시아군의 공세를 수차례 막아 냈으나 산 위의 고갯길이 노출되었다. 하지만 그리스 연합군을 모두 죽음으로 내몰 수는 없었다.

"다른 도시에서 온 전사들은 살려야 한다. 그들은 돌려보낸다. 하지만 나는 이곳에서 죽는다. 라케다이몬인[1]들이 나에게 지키라고 한 곳을 포기하는 것은 나와 전우들에게 불명예다. 내가 이곳에서 버티다 죽으면 우리는 큰 명성을 얻을 것이고, 스파르타의 번영은 계속된다."

고대 페르시아 제국은 1대 키루스 대왕 때 메디아와 신바빌로니아를 무너뜨리고 제국을 건설한 후 2대 캄비세스 2세 때 이집트까지 멸망시켰다. 3대 다리우스 왕은 B.C. 522년부터 B.C. 486년까지 제국을 다스리면서 서남아시아, 중앙아시아, 인도에 이르는 영토를 확보하였다. 당시 전 세계 인구의 20퍼센트로 추정되는 대략 2,000만 명의 인구를 다스린 '왕 중의 왕'이 굳이 산과 섬으로 이루어진 인구 200만 명 수준의 그리스 도시 국가를 복속시키려고 했던 이유는 '제국의 체면' 때문이었다.[2]

다리우스 왕은 B.C. 499년에 일어난 이오니아 지방 반란을 제압하고,

---

1   고대 스파르타의 공식 명칭은 라케다이몬이다. 라케다이몬인은 스파르타의 자유민과 참전 의무는 있으나 참정권이 없는 반(半)자유민인 페리오이코이를 말한다. 이외에 스파르타에는 피정복민인 헬리오타이가 있었다.
2   폴리스 간 다툼으로 다급했던 아테네가 페르시아의 원조를 얻기 위해 흙과 물을 바쳤다. 이는 페르시아 제국에 복종을 의미하는 것이었다. 하지만 아테네는 그 뜻을 이해하지 못했고 이내 태도를 바꾼 일이 있었는데, 이 일로 페르시아 제국은 분노하였다.

그리스 북부 트라키아 지역에 대한 원정을 시작하였다. 이 원정으로 페르시아는 트라키아 지역을 제국의 세력에 편입하긴 했지만, 폭풍으로 300척의 함대를 잃고 후퇴하였다. 제국의 체면이 구겨졌다.

B.C. 490년, 페르시아는 이오니아 반란을 도왔다는 구실로 아테네와 에레트리아를 침공하였다. 페르시아는 낙소스 등의 여러 섬과 에레트리아를 먼저 함락하고, 아테네 북동쪽 마라톤 평야에 상륙해 아테네를 위협하였다. 당시 아테네는 스파르타가 종교 행사를 이유로 지원군 파병을 거절하여, 1만 1,000명(1만 명의 아테네 군사와 프라타이아의 지원군 1,000명)으로 페르시아 군대와 싸워 승리하였다. 이것이 유명한 마라톤 전투이다. 헤로도토스는 《역사》에서 "마라톤 전투에서 페르시아 측은 약 6,400명이 전사하고, 아테네 측은 192명만이 전사했다"라고 기록하였다. 사실 페르시아는 마라톤에서 시간을 끌면서 해군으로 아테네를 직접 치려고 했는데, 아테네군이 이를 간파해 대비하는 바람에 후퇴하고 말았다. 이래저래 제국의 체면이 또 구겨졌다.

4년 뒤 다리우스는 세상을 떠나고, 그의 아들 크세르크세스 1세재위 B.C. 485~465가 그리스 원정의 과업을 이어받았다. 그는 '제국의 체면'을 세우기 위해 대규모의 군대를 동원했는데, 헤로도토스는 페르시아군의 규모를 해군과 육군의 전투 병력 230만 명, 종군한 하인들과 군량 수송 선원 등을 포함하면 528만 명이라고 추정하였다. 오늘날 학자들은 이것은 과장된 숫자로 보고, 실제 페르시아군을 최대 30만 명 정도로 추정한다.

크세르크세스의 침공에 맞서 그리스 30개 도시 국가의 동맹이 결성되었다. 육군은 스파르타가, 해군은 아테네가 지휘했는데, 전략의 전체적인 방향은 테르모필레에서 페르시아의 육군을 막고, 아르테미시온 곳에 집결한 271척의 해군으로 승부를 보는 것이었다.

헤로도토스에 의하면, 페르시아는 테르모필레에 도착해 처음 4일간은 공격하지 않고 그리스군의 의도를 파악하려고 하였다. 하는 짓이 너무 가소로워 보였기 때문이다. 정말로 5,000명³ 정도 되는 군사로 수십만의 대군을 막으려는 것일까? 크세르크세스는 그리스인들의 정신 상태가 도무지 이해되지 않았다. 그는 제국의 체면을 세우고 관대함을 보이기 위해 4일을 지켜보았다. 5일째, 크세르크세스의 인내심이 바닥났다. 그는 군대를 보내 그리스인들을 생포하라고 하였다. 하지만 좁은 공간에서 긴 창을 사용하는 그리스군을 산 채로 잡기는 힘들었다. 페르시아는 제국의 정예군 불사 부대⁴까지 전장에 투입했지만, 그리스의 방어벽을 뚫을 수 없었다.

이틀간의 전투 후 에피알테스라는 멜리스인이 뒤로 돌아가는 오솔길을 페르시아군에 알려 주었다. 이에 테르모필레의 그리스 연합군은 포위당할 지경에 이르렀다. 레오니다스는 스파르타군 300명과 기꺼이 남겠다고 자청한 테스피아군 700명, 그리고 테바인 400명을 제외한 동맹

---

3 헤로도토스는 《역사》에서 5,200명 이상으로 숫자를 밝혔다.
4 가장 용감한 병사들로 이루어진 페르시아 정예 부대로, 사망이나 병으로 부대원에 결원이 생기면 다른 사람으로 충원되어 항상 1만 명을 유지하였다. 장비, 식량 등에서 최고의 대우를 해 주었다.

군을 돌려보냈다. 그들이 자진해서가 아니라 마지못해 함께하려고 한다는 것을 알았기 때문이다. 결국 레오니다스와 함께한 그리스군은 전멸했고, 그 자리에 기념비가 세워졌다고 한다.

> "지나가는 나그네여, 가서 라케다이몬인들에게 전해 주오. 우리가 그들의 명령을 이행하고 이곳에 누워 있다고."
>
> **헤로도토스, 《역사》**

스파르타에서는 개인보다 공공의 선을 위하는 것을 명예로 여겼다. 공공을 위하는 개인만이 명예를 얻었다. 오늘날 그들의 '명예'를 우리에게 똑같이 적용하기는 곤란하다. 그들의 명예는 자신에 대한 평가를 남에게 맡기는 것이었다. 달리 말하자면 명예로움이 무엇인지 스스로 정한 것이 아니라 외부에서 주어진 세뇌된 것이었다.

우리에게도 이렇게 외부에서 주어지는 명예가 있을지도 모른다. 하지만 내 삶을 살아 내려면 자신만의 '명예'를 규정할 수 있어야 한다.

5분 통찰

리더는 스스로 명예와 가치가 무엇인지 규정하는 것에서 나아가 자신이 이끄는 조직에 이것을 전파하고 설득할 수 있어야 한다. 스파르타의 300명이 각자 생각하는 명예가 달랐다면 테르모필레 전투는 그저 학살극으로 끝났을 것이다. 레오니다스가 생각하는 명예와 300명의 명예가 같았기 때문에 테르모필레 전투는 전설이 되었다.

당신에게는 무엇이 명예로운 것인가?

아테네의 전성기와 펠로폰네소스 전쟁

모두의 반대를
돌려세우는 힘

페리클레스의 신념

> "내 충고를 듣지 않겠다면,
>
> 적어도 최선의 충고자인 시간에게는 물어보도록 하시오."
>
> **플루타르코스, 《영웅전》**

B.C. 479년, 페르시아는 그리스에 대한 공격을 포기하였다. 페르시아 전쟁이 그리스의 승리로 끝났다. 그리스인들의 자존감은 하늘 높이 올라갔다. 레오니다스의 희생에도 불구하고 이 전쟁의 성과는 스파르타가 아닌 아테네가 거의 가져갔다. 페르시아 전쟁 초반에는 스파르타가 그리스 연합군의 큰형 역할을 했지만, 막바지로 갈수록 해군 중심의

아테네의 역할이 커졌기 때문이다. 그리스 연합군은 살라미스 해전으로 페르시아에 결정타를 날렸고, 누가 보더라도 승리의 공은 아테네가 가장 컸다. 페르시아 전쟁에서 승리 후 아테네는 델로스 동맹의 맹주로 군림하면서 에게해를 중심으로 점차 제국화의 길을 갔다.

두려움은 권력을 가진 자의 강력한 무기 중 하나다. 아테네는 페르시아가 언제 다시 쳐들어올지 모른다는 두려움을 잘 활용하였다. 아테네는 델로스 동맹에 속한 폴리스들에게 군비를 거두어들여 막대한 부를 쌓았고 막강한 영향력을 행사하였다. 문제는 페르시아와 평화 조약을 맺고 전쟁의 위협이 사라진 뒤에도 아테네가 계속 돈을 거두어들였다는 사실이다.

화장실에 들어갈 때와 나올 때의 마음이 달라지듯, 사람의 마음은 상황에 따라 변하기 마련이다. 그리스의 폴리스들은 페르시아와의 전쟁에서 아테네의 절대적인 공을 인정했지만, 아테네의 횡포에 불만의 목소리를 높였다. 특히 아테네와 라이벌 관계에 있던 스파르타는 아테네의 세력 확대에 큰 위협을 느꼈다. 스파르타는 아테네 중심의 델로스 동맹에 대항해, 그리스 본토 남부 펠로폰네소스 반도를 중심으로 펠로폰네소스 동맹을 만들었다.

한 동굴에 두 마리 호랑이가 같이 지낼 수는 없다. 아테네와 스파르타, 두 세력은 싸울 수밖에 없는 운명이었다. 결국 그리스인들은 동족상잔의 비극, 펠로폰네소스 전쟁 B.C. 431-404 의 소용돌이에 휩쓸려 들어갔다.

싸워야 할 때와
피해야 할 때를 분별해야 한다

페르시아 전쟁 이후부터 펠로폰네소스 전쟁 전까지 아테네는 전성기를 구가하였다. 당시 아테네를 가장 오랫동안 이끈 최고 권력자는 페리클레스Perikles, B.C. 495?-429 이다. 페리클레스는 어린 시절 페르시아 전쟁을 겪었고, 아테네의 세력이 확장되는 시기에 정치가로 활동하였다. 그는 아테네를 강력한 제국으로 이끌었으며 민주 정치의 전성기를 가져왔다. 또한 무모한 전쟁을 피하고, 내치에 힘썼다. 특히 아테네의 자부심을 드러내는 문화, 예술, 건축 분야에도 힘을 쏟았다. 파르테논 신전을 비롯한 아크로폴리스는 그가 통치하던 시대에 만들어졌고, 철학자 아낙사고라스는 그가 스승으로 모셨으며, 문인 소포클레스, 조각가 페이디아스와 친밀한 관계를 맺었다. 페리클레스 시대의 아테네는 교육, 문화, 경제, 군사 등 많은 분야의 중심지이자 최고의 황금기였다.

"그는 높은 명성을 누리고 있어 대중에게 화내며 반박할 수 있었다. 예를 들어 그는 대중이 지나칠 만큼 자신을 과신하면 충격적인 말로 불안하게 만드는가 하면, 그들이 공연히 낙담하는 것을 보면 자신감을 회복시켜 주고는 하였다. 이름은 민주주의지만, 실제 권력은 제1인자(페리클레스)의 손에 있었다."

투키디데스,《펠로폰네소스 전쟁사》

아테네인들은 그를 32년간 스트라테고스(장군)로 선출했고, 투키디데스는 그를 '아테네의 제1시민'이라고 하였다. 사실상 1인 독재나 마찬가지였다. 아테네인이 32년간 그를 신임한 이유는 무엇이었을까? 정치적인 능력과 성실함, 청렴함 등 여러 가지가 있을 것이다. 나는 아테네인이 그저 그런 정치가들에게 없는 '그 무엇'을 페리클레스에게서 찾았다고 생각한다.

페리클레스는 무엇보다 자기의 신념을 끝까지 지킨 리더였다. 그의 신념은 어떤 상황이나 외압에도 흔들리지 않았다. 그는 32년간 실질적인 독재라고 할 만한 상황에서도 민주정의 신념을 지키다가 모든 권력을 잃기도 하고, 도편 추방의 위기에 처하기도 하였다. 아테네인들은 그를 믿었다가도 변덕스럽게 미워하고 비난하기도 했지만, 결국에는 그가 죽기 직전까지 최고의 권력을 주었다. 아테네인들이 그에게서 발견한 것은 '리더로서의 신념'이었다.

> "라케다이몬인(스파르타인)은 평화를 원한다. 여러분이 헬라스인(그리스인)에게 자주권을 다시 돌려준다면 평화가 가능하다."
>
> **투키디데스, 《펠로폰네소스 전쟁사》**

B.C. 431년, 본격적인 펠로폰네소스 전쟁 전에 스파르타의 아르키다모스 2세는 사절단을 보내 아테네를 위협하였다. 아테네가 군사적, 경제적으로 스파르타의 동맹국에 영향력을 행사했기 때문이다. 아테네

는 군사적으로 코린토스를 위협하였다. 중립국이었던 케르기라와 코린토스의 분쟁에 끼어들어 일방적으로 케르기라의 편을 든 것이다. 경제적으로는 아테네가 메가라를 봉쇄해 버렸다. 이 메가라 결의[1]는 메가라가 국경 문제로 소란을 일으키고 도주한 노예들을 비호한 것에 대한 아테네의 보복이었다. 아테네의 이런 행보에 스파르타는 가만히 있을 수 없었다.

　스파르타는 아테네에게 다른 폴리스들에 대한 영향력을 줄이지 않으면 평화가 깨질 것이라고 으름장을 놓았다. 아테네 민회에서는 주전파와 주화파의 의견이 대립하였다. 스파르타는 누가 뭐래도 최고의 육군을 보유한 폴리스였고, 전쟁이 일어나면 양측 모두 상당한 피해를 입을 것이었다. 페리클레스는 불필요한 전쟁을 최소화하려는 정책을 주로 취했지만, 스파르타의 도발에는 전쟁을 주장하였다. '위대한 조국 아테네의 정신이 훼손되고 권리가 침해받아서는 안 된다'는 그의 신념을 따른 것이다.

"라케다이몬인들은 협상보다 전쟁으로 불만을 해결하려고 하고, 이번에도 항의가 아니라 우리에게 명령하고 있습니다. 그들은 메가라 결의가 철회되면 전쟁이 없을 것이라고 강조하지만 그것은 핑계에 불과합니다. 여러분이 양보하면 그들은 겁이 나서 양보하는 줄 알고 더 큰

1　메가라의 상인들이 아테네는 물론 아테네 영향권에 있는 어떤 도시에서도 상업 활동을 못하게 한 보복 조치. 이 일로 메가라는 스파르타에게 도움을 요청하였다.

요구를 할 것입니다."

투키디데스, 《펠로폰네소스 전쟁사》

당시 스파르타가 아테네에 한 요구는 펠로폰네소스 동맹에 영향력을 행사하지 말라는 정도가 아니었다. 그 본질은 모든 폴리스에게 자주권을 주라는 것이었다. 즉 아테네에게 더는 맹주 노릇을 하지 말라는 뜻이었다. 메가라 결의를 철회한다거나 하는 한두 가지 요구를 들어주면 그것을 시작으로 더 많은 요구가 있을 터였다. 아테네가 그동안 쌓아 올린 모든 권리를 내놓으라는 말과 같은 요구였으므로 받아들일 수 없었다. 페리클레스는 이런 요구를 받아들이는 것은 아테네의 정신이 무너지는 것이고, 쇠락의 길이라 보았고 전쟁을 선택하였다.

"한 국가가 대등한 국가에 명령했을 때 그것에 응하는 것은 요구 사항의 크고 작음을 떠나 예속되는 것이나 다름없습니다."

투키디데스, 《펠로폰네소스 전쟁사》

사사로운 이익보다
옳은 일을 좇아라

여기까지는 명분이었다. 아테네인은 스파르타와의 전쟁을 두려워하였다. '과연 싸워서 이길 수 있을까? 우리의 군사력으로?' 이런 걱정을 일소할 수 있는 확신을 주어야 했다. 페리클레스는 막연한 두려움이 아닌 '싸워도 우리가 이길 수 있다'는 객관적인 근거를 제시하였다. 모두가 두려워할 때 그는 계산기를 두드렸다.

> "펠로폰네소스인은 자작농이고, 돈이 없으며, 장기전이나 해전에는 경험이 없습니다. 전쟁을 계속하려면 부가 축적되어 있어야지, (동맹국들에 대한) 분담금 인상만으로는 그 비용을 충당할 수 없습니다. 그들에게는 위기 시에 신속한 결정을 내릴 기구가 없습니다. 부족도 서로 달라 저마다 제 이익에만 관심 있습니다."

투키디데스, 《펠로폰네소스 전쟁사》

페리클레스는 상대의 약점을 정확히 꿰뚫어 보았다. 펠로폰네소스 동맹은 가난하였다. 델로스 동맹처럼 부를 축적해 두지 않은 것이다. 육군은 강했지만, 해군은 약하였다. 육군은 몸으로 때울 수 있다. 하지만 해군은 단기간에 육성하기 힘들다. 선박을 건조하려면 돈이 들고, 미리 준비하지 않으면 숙련된 노잡이들을 양성할 수 없다. 당시 해군력은 아테네가 최강이었다. 또한 펠로폰네소스 동맹은 스파르타의 무력에 굴복해 강압적으로 이루어졌기 때문에 폴리스마다 이해관계가 달랐다. 스파르타가 무너지면 급속하게 와해될 수 있었다.

"나야말로 누구 못지않게 무엇이 필요한지 볼 수 있는 식견이 있고, 본 것을 설명할 수 있는 능력이 있으며, 조국을 사랑하고 돈에 초연한 사람입니다."

투키디데스, 《펠로폰네소스 전쟁사》

페리클레스는 높은 식견으로 사태의 본질을 정확하게 꿰뚫어 보았다. 전쟁은 되도록 하지 않으려 했지만, 공동체의 수호를 위해서라면 피하지 않았다. 두려움에 휩싸이지 않고 적과 아군의 장단점을 명확하게 판단하였다. 그는 이런 판단을 바탕으로 승리할 수 있는 전략을 정확하게 제시하였다. 바로 아테네가 상대적으로 약한 육군의 전투는 피하고, 강력한 해군력으로 승부를 보는 것이었다.

"그들이 육로로 쳐들어오면 우리는 배를 타고 갈 것입니다. 우리는 영토와 집을 잃었다고 분노해 수적으로 훨씬 우세한 펠로폰네소스인들과 (육지에서) 치열한 전투를 해서는 안 됩니다."

투키디데스, 《펠로폰네소스 전쟁사》

페리클레스는 아테네 외곽의 시민들을 모두 아테네의 성벽 안[2]으로 들어오게 했고, 문을 걸어 잠근 뒤 육지에서는 싸움에 응하지 않았다.

---

2   아테네는 기원전 5세기 중반 아테네와 페이라이에우스항을 잇는 두 겹의 긴 성벽을 만들었다.

대신 해군으로 적의 본토를 공격하였다. 이 전략은 꽤 효과적이었다. 하지만 아테네 시민들은 적군이 아테네 근처의 땅을 점령해 약탈하는 것을 보자 눈이 뒤집혔다. 당시 아테네의 젊은이들은 눈앞에서 국토가 폐허로 변하는 것을 본 적이 없었고, 나이 든 이들도 페르시아 전쟁 때 말고는 그런 참혹한 광경을 보지 못하였다. 시민들은 전쟁 초기에 페리클레스가 한 조언을 잊고 분노하였다. 자기들 손으로 뽑은 장군이 자기들을 싸우지 못하게 한다고 비난하였다. 특히 페리클레스의 정책으로 외곽에서 아테네로 이주해 온 농민들의 분노와 불안은 극에 달하였다.

> "그는 '비겁하다', '나라를 적에게 팔아먹으려는 짓이다' 하는 온갖 야유와 조롱을 견뎠다. 자신을 비방하는 노래가 거리를 메우는 것을 듣고도 묵묵히 참았다. 자신의 믿음에 따라 외로운 길을 가고 있었다."
>
> **플루타르코스, 《영웅전》**

엎친 데 덮친 격으로, 아테네에 역병이 돌았다.[3] 전염병은 아테네에 밀집해 있던 시민들 사이에 빠르게 퍼져 나갔다. 이런 상황이 되자 아테네인들은 모든 재앙을 페리클레스 탓으로 돌렸다. 더운 계절에 시골에 살던 이들을 모두 도시로 몰고 와 좁고 더러운 거처에서 살게 했기 때문에 병이 돌았다고 항의하였다. 페리클레스는 군대의 지휘권을 빼

---

3   장티푸스로 추정된다. 전염병으로 당시 아테네 시민의 3분의 1 정도 되는 7만 명에서 8만 명이 사망한 것으로 추정된다.

앗기고 벌금까지 물었다.

> "아테네 시민들은 그를 대신할 사람을 찾으려고 애썼다. 그러나 누구
> 도 그를 대신할 수 없다는 것을 깨닫고, 슬픔에 잠겨 쓸쓸하게 집 안에
> 묻혀 있는 그를 설득하였다. 시민들은 은혜도 모르고 그를 학대했던
> 지난날을 진심으로 사과하였다."

플루타르코스, 《영웅전》

B.C. 429, 페리클레스는 다시 장군의 자리에 올랐지만, 얼마 안 가 그
도 역병에 걸려 죽고 말았다. 전쟁이 일어난 지 2년이 조금 지난 시점
이었다. 페리클레스 사후 아테네는 급속하게 쇠락의 길을 갔다. 정치는
혼란했고, 지도자들은 잇따라 잘못된 결정을 내렸다. 역설적으로 아테
네의 몰락으로 그의 선견지명은 오히려 빛났다.

> "전쟁 중에 제국을 확장하려고 하지 않고 자진해 새로운 위험에 말려
> 들지만 않는다면, 승리를 자신하는 이유는 한두 가지가 아닙니다. 두
> 려운 것은 적의 작전이 아니라 우리의 실수입니다."

투키디데스, 《펠로폰네소스 전쟁사》

페리클레스는 전쟁 중에 새로운 위험에 말려들지 말라고 했지만, 그
의 뒤를 이은 아테네 지도자들은 시켈리아 원정 B.C. 415-413 에서 200척

의 함대와 수만 명의 군사를 잃는 실책을 범했고, 아테네는 다시 일어서기 힘들 정도의 타격을 입었다. B.C. 404년, 아테네는 결국 스파르타에게 항복하고 만다. 이후 아테네는 스파르타의 후원을 받는 과두 정부의 지배 아래 놓이게 되었다.

페리클레스는 아테네인들에게 자신의 신념을 전파했고, 영혼과 정신을 불어넣었다. 상황에 따라 이리 바뀌고 저리 바뀌는 대중의 인기에 영합하지 않았다. 자신의 판단에 대한 믿음을 잃지 않고 대중의 소란에 휩쓸리지 않았다. 그에게는 아테네라는 공동체가 항상 우선이었으며 사사로운 이익에 흔들리지 않았다. 그는 최고의 권력을 누리는 긴 시간 동안 친구와 밥 한 번 같이 먹지 않았다. 사적인 청탁을 원천적으로 봉쇄하였다. 또한 그는 감정에 휩싸이지 않았고, 항상 적을 친구로 만들려고 노력하였다. 이런 모습에 동시대인들은 존경심을 담아 그에게 제우스 신의 성지인 '올림피아'라는 별명을 지어 주었다.

"큰 권력을 가지고 있어도 항상 조용하고 깨끗한 생활을 해 왔던 사람이 바로 페리클레스였으며, 그것은 신성한 신의 존재와 같았다."

플루타르코스, 《영웅전》

5분 통찰

진정한 리더는 명확한 신념을 가져야 한다. 그리고 어떤 상황이나 비난에도 흔들리지 않아야 한다. 물론 그 신념은 자기 이익을 대변해서는 안 된다. 높은 식견과 몸담고 있는 공동체에 대한 헌신에서 비롯되어야 할 것이다. 페리클레스가 항상 입버릇처럼 한 말을 되새겨 보자.

"단 한 사람의 시민도 내 잘못으로 죽게 하지는 않을 것이다."

로마 제국의 첫 번째 황제

큰일을 하려거든
적을 만들지 마라

카이사르의 처세

자신을 해치려는 음모를 눈치챈 카이사르는

브루투스가 가담했다는 말을 듣고도 못 들은 척하였다.

"브루투스는 내 몸과 같은 사람이오."

플루타르코스, 《영웅전》

앞서 페르시아의 키루스, 아테네의 페리클레스로 나라가 제국의 길
을 걷도록 이끈 리더들에 대해 살펴보았다. 두 사람의 공통점은 각자의
방식으로 사람의 마음을 얻었다는 것이다. 키루스는 자신을 따르는 자
들에게 그들이 원하는 이익을 주어 자발적인 복종을 이끌어 냈다. 페리

클레스는 눈앞의 이익과 손해에 일희일비하는 대중에게 아테네의 위대한 정신을 불러일으켜 존경과 사랑을 받았다.

이번에는 사람의 마음을 얻는 데 둘째가라면 서러워할 한 사람을 소개하려고 한다. 그는 막대한 빚을 지면서까지 사재를 털어 로마의 민중을 위해서 검투사들의 시합과 연회를 열고, 공공 공사를 진행할 정도였다. 로마 시민들은 그에게 열광하였다. 문다 전투[1]에서는 55세의 나이가 무색하게 200개가 넘는 투창 속으로 뛰어들면서 병사들의 사기를 끌어올렸다. 그리하여 그의 병사들은 불리한 조건에서도 용감하게 싸워 전투에서 승리하였다. 그는 사람들의 마음을 얻는 데 천재적인 재능을 발휘했다. 실제 황제는 아니었지만, 당대에 황제와 같은 권력을 누렸다.

그는 로마 제국의 실질적인 첫 황제로 일컬어지는 카이사르Gaius Julius Caesar, B.C. 100-44이다. 독일어의 '카이저kaiser', 러시아어의 '차르tsar'는 모두 카이사르의 이름에서 유래되었다. 모두 '황제'라는 뜻이다. 그는 로마가 공화국에서 제국으로 넘어가는 시기에 시대의 흐름을 읽고 사람들의 마음을 얻어 일세를 풍미하였다.

---

1   B.C. 45년, 스페인 남부 문다에서 일어난 전투. 카이사르의 민중파와 폼페이우스의 두 아들을 중심으로 한 귀족파 사이에 일어났다. 카이사르는 이 전투에서의 승리로 약 5년간의 내전을 끝내고 로마의 권력을 잡았다.

카이사르는 어떻게
사람들의 마음을 사로잡았을까

'제국'이라고 하면 로마 제국이 떠오른다. "모든 길은 로마로 통한다"라는 말처럼 전성기 로마 제국에는 아라비아의 가축과 옷감, 아프리카의 계피, 인도의 향료와 보석, 스페인의 철과 은, 중국의 실크 등이 해상과 육로를 통해 쏟아져 들어왔다. 실크로드를 통해 한반도의 신라와도 문물 교류가 있었다. 로마의 노예들도 은으로 된 거울을 썼다고 할 정도로 로마에는 부와 풍요가 흘러넘쳤다.

로마는 B.C. 8세기경에 작은 도시 국가로 시작해, 주변 민족을 통합하고 이탈리아 반도와 지중해를 평정하였다. 그 과정에서 내부적으로는 귀족과 평민의 갈등을 수습하면서 공화정을 이루었다. 공화정은 한 사람에게 권력이 집중되지 않고 귀족과 평민을 각각 대표하는 자들의 합의에 의해 민주적으로 운영되는 방식이다. 잘 운영된다면 참 좋은 제도이다.

하지만 포에니 전쟁[2] 이후 로마는 더 이상 일개 도시 국가가 아니었다. 카르타고라는 강력한 경쟁국을 지도에서 지워 버리고 서쪽 지중해의 패권을 완전하게 장악하였다. 한 번에 동원할 수 있는 군사의 수는

---

2 지중해 패권을 차지하기 위해 세 차례 벌어진 로마와 카르타고의 전쟁. 로마는 제1차(B.C. 264~241), 제2차(B.C. 218~201), 제3차(B.C. 149~146) 전쟁에서 모두 승리해 서부 지중해에 대한 패권을 차지하였다. 반면 카르타고는 역사에서 자취를 감추었다.

75만 명에 달했으니, 누구도 넘볼 수 없는 최고의 군사력을 보유했던 것이다. 전쟁을 통해 얻은 수많은 물자와 노예가 로마로 쏟아져 들어왔다. 로마는 여러 속주를 다스리는 제국의 모습을 보여 주기 시작하였다.

어떤 조직이든 이렇게 양적으로 크게 성장하는 시기가 중요하다. 외형적인 변화에 맞게 내부적인 운영 체제도 바뀌어야 한다. 로마는 이럴 때 정치적으로, 질적으로 성장해야 했다. 전쟁의 성과를 골고루 나누는 시스템을 정비해야 했다. 그런데 귀족 중심의 원로원은 그 시기를 놓쳤다. 아니, 아예 그럴 생각조차 없었다. 귀족은 전쟁의 과실을 독차지했고, 민중과 귀족의 빈부 격차는 날로 심각해졌다. 중산층이 몰락했고, 로마 군사력의 근간을 이루는 시민 병력도 약해졌다. 민중은 분노했고, 분쟁과 반란의 조건은 성숙하고 있었다. 민중파와 귀족파가 피 터지게 싸우기 시작하였다. 결국 평민파인 마리우스파와 귀족파인 술라파의 내전이 일어났다. 술라의 승리였고, 그의 보복은 처절하였다.

"카이사르는 만나는 사람마다 반갑게 인사를 건넸고, 그들을 늘 친절하게 대했을 뿐만 아니라 항상 재치 있어서 민중에게 아낌없는 칭찬을 받았다."

플루타르코스, 《영웅전》

카이사르의 고모부가 마리우스였다. 카이사르는 자연스럽게 술라의 살생부에도 이름이 올라 있었다. 아직 어린 카이사르를 죽이려고 하는 술라에게 누군가가 '그까짓 아이를 왜 죽이려고 하느냐'고 물었다. 이에 술라는 이렇게 대답하였다.

"카이사르는 비록 어린아이에 불과하지만, 마음속에 여러 놈의 마리우스가 들어앉아 있소. 그것이 안 보이는 것이오?"

카이사르는 어쩔 수 없이 몸을 피해야 했다. 술라의 세력이 약해진 뒤 그는 탁월한 친화력과 명석한 두뇌로 차근차근 주요 관직을 거치면서 성장하였다. 카이사르를 만난 사람들의 반응은 둘 중 하나였다. 그의 매력에 흠뻑 빠지거나, 야심을 경계하거나.

"당시의 로마는 부패가 심해서 관직에 오르려면 공공연하게 돈으로 사람들을 매수했고, 시민은 투표로써 싸우지 않고 활과 칼 그리고 돌 팔매질로 싸웠다. 그야말로 사공이 없는 배와 같았다."

플루타르코스,《영웅전》

카이사르는 야심만만한 인물이고, 당시 로마의 상황에서 권력을 잡기 위해 무엇이 중요한지 정확하게 알았다. 그것은 민중의 지지였다. 당시 민중의 마음은 자기 잇속만 챙기는 귀족파에서 멀어져 있었다. 귀족 중심의 공화정으로는 답이 없었다. 원로원은 기득권을 유지하기 위해서 민중파를 싹 쓸어버릴 '원로원 최종 권고'를 남용하였다.[3] 반대로

---

3   민중 중심의 그라쿠스 형제의 개혁을 저지하기 위해 가이우스 그라쿠스와 그 지지자 3,250여
     명을 학살하고 모든 시민의 부채 탕감을 주장한 카틸리나를 탄핵하면서 3,000여 명을 몰살

카이사르는 민중의 마음을 얻으면서 실력을 키웠다. 빚더미에 깔려 죽을 지경이 되어도 시민들의 사랑을 얻기 위해 돈을 펑펑 썼다. 그는 아피아 국도 연장 사업에 감독관이 되었을 때 사업비를 자기 재산으로 충당했고, 조영관[4]으로 선출되었을 때는 검투사 대회를 320차례나 열어 시민들에게 즐거움을 주었다.

카이사르는 이후 법무관의 자리를 거쳐 히스파니아(스페인) 속주의 총독으로 부임하게 되었다. 이때 빚쟁이들 때문에 곤란한 상황이 벌어진다. 카이사르가 히스파니아로 가 버리면 빌려준 돈을 받지 못할까 염려한 채권자들이 몰려온 것이었다. 카이사르는 당장 돈을 구할 데가 없어서 부자였던 크라수스를 찾아가 돈을 빌렸다. 크라수스는 당시 폼페이우스와 대립 중이어서 카이사르의 손을 잡아 주었다.

스페인 총독으로 있던 시기에 하루는 카이사르가 알렉산드로스의 전기를 읽다가 이렇게 말하였다.

"아아, 정말 슬픈 일이다. 알렉산드로스는 나보다 젊은 나이에 그렇게 많은 나라를 무너뜨렸는데, 나는 아직 아무것도 한 일이 없으니."

플루타르코스,《영웅전》

하는 등 전제 군주 국가에서도 쉽게 하기 힘든 조치를 단행하였다.
4   카이사르가 갈리아 총독으로 가기 전 35세 때 조영관이 되었다. 로마의 공공건물, 수도, 연극, 운동 등을 관리한 관직으로, 당시 원로원에 들어갈 수 있는 가장 명예로운 지위였다.

카이사르의 야심이 잘 드러난 말이다. 자신의 신세를 한탄하는 것처럼 보이지만 실상 카이사르는 자신을 알렉산드로스와 동급으로 보았다. '알렉산드로스와 같은 수준인 내가 왜 아직 이룬 것 없이 이렇게 지내고 있는 것인가?' 하는 뜻이다. 그가 자신에게 던지는 물음은 근본 전제부터가 달랐다. 그는 무시무시하게 높은 자존감의 소유자였다.

그의 저작 중 남아 있는 것은 《갈리아 전기》와 《내전기》인데, 《갈리아 전기》의 서술 방식이 독특하다. 예를 들면 이런 식이다.

"카이사르가 도착하자 모든 도시에서 믿을 수 없을 정도의 경의와 호의로 맞았다."

자신을 '나'로 지칭하지 않고, 3인칭 '카이사르'로 기술하였다. 이렇게 기술한 이유가 객관적인 사실의 전달을 위해서였다고 보는 관점도 있다. 하지만 조금 다르게 본다면 높은 자존심의 표현이라 할 수 있다. 보통 사람들은 자기 자신에게는 관대하고 남에게는 가혹하다. 1인칭으로 쓰면 자신에게 관대해질 수 있다. 자신을 객관적인 3인칭 시선으로 바라본다는 것은 그만큼 자신에 대해 자신감이 있다는 뜻이다. 카이사르의 글에 군더더기나 주절주절하는 변명이 없는 것도 마찬가지 맥락이다. 자신의 길을 뚜벅뚜벅 걸어가는 것이 옳다고 생각했기에, 남이 옳다 그르다 판단하는 것에 전혀 신경 쓰지 않았다. 그래서 자기의 행동을 담담하게 기술한 것이다.

카이사르가 폼페이우스와 대치하고 있을 때였다. 증원 부대의 도착을 기다리다가 군대가 오지 않자, 카이사르는 대담한 모험을 감행하였다. 노예로 변장하고 작은 배에 의지해서 수많은 적의 배 사이를 지나 한겨울의 바다를 건너려고 한 것이다. 그런데 갑자기 불어닥친 바람으로 소용돌이가 일어나 앞으로 나아가기 힘들게 되었다. 선장이 배를 돌리려고 하는데 카이사르가 자기 신분을 밝히며 이렇게 말하였다.

"선장, 용기를 내시오. 당신은 카이사르와 그의 행운을 쥔 사람이오."

플루타르코스, 《영웅전》

카이사르는 자신의 행운을 굳게 믿었고, 언제나 자기 확신으로 가득했다. 그는 "행운의 여신은 나의 편"이라는 말을 입에 달고 살았다. 이런 모습은 그의 병사들에게도 전염되었다. 강한 자신감은 사기로 연결되었고, 카이사르의 군대는 종종 불리한 조건에서도 믿을 수 없는 승리를 거두었다.

"카이사르는 부하들에게 열렬한 지지와 충성을 받았다. 다른 장군의 부하로 있을 때는 평범했던 병사가 카이사르의 부하가 되면 명령에 목숨 걸고 맨 앞에서 싸웠다."

플루타르코스, 《영웅전》

플루타르코스는 《영웅전》에서 카이사르군 병사들의 모습을 이렇게 전한다.

병사 A: 마르세유 해전에서 싸우다 오른손을 잃었다. 하지만 그는 왼손만으로 끝까지 싸워 적의 배를 빼앗았다.

병사 B: 브리타니아(지금의 영국)에서 늪에 빠진 백인 대장을 구했지만, 돌아오는 길에 늪에 빠져 방패를 잃었다. 모두가 환호성을 보냈지만, 그는 카이사르에게 방패를 잃어버린 죄를 용서해 달라고 눈물을 흘리며 빌었다.

병사 C: 아프리카에서 적의 군대에 잡혀 포로로 잡혔다. 다른 병사는 포로로 잡고 그를 살려 주겠다는 적장의 말에 그는 이렇게 말하고 자결하였다. "카이사르의 병사들은 적을 용서할 수는 있지만 적의 용서는 받을 수 없다."

카이사르가 이렇게 병사들의 마음을 얻을 수 있었던 이유는 그가 야심과 자존심에 걸맞은 말과 행동을 보여 주었기 때문이다. 그는 자기를 극복하는 모습을 보여 주었다. 카이사르는 체력이 약하였다. 체격도 작은데다 호리호리한 편이었고, 심각한 두통과 간질 발작도 있었다. 그럼에도 불구하고 그는 위험한 일을 피하려고 하지 않았고, 힘든 행군이나 보잘것없는 식사나 잠자리에도 불평하지 않았다. 하루는 심한 폭풍우를 만나 가난한 시골집에서 밤을 보내게 되었다. 방이 하나밖에 없었는데 병든 부하를 그 방에서 자게 하고 자신은 다른 이들과 함께 처마 아래에서 밤을 보냈다. 그러면서 그는 이런 말을 남겼다.

"명예로운 자리(처마 밑)는 위대한 인물(카이사르)에게 주고, 편안한 자리(방)는 약한 자(병든 부하)에게 주는 것이 마땅하다."

　무엇보다 카이사르의 부하들이 카이사르에게 목숨을 걸고 충성한 이유는 그가 부하들에게 재산과 명예를 골고루 나누어 주었기 때문이다. 귀족이 자기들의 이익만 챙기기 급급하던 시대에 카이사르는 자기 이익을 위해 재산을 챙기는 일이 없었다. 앞서 언급한 것처럼 카이사르는 사람들의 마음을 얻기 위해서 재산을 아끼지 않았다. 정적들은 그의 재산이 다 소진되면 민중의 지지도 사그라들 것이라 생각했지만, 그의 재산은 전쟁을 통해 불어났다. 카이사르는 전쟁의 승리로 얻은 재산을 부하들에게 상으로 주기 위해 다시 활용하였다. 어쩌면 자존심이 높아서 자신은 전리품 따위로 만족하지 않으려 한 것인지도 모른다.

　카이사르는 갈리아 지방(프랑스 지역) 총독으로 부임해 지금의 프랑스, 독일, 영국에 해당하는 지역을 평정하였다. 10년 동안 800개의 도시를 점령하고 300개의 나라를 무너뜨리고, 300만 명의 적과 싸워 100만 명을 죽이고 100만 명을 포로로 잡았다. 가장 거세게 저항했던 켈트족 지도자 베르킨게토릭스도 끝내 항복하였다.

　이 엄청난 공적에 로마 시민들은 환호했지만, 원로원의 보수파 귀족들은 긴장하였다. 그들은 폼페이우스에게 힘을 실어 주고 카이사르를 제거하려고 하였다. 군대를 해산하고 로마로 들어오라는 명령에 카이사르는 자기 군대와 함께 루비콘강을 건넜다.

　B.C. 49년, "주사위는 던져졌다." 돌이킬 수 없는 내전이 시작되었다. 폼페이우스는 그리스로 도망가고, 카이사르는 3개월 만에 로마를 접수

한다. 다음 해, 카이사르는 그리스 파르살로스시 근처에서 폼페이우스를 격파한다. 폼페이우스는 이집트로 도주했다가 살해당하고 만다. 카이사르는 폼페이우스를 좇아 이집트에 갔다가 클레오파트라를 정부로 삼고, 왕위에 앉히기 위해 알렉산드리아 전쟁을 치르는데 이 시기에 폼페이우스파가 힘을 모은다. 이후 카이사르는 폰투스 왕 파르나케스 군대를 젤라시 근처에서 격파하고[5], 탑수스에서 귀족파 잔당을 물리쳤다. 이후 문다 전투에서 폼페이우스의 아들들까지 완전하게 격파하였다.

야심을 드러내야 할 때와
감추어야 할 때가 있는 법

"로마인들은 자신들의 운명을 모두 카이사르에게 맡겼다. 들끓던 내란을 잠재우고 사람들에게 숨돌릴 틈이라도 주리라는 기대에 그가 죽을 때까지 1인 집정관의 자리에 있도록 하였다."

플루타르코스,《영웅전》

　　5년간의 내전 시기에 카이사르는 여러 차례 종신 독재관, 단독 집정관으로 선출되었고, '조국의 아버지 pater patriae'라는 칭호까지 받았다.

5　카이사르는 이 전투에서 승리한 뒤에 "나는 왔노라. 보았노라. 이겼노라"라고 말하였다. 얼마나 빠르게 적을 제압했는지 자랑하기 위해 한 말이다.

명실공히 로마 권력의 최정점에 선 것이다. 사실상 독재자였다. 아무도 그의 앞을 막을 수 없었다.

절대 권력 주변에는 그 권력을 공고하게 해서 이득을 얻으려는 무리가 생겨나기 마련이다. 카이사르를 왕으로 세우려는 세력과 그런 움직임을 경계하는 사람들 사이에 갈등이 일어났다. 충성스러운 자들과 그에게 아부하는 자들은 카이사르를 왕이라 부르거나 일부러 거만하게 행동하도록 부추겼다. 축제 때 월계수로 만든 왕관을 바치기도 하고 카이사르의 조각상에 왕관을 씌워 두기도 하였다.

"내 이름은 왕이 아니라 카이사르요."

카이사르도 자기 야망을 숨기려고 하지 않았다. 여러 차례 선을 넘을 듯 넘지 않으면서 사람들의 마음을 떠보았다.

하지만 카이사르의 영광은 그리 오래가지 않았다. 내전을 종식한 최후의 전투였던 문다 전투에서 승리한 지 1년도 채 되지 않아 암살당하고 만 것이다. 카이사르는 자기 반대편에 섰던 사람들을 모두 용서해 주었다. 특히 브루투스와 카시우스에게는 법무관의 지위를 주기도 하였다. 아이러니하게도 그는 이 두 사람의 주동으로 원로원 의원들에 의해 스물세 군데나 칼을 맞고 죽음을 맞았다. 원로원에서 카이사르를 암살한 이유는 그가 왕이 되려 했기 때문이었다. 하지만 카이사르의 후계자 옥타비아누스가 결국 황제가 된 것을 보면 강력한 리더십은 시대적인 요청이었는지도 모르겠다.

카이사르의 죽음은 야심 때문이었다. 그는 '거대해진 로마 제국을 다스리기에 소수의 귀족 공화정으로는 힘들다', '강력한 리더십이 필요하다'는 시대적인 흐름을 읽었다. 그리고 자신의 탁월함을 바탕으로 화려한 공적을 세우고 민중의 마음도 얻었다. 카이사르는 탁월하게 욕망한, 매력적인 야심가였다. 여기까지는 좋았다. 그는 마지막에 자신의 욕심을 이기지 못하였다. 탁월함으로 사람들의 마음을 얻었지만, 지나친 욕심으로 그것을 잃었다.

5분 통찰

《주역》에 '항룡유회 亢龍有悔'라는 말이 있다. '하늘에 끝까지 오른 용은 후회한다'는 말이다. 권력을 얻고 높은 자리에 올라가면 욕심을 덜어 내야 한다. 더 큰 욕심을 부릴수록 위태로워진다. 사람들은 탁월한 리더에게 호감을 주기도 하지만 시기심을 갖기도 하기 때문이다.

5강

《사기》의 탄생

어려운 상황은 사람을
강하게 만든다

사마천의 극복

"이것이 나의 죄인가? 몸이 망가져 쓸모없게 되고 말았구나."

사마천, 《사기열전》, [태사공 자서]

한 중년의 남자가 잠실(누에를 치는 곳)에 던져졌다. 살아날 확률은
높지 않았다. 2,100여 년 전, 궁형을 당한 죄인은 생명이 위험하였다.
찬바람을 쐬거나 감염되면 생사를 장담할 수 없었다. 따뜻한 곳에서 일
종의 몸조리를 해야 했다. 궁형으로 몸이 아픈 것보다 참기 힘든 것은
치욕이었다. 한때는 임금의 총애를 받던 그에게 거세당하는 형벌보다
는 죽음이 더 명예로운 선택이었다. 하지만 그는 차마 죽을 수 없었다.

살아서 해야 할 일이 남아 있었기 때문이다.

"내가 죽거든 너는 반드시 태사가 되어라. 태사가 되거든 내가 논하여
저술하려고 했던 바를 잊지 말아라."

사마천, 《사기열전》, [태사공 자서]

아버지의 유언을 받들어야 했다. 그의 집안은 대대로 역사를 관장하
는 벼슬을 지냈다. 태사太史는 천문, 역법, 제사, 역사 등을 관장하는
일을 하였다. 그는 아버지 사마담을 이어 한 무제의 태사령이 되었고,
황실 도서관에서 사서 편찬을 위한 자료를 수집하면서 역사서를 집필
하고 있었다.

"저는 하늘과 인간의 관계를 탐구하고 고금의 변화에 통달해 일가一
家의 말을 이루고자 했습니다만, 초고를 완성하기도 전에 이런 화를
당하였습니다. 일이 완성되지 못할 것이 안타까워 극형을 당하고도
부끄러워할 줄 몰랐던 것입니다."

사마천, 《보임안서》

사마천司馬遷, B.C. 145?-86?은 전한 시대 한 무제 때 인물로, 중국 역
사서 24사史 중 가장 뛰어나다고 평가받는 《사기》를 썼다. 그는 중국
최고의 역사가로 평가받는다. 그가 쓴 《사기》는 전설로 전해지는 황

제黃帝 시대부터 자신이 살았던 한 무제 시대까지 2,000여 년의 역사를 다루었다.

《사기》는 제왕들의 역사를 기록한 《본기》 12권, 《연표》 10권, 각종 제도에 대해 기록한 《서》 8권, 제후들의 이야기가 담겨 있는 《세가》 30권, 왕이나 제후가 아니더라도 뛰어난 인물들을 기록한 《열전》 70권으로 구성되어 있다. 모두 130권에 글자 수는 52만 6,500자에 이르는 대작이다. 사마천은 자신의 저서를 《태사공서》라고 하였는데 후한 시대부터 《사기》라고 불리게 되었다.

그는 생식기가 잘리는 궁형을 당하고도 8년을 더 저술 작업에 매진했고, B.C. 91년, 마침내 아버지로부터 시작한 작업을 완성하였다. 일반적으로 역사서는 관찬, 즉 국가에서 주도해 편찬하였다. 하지만 《사기》는 순전히 사마천 개인의 노력으로 탄생하였다. 혼자 힘으로 역사서를 쓴 것 자체가 저항의 표시이다. 자기의 판단으로 역사를 평가하겠다는 것이다. 130권 중 절반 이상인 70권을 신분이 왕족이나 제후가 아닌 사람들의 이야기인 《열전》으로 채운 것도 이채롭다. 의원, 자객, 광대, 점술가, 상인 등 자신을 벌준 한 무제 같은 제왕보다 낮은 신분이지만, 자기를 극복하며 일세를 풍미한 사람들에게 더 따뜻한 시선을 주었다. 역사가 왕이나 신분이 높은 사람들에 의해서만 이루어지는 것이 아니라는 점을 보여 준 것이다. 사마천의 죽음에 대해서는 정확하게 알 수 없으나, 《사기》가 완성된 얼마 뒤 사망한 것으로 알려져 있다. 자기가 해야 할 일을 모두 다 하고 미련 없이 떠나간 것이 아닐까?

역경을 자양분으로 태어난
불멸의 역사서

　사마천이 관직에 오른 초기에는 낭중(郎中: 황제의 시종)으로 한 무제를 수행하였다. 낭중이 높은 벼슬은 아니었지만, 사마천은 오늘날 호남성, 강서성, 절강성, 강소성, 산동성, 하남성 등을 왕과 함께 순행하는 행운을 누렸다. 제왕이 하늘과 땅에 즉위를 고하고 천하의 태평함을 기원하는 제사인 봉선 의식에도 참여한 점을 미루어 볼 때 사마천은 임금의 총애를 받는 젊은 신하였다. 그런 황제의 기대에 부응하기 위해 그는 열심히 일하였다.

　"빈객과의 사귐을 끊고 집안일도 돌보지 않고 밤낮으로 미미한 재능을 다해 한마음으로 직을 다하였습니다."

사마천, 《보임안서》

　하지만 얄궂은 운명의 장난이었을까. 사마천은 '이능의 화'에 휘말려 황제의 노여움을 사고 만다. 한 조정은 서역과의 통상로를 여는 공을 세웠던 이광리를 장군으로 삼아 흉노를 쳤다. B.C. 99년, 한 무제는 이능에게 이광리를 지원하도록 하였다. 이능은 5,000명으로 3만 명의 흉노군과 싸워 1만 명을 죽이는 공을 세웠지만, 보급이 끊긴 채 8만 명의 흉노군에게 포위되어 버렸다. 다수의 적군에게 포위되었을 때 장수의 선택은 둘 중 하나이다. 전멸을 각오하고 싸우거나 항복하거나. 이능은 용감한 장수였지만, 부하들의 목숨을 생각해 투항하였다. 어쩔 수 없는 선택이었다. 그러나 한 조정에서는 난리가 났다. 한 무제는 이능의 가족을 잡아 죽이려고 했고, 얼마 전까지 그의 승리에 찬사를 보내던 신하들도 입을 모아 이능을 비난하였다.

한 무제는 사마천에게 이 사안에 대한 의견을 물었다. 사마천은 자기 소신껏 이능을 변호하였다. '이능은 항복하긴 했지만, 공이 있는 것이 사실이며 어쩔 수 없는 선택이었다'는 취지였다. 하지만 어찌해 볼 수 없는 상황이었다. 이광리는 이능을 시기하고 있었고, 이광리의 여동생 이 씨는 한 무제의 총애를 받는 후궁이었다. 한 무제는 이능을 처벌할 마음을 먹은 상태였다.

> "저는 이능과 본디 서로 친하지 않았습니다. 취향이 달라 술을 함께 마신 적도 없고, 친밀한 교제의 즐거움을 나눈 적도 없었습니다."
>
> 사마천, 《보임안서》

그는 별로 친하지도 않은 장수를 변호하다가 화를 입게 되었다. 그런데 이능은 선우의 딸과 결혼하고 우교왕으로 임명되는 등 흉노에서 크게 대우받았다. 사마천 입장은 이래저래 억울한 상황이었다. 조정의 신하들은 한 무제에게 화를 입을까 두려워 누구도 사마천을 도와주지 않았다. 사마천은 옥에 갇혔다가 꼼짝없이 죽을 운명이었다. 당시 사마천의 선택지는 세 가지였다.

1. 법에 따라 죽는다.
2. 50만 전을 내고 죽음을 면한다.
3. 궁형을 당한다.

"저의 집은 가난해 벌을 면할 재물이 없었습니다. 사귀던 벗들은 아무
도 나를 구하려 하지 않았습니다. 황제의 측근들은 나를 위해 한마디
말도 해 주지 않았습니다."

사마천, 《보임안서》

사마천은 죽을 수 없었으므로 1번은 선택할 수 없었다. 50만 전은
5,000명의 군대를 1년간 유지하고 운영하는 정도의 비용으로, 하급 관
리였던 사마천의 재산으로는 감당할 수 없었다. 친구들도 아무도 도와
주지 않았다. 2번도 선택지가 될 수 없었다. 그는 궁형을 받아들일 수
밖에 없었다. 그는 궁형을 당한 뒤 심정을 친구인 임안에게 보내는 편
지에서 이렇게 전하였다.

"하루에도 아홉 번이나 애가 끊어지는 것 같고, 집에 있으면 망연자실
해 무엇을 잃은 듯하고, 집을 나서면 어디로 가야 할지 알지 못합니다.
이 치욕을 생각할 때마다 땀이 등줄기를 타고 흘러내려 옷이 젖지 않

는 적이 없습니다."

사마천, 《보임안서》

4년 뒤, 사마천은 황제의 신임을 회복한다. 이광리가 한 무제와 그의 여동생 사이에 태어난 왕자를 왕위에 앉히려고 했다가 발각되었다. 사마천은 환관으로서 가장 높게 오를 수 있는 중서령이라는 직책을 얻어 황제의 곁에서 문서를 다루게 되었다. 하지만 환관이라는 신분 때문에 사대부들의 멸시를 받았다. 어떤 일을 해도 인정받지 못하였다.

"저는 비천한 처지에 빠진 불구자입니다. 어떤 행동을 하면 비난받습니다. 더 나아지려 하나 도리어 더 나빠질 뿐입니다. 그래서 저는 홀로 울울하고 절망하여 함께 이야기 나눌 사람도 없습니다. 아, 저와 같은 자가 이제 무슨 말을 하겠소이까, 이제 무슨 말을 하겠습니까."

사마천, 《보임안서》

하지만 사마천은 가슴 속 울분으로 자기를 학대하면서 무너지지 않았다. 그는 억눌린 감정을 창조력의 원천으로 활용하였다.

"서백은 유리에 갇혀서 《주역》을 풀이했고, 공자는 진나라, 채나라에서 고난을 겪었기에 《춘추》를 지었다. (중략) 이들은 모두 마음속에 울분이 맺혀 있는데 그것을 발산시킬 수 없기에 지나간 일을 서술하여 앞으로 다가올 일을 생각한 것이다."

사마천, 《사기열전》, [태사공 자서]

사마천이 리더에게 전하는
네 가지 교훈

사마천이 치욕을 이기고, 울분을 삼키면서 전하고자 한 바는 무엇일까? 그는 단순히 역사적인 사실을 기록하려고만 한 것이 아니었다. 사마천은 《사기》 곳곳에 사람이나 사건에 대한 자기 의견을 넣었다. 그는 2,000여 년의 역사를 기술하면서 '사람'과 '근본'의 중요성을 역설하였다. 역사는 사람이 만드는 것이다. 사람은 신분이나 세력이 아닌 '근본', 즉 능력과 덕이 있는 인재가 중요한 것이다.

그는 공자의 《춘추》를 높게 평가하였다. 무엇이 옳고 그른지 분별해서 사람을 다스리는 일에 대한 서술이 뛰어나다고 보았다. 그리고 자신도 그와 같은 역사서를 쓰려고 하였다. 사마천이 《사기》에서 역사를 이끌어 가는 리더들에게 전하는 내용은 네 가지로 정리해 볼 수 있다.

우수한 인재를 널리 구한다

춘추오패 중 한 사람인 제환공B.C. 716-643은 왕위 쟁탈전 때 상대편에 서서 자신을 활로 쏘아 맞힌 관중을 재상으로 등용하였다. 자기 수하였던 포숙아가 적극적으로 추천[1]하기도 했지만, 그가 포용력이 없다면 불가능한 일이다. 자기 목숨을 노린 사람을 부하로 쓰는 것은 어지간한 배포가 아니고는 불가능한 일이다. 뛰어난 인재라면 비록 적이라도 적극적으로 영입해서 내 사람으로 만드는 것이 역사를 경영하는 심법이다.

전국 시대 제나라의 맹상군?-B.C. 279?은 인재들을 후하게 대접해 이름이 높았다. 수천 명의 식객을 거느렸는데, 심지어 개 짖는 소리를 내는 좀도둑과 닭 소리를 잘 내는 자까지 받아들였다. 그는 진나라 소왕에게 초빙되어 재상을 지냈지만, 진나라 신하들의 모함으로 위기에 처하였다. 그때 보잘것없어 보이는 재주를 가진 두 사람의 도움으로 위기에서 벗어났다[2]. 조직을 경영하면서, 혹은 삶을 살아가면서 무슨 일을 겪을지 알 수 없다. 지금 당장 쓸모없어 보이는 재주를 가진 사람이라도 포용하면 언젠가는 도움을 얻을 수 있다.

확보한 인재를 절대적으로 신뢰하고 적재적소에 활용한다

《손자병법》을 지은 손무를 처음 만난 날, 오왕 합려는 궁 안의 미녀 180명을 모아서 손자에게 지휘하게 하였다. 손무는 '전후좌우' 명령을 내려 여인들을 움직이게 했지만, 그들은 깔깔거리며 웃을 뿐 제대로 명

---

1 관포지교(管鮑之交, 관중과 포숙아의 사귐)의 고사가 여기서 유래하였다.
2 계명구도(鷄鳴狗盜, 닭 울음소리와 개 짖는 소리를 내는 도둑, 비굴하게 남을 속이는 하찮은 재주)의 고사의 유래. 진 소왕의 첩에게 바칠 여우 가죽옷을 도둑이 훔쳐 내고, 국경의 관문을 닭 울음소리 내는 자의 재주로 통과해 맹상군의 목숨을 건졌다.

령을 이행하지 않았다.

"군령이 분명하지 않고 군사들이 명령에 숙달되지 않는 것은 장수의 죄다."

손무는 여러 번 군령을 되풀이해 알려 주었지만, 여전히 여인들은 장난으로 여겼다.

"군령이 이미 명확해졌는데도 명령에 따르지 않는 것은 군사들의 죄다."

손무는 좌우 대장의 목을 베려 했는데, 이들은 오왕 합려가 가장 아끼던 애첩들이었다.

"과인이 이미 장군의 뛰어난 용병술을 알았소. 내가 이 두 첩이 없으면 밥을 먹어도 단맛을 모르니 부디 그들의 목을 베지 말아 주시오."

"저는 이미 군주의 명을 받아 장수가 되었습니다. 장수가 군에서는 군주의 명이라고 하더라도 따르지 않는 경우가 있습니다."

손무는 결국 합려의 두 첩의 목을 베어 버렸다. 이때 오왕은 손무를 내치지 않았다. 그는 오자서와 함께 손무를 중용해 초나라를 이기고 춘추오패의 한 사람으로 이름을 올렸다. 인재를 얻었다면 그들을 신뢰하고 적재적소에 활용해야 한다.

핵심적인 인재는 절대 잃지 않는다

한나라가 건국되기 전 유방과 항우가 자웅을 겨루었다. 초기에는 항우의 세력이 강성했지만, 결국 유방이 항우를 물리치고 천하를 통일하였다. 이때 유방에게는 뛰어난 인물이 많았는데, 전쟁터에서는 대장군 한신의 공이 컸다. 한신은 백만의 군사를 지휘할 만한 인재였다. 하지만 그는 항우 밑에서 중용되지 않았다. 항우를 떠나 유방에게 몸을 의탁했을 때도 처음에는 대우가 좋지 않았다. 유방이 초기에는 그를 알아보지 못한 것이다. 한신이 유방을 떠나려 할 때 승상인 소하가 먼 길을 쫓아가 그를 붙잡았다. 소하는 유방에게 한신을 반드시 대장군으로 임명할 것을 요청하였다. 유방은 그제야 한신을 중용하였다. 이후 한신은 항우군과의 싸움에서 연전연승하여 한나라 건국의 초석이 되었다. 소하는 한신이 천하 통일에 가장 핵심적인 인물임을 꿰뚫어 보았다. 그래서 승상의 지위임에도 불구하고, 한신이 떠나갈 때 직접 황급히 말을 몰아 쫓아가 붙잡은 것이다.

핵심적인 인재는 많은 돈과 시간을 들여도 얻기 힘들다. 절대로 놓치지 않도록 주의를 기울여야 한다. 때로는 파격적인 대우도 필요하다. 수하에 번쾌를 비롯한 역전의 노장들도 있었지만, 유방은 말단의 관리 한신을 대장군으로 과감하게 발탁해 역량을 발휘할 기회를 주었다.

근본이 갖추어지지 않은 사람은 멀리한다

진나라 소왕 때 백기는 용병술이 뛰어난 장군으로 수많은 공을 세웠다. 싸울 때마다 크게 승리했는데, 그 성정은 잔인하였다. 그는 조나라와의 싸움에서 승리한 뒤 40만 명이나 되는 조나라인들을 속여 모조리 산 채로 땅속에 묻어 죽이고, 어린아이 240명만 살려 보내 천하 사람들을 경악하게 하였다. 이런 사람을 누가 가까이하려 하겠는가? 훗날 백기는 재상 범저와 사이가 틀어져 자결한다.

5분 통찰

사마천은 《사기》에 파란만장한 인간사와 다양한 인간 군상을 담았다. 사람 중에는 근본이 바른 의로운 사람도 있고, 자기 이익만을 따르는 소인배도 있다. 그의 인생이 평탄했다면 인간과 역사에 대한 통찰력이 빛을 발하지 못했을 것이다. 그가 어떤 마음으로 살다 갔는지 한마디로 표현하는 다음 말을 음미해 보자.

"사람은 본디 한 번 죽을 뿐이다. 어떤 죽음은 태산보다 무겁고, 어떤 죽음은 터럭만큼 가볍다. 그것을 사용하는 법이 다르기 때문이다."

사마천, 《보임안서》

6강

진수,《삼국지》

원칙을 지키는 만큼
힘을 얻는다

제갈량의 원칙

"상주고 벌주는 데 차이가 있으면 안 됩니다.

사사로운 정에 치우쳐 안팎으로 법률이 다르게 해서는 안 됩니다."

제갈량,《출사표》

만약 사마천이 한나라 초기가 아니라 몇백 년 뒤에 태어났다면 어땠
을까? 아마《사기열전》의 내용이 더 풍성해졌을 것이다.《삼국지》의 주
인공들도 열전을 가득 채우지 않았을까? 천하를 셋으로 나누어 각자 나
라를 세운 위, 촉, 오의 조조, 유비, 손권. 무력으로는 당할 자가 없었던
여포나 장비, 마초, 허저, 태사자. 천재적인 지략가 곽가, 순욱, 가후, 사

마의. 의리의 대명사 관우 등 일세를 풍미한 수많은 인물의 이름이 떠오른다. 《삼국지》 영웅들의 이야기는 시대를 초월해 각색되고 재해석되면서 많은 이에게 사랑받고 있다. 이 중에서 지략과 지혜의 대명사가 된 인물이 제갈량諸葛亮, 181-234(자는 공명孔明, 호는 와룡臥龍, 복룡伏龍)이다. 《삼국지》의 수많은 인물 중에서도 그는 대체 불가능한 전설이다.

한나라 말기 대다수 리더는 한 왕조에 희망이 없다고 생각하였다. 조조는 처음에는 의병을 일으켜 한 왕조를 바로잡고 백성을 평안하게 하려는 듯이 보였지만, 말년에는 한 헌제를 위협하고, 위공의 작위와 구석九錫[1]을 받으려는 야심을 드러냈다. 손권은 겉으로는 황제를 옆에 끼고 천하를 호령하는 조조에게 굽히는 척했지만, 호시탐탐 중원으로 진출하려는 마음을 품고 있었다. 오직 유비만이 일관성 있게 한 왕조의 중흥을 내세웠다.

사마천은 아마도 조조같이 한 왕실을 위협한 인물이나 지방 정권의 수장에 가까운 오나라 손권보다는 한 멸망 후 정통성을 주장한 촉한의 인물들에게 더 높은 점수를 주었을 것이다. '한나라 중흥'이라는 명분과 원칙은 촉한을 세운 유비가 평생 외친 일종의 정치적 강령이었다. 그리고 그 원칙은 유비의 핵심 전략가였던 제갈량이 함께 다지고 계승하였다.

제갈량은 유비가 죽은 뒤 위나라 국력의 10분의 1 수준에 불과한 촉

---

1 천자가 특별한 공이 있는 신하에게 내리는 아홉 가지 특별한 혜택.

한을 이끌며 다섯 차례나 북벌을 단행하였다. 현실적으로 무모한 도전이었다. 하지만 촉한은 그를 중심으로 하나가 되었다. 비록 제갈량의 도전은 실패했고, 촉한도 세워진 지 42년 만에 멸망하고 말았지만, 그의 이야기는 전설이 되었다. 제갈량이 죽은 지 1,800년 가까이 흘렀으나 그는 여전히 지혜의 화신으로, 청렴결백한 신하의 표본으로, 백성을 진심으로 사랑하는 어진 재상으로 칭송받는다.

불세출의 전략가이자 리더
제갈량의 지혜

"명수우주名垂宇宙(이름이 우주에 드리운다)."

중국 쓰촨성 청두 무후사[2]는 1,500여 년의 역사를 가진 사당이다. 무후사에는 유비와 제갈량을 기리고 있다. 이곳의 현판에 적힌 글귀가 의미심장하다. 이름이 우주에 드리운다니. 제갈량에 대한 중국인의 사랑을 알 수 있다. 그는 생전에 '무향후武鄕侯'로 봉해졌고, 죽은 뒤에는 '충무후忠武侯'라는 시호를 받았다. 동진東晉[3]에서는 무흥왕武興王으로 추봉되었다. 역사에 잠깐 존재했다가 멸망당한 나라의 재상을 이렇게

---

2 '무후(武侯)' 혹은 '제갈무후(諸葛武侯)'는 제갈량을 가리킨다.
3 삼국을 통일한 진이 멸망한 뒤에 건업을 수도로 재건한 왕조(317~419). 진나라에서는 뛰어난 재능을 가진 사람을 칭찬할 때 "똑똑하기가 제갈량 못지않다"라는 말이 일상적으로 쓰였다.

까지 대우해 주는 경우는 흔치 않다.

제갈량은 후한 영제 광화 4년인 181년, 서주 낭야군 양도현(현재 산동성 기남현)에서 태어났다.[4] 그는 어릴 때 아버지를 여의고, 숙부인 제갈현의 손에 자랐다. 제갈량이 어릴 때 서주에서 형주로 가게 된 것은 제갈현이 유표의 식객으로 지내다 죽었기 때문이다.

190년 제갈량이 10세가 되었을 때, 한의 마지막 황제 헌제가 즉위하였다. 이 해에 조조는 서주에서 백성 수만 명을 살육하였다. 자기 아버지를 호위하던 서주의 장수가 아버지를 살해하고 재물을 훔쳐 달아났다는 이유에서였다. 195년 제갈량이 15세 되던 해, 조조는 서주를 또 공격하였다. 조조가 첫 공격 후 5년이 지나 다시 서주를 공격한 것은 더 이상 아버지의 복수가 아니고 서주가 탐나서였을 것이다. 서주 자사 도겸은 유비에게 도움을 요청하였다. 이때 제갈량은 숙부 제갈현을 따라 형주로 피란하였다. 감수성 예민하던 시기, 그에게 백성을 도살하는 조조는 악의 대명사였을 것이다. 반면 유비는 인의를 중시하는 영웅이지 않았을까?

"공명은 와룡臥龍입니다. 이 사람은 가서 볼 수는 있어도 억지로 오게 할 수는 없습니다. 장군께서 몸을 굽혀 찾아가셔야만 합니다."

진수, 《삼국지》

---

4   그의 아버지는 낭야군의 지방관이었던 제갈규이다. 형은 제갈근으로, 훗날 오나라의 대장군까지 올랐다.

제갈량은 어릴 때부터 비범한 구석이 있었다. 함께 공부하는 친구들은 경전을 줄줄 외우는 데 급급했지만, 그는 큰 흐름과 대강만을 파악할 뿐이었다. 그는 자신을 춘추 시대의 명재상 관중이나 전국 시대의 명장 악의와 견주었다. 어떻게 보면 황당한 친구였지만, 서서는 그를 알아보고 훗날 유비에게 천거한다.

"신은 본래 관직 없이 남양에서 농사를 짓고 있었습니다. 혼란스러운 세상에서 구차하게 목숨을 보전하며 제후에게 명성을 구하려 하지 않았습니다. 그런데 선제(유비)께서는 신을 비천하다 생각지 않으시고 송구스럽게도 몸소 몸을 굽혀 세 번이나 오두막에 찾아오셔서 신에게 세상일을 물으시기에, 감격하여 신명을 다할 것을 허락하였습니다."

제갈량, 《출사표》

조조에게 쫓겨 형주의 유표에게 몸을 의탁하던 유비에게는 지략을 가진 조언자가 필요하였다. 그에게는 관우, 장비, 조운 같은 출중한 무장들은 있었지만, 전체적인 판을 보고 전략적인 그림을 그릴 수 있는 전략가가 없었다. 유비는 친히 제갈량의 처소를 세 번이나 찾아갔다.[5] 제갈량은 유비에게 위나라, 오나라와 함께 천하를 다투어야 한다는 천하삼분지계天下三分之計[6]를 제안하였다. 유비는 제갈량을 매우 아끼고

5 '삼고초려(三顧草廬, 초가집을 세 번 찾아감)'의 고사가 이 일에서 비롯되었다.
6 유비가 형주와 익주를 기반으로 북쪽의 조조, 동쪽의 손권과 함께 중국을 셋으로 나누어 다

후대했는데, 관우와 장비 등 기존에 따르던 신하들이 그리 탐탁하게 여기지 않았다. 이때 제갈량의 나이는 26세로, 유비와는 20년 나이 차가 났고 다른 신하들과도 꽤 많은 나이 차가 났다. 유비는 신하들에게 이렇게 말하였다.

"나에게 공명이 있는 것은 물고기가 물을 만난 것과 같소."

진수, 《삼국지》

제갈량이 유비 진영에 가담한 이듬해, 유표가 죽고 그의 아들 유종은 조조에게 항복해 버렸다. 유비가 그나마 몸을 기대고 있던 세력이 사라져 버린 것이다. 유비는 떠돌이 신세가 되었고, 조조는 바짝 추격해 왔다. 제갈량은 오나라 손권을 설득해 동맹을 맺었다. 그리고 유비와 손권 연합군은 적벽에서 조조를 물리쳤다. 이것이 삼국시대 가장 유명한 전쟁 중 하나인 적벽 대전이다.

적벽 대전 이후 유비는 형주와 유장이 다스리던 익주를 얻고, 장로가 다스리던 한중까지 차지한다. 220년, 위나라의 조비는 헌제의 양위를 받아 황제가 된다. 다음 해에 제갈량은 유비를 설득해 촉한의 황제가 되도록 하였다. 유비는 제갈량을 승상으로 임명하며 이렇게 말하였다.

스리는 계책. 한실 중흥을 위해 주적을 조조로 설정하였다. 조조가 공격하면 손권과 동맹을 맺어 막고, 형주를 통해 낙양을, 익주에서 장안을 공격해 조조의 세력을 몰아낸다는 전략.

"짐은 백성의 생활이 안정되기를 원하는데, 그렇지 못해 걱정하고 있도다. 아! 승상 제갈량은 짐의 마음을 잘 헤아리고, 게으름 없이 짐의 결점을 보좌하며, 짐을 도와 공덕을 드날려 천하를 비추도록 하라. 그대는 힘쓸지어다!"

진수, 《삼국지》

황제가 된 유비는 관우를 죽인 오나라에 원수를 갚기 위해 군사를 일으켰다. 사실 제갈량은 오와의 분쟁을 원하지 않았다. 애초에 유비에게 건의한 천하삼분지계에서 주적은 조조의 세력이었다. 유비는 오나라의 육손에게 대패하고 황제가 된 지 2년 만에 죽음을 맞이한다. 그는 죽음을 눈앞에 두고 제갈량에게 전적인 신뢰를 보여 주었다.

"그대의 재능은 조비의 열 배는 되니 필시 나라를 안정시키고 마침내 큰일을 이룰 것이오. 만일 후계자(유선劉禪)가 보좌할 만하면 보좌하되, 그가 재능이 없다면 그대가 스스로 그 자리를 취하시오."
유비는 또 후주 유선에게 조서를 내려 말하였다.
"너는 승상과 함께 나라를 다스리고 그를 아버지같이 섬겨라."

진수, 《삼국지》

자기 아들이 황제의 그릇이 아니라면 스스로 황제가 되라고 할 정도의 신뢰. 이 말은 뜻이 완벽하게 일치하는 군신 관계가 아니라면 할 수 없다. 유비가 죽을 때 한 이 한마디는 제갈량의 뇌리에 평생 꽂혀 있었을 것이다.

나라의 모든 일을 관장하게 된 제갈량은 우선 오나라와 화친을 맺고, 촉의 남쪽 지역을 정벌하였다. 위나라를 공격하기 전에 후방의 안전을 확보하려는 조치였다. 정벌한 지역에서 들어오는 물자로 나라 살림도 넉넉해졌다. 제갈량은 이렇게 차근차근 전쟁을 준비하였다. 46세가 되던 227년, 후주 유선에게 《출사표》를 올리고 위나라로 진군하였다. 제갈량은 234년 오장원에서 목숨을 다할 때까지 다섯 차례 북벌을 시도하면서 한중에 머물렀다.

1차 북벌에서는 남안, 천수, 안정 3군이 위나라를 배반하고 제갈량에게 호응했지만, 가정 전투에서 마속을 잘못 써 보급로가 끊겨 퇴각하였다. 2차 북벌에서는 학소에게 고전하다 시기를 놓쳐 퇴각하였다. 추격해 온 왕쌍의 목을 베었지만, 결정적인 승리를 거두지 못하였다. 3차 북벌에서는 무도군과 음평군을 기습했지만, 겨울이 되어 퇴각하였다.

북벌에서 고질적인 문제는 항상 보급이었다. 이 문제를 해결하기 위해 4차 북벌에는 군량을 나르는 목우를 개발해 사용하였다. 하지만 이때도 이엄의 실수로 군량이 부족해 물러났다. 5차 북벌은 둔전(군사 요지에 보급을 위해 농사짓던 토지)을 강화해서 보급에 더욱 만전을 기하였다. 하지만 제갈량은 오장원에서 4개월간 위군과 대치하다가 병에 걸려 사망하고 말았다.

"천하의 기재奇才로다!"

234년, 촉한의 제갈량과 위나라 사마의는 오장원에서 대치하였다. 사마의는 굳게 지키고 나아가지 않는 수비 전략으로 버텼다. 그러던 중 뜻하지 않게 제갈량이 병으로 사망하였다. 10만 명이라는 건국 이래 최대 규모의 촉군이었지만, 제갈량 없이 전쟁을 수행하기에는 역부족이었다. 촉나라는 양의의 지휘하에 병력을 정비하여 퇴각하였다.

사마의는 '드디어 기회가 왔다'는 생각에 급히 촉군을 뒤쫓았다. 하지만 촉군은 군기를 사마의를 향하는 것처럼 반대로 하고 북을 울렸다. 사마의는 상대의 움직임이 심상치 않자 물러나고 가까이 가지 못하였다. 제갈량의 죽음이 계략일 수도 있다는 두려움 때문이었다. 사람들은 "죽은 공명이 산 중달(사마의의 자)을 달아나게 했다"라고 말하였다. 뒤늦게 촉군이 머물던 군영과 보루를 둘러본 사마의는 제갈량의 재주에 감탄하였다.

제갈량 사후에 촉한의 국력은 급속하게 쇠약해졌다. 제갈량의 뜻을 이어받아 장완이 관중 공격을 준비했으나 뜻을 이루지 못하고 일찍 죽었다. 제갈량의 후계자로 자처한 강유는 재주가 공명에 미치지 못했지만 지나치게 자신만만하고 호전적이었다. 그는 승상인 비위, 제갈량의 아들인 제갈첨 등과 대립각을 세웠다. 설상가상으로 우둔한 황제 유선은 황호라는 환관에게 놀아나 정사를 제대로 돌보지 못하였다. 촉한은 결국 사마의의 아들 사마소가 보낸 등애의 공격으로 멸망하였다. 263년, 제갈량이 오장원의 별이 되어 떠난 지 29년 만이었다.

제갈량이 죽을 때까지 지킨
세 가지 원칙

제갈량은 실패한 이상주의자일지도 모르겠다. 그가 공들였던 다섯 차례의 북벌은 모두 실패로 돌아갔다. 촉한은 2대 황제에서 맥이 끊겨 버렸다. 하지만 촉한을 이끌었던 제갈량의 이름은 전설이 되었다. 그 이유는 무엇일까?

"제갈량의 재능은 군대를 통치하는 데는 뛰어났지만 기이한 계책이 라는 점에서는 열등했으며, 백성을 다스리는 재간이 군사를 지휘하는 재능보다 나았습니다."

진수, 《삼국지》

나관중은 《삼국지연의》에서 제갈량을 모든 것을 예상하는 병법의 대가로 묘사하였다. 하지만 제갈량은 신출귀몰한 군사적인 재능은 없었다. 제갈량은 정치가나 행정가로서의 기량은 탁월했지만, 군사 전략가나 지휘관으로서의 역량은 그에 미치지 못하였다. 그는 지나치게 신중해서 기발한 군사 작전을 감행하거나 상황의 변화에 임기응변으로 대처하지 못하였다. '제갈량의 이름이 우주까지 드리운다'고 후세인들이 평가하는 이유는 그의 재주 때문이 아니라 원칙을 중시하는 그의 리더십 때문이 아닐까? 그는 시세의 이로움을 따르는 기회주의자가 아니라

'꼭 해야 할 것을 하는' 원칙의 리더십을 가진 인물이었다.

죽을 때까지 지킨 한 중흥

"바라는 바는 우둔한 재능을 다하여 간사하고 흉악한 자들을 물리치고 한나라 왕실을 부흥시켜 옛 도읍지로 돌아가는 것입니다."

제갈량, 《출사표》

제갈량은 유비를 처음 만났을 때 천하를 삼분해 정통성을 가진 촉한이 중원을 통일한다고 구상하였다. 이후 형주를 빼앗겨 그것이 힘들어지자, 서북쪽의 서량을 얻어 위를 치는 것으로 큰 전략을 변경하고 북벌을 멈추지 않았다. 제갈량에게 북벌은 해도 되고 안 해도 그만인 일이 아니었다. 그것은 촉한의 건국 이념이자 삶의 목적이었다.

엄격하게 지킨 법 앞의 평등

"(제갈량은) 법령이 엄격하고 분명하며, 상 주고 벌주는 것은 반드시 타당성이 있어 악한 일은 반드시 징계하고 착한 일은 꼭 표창하였습니다."

진수, 《삼국지》

1차 북벌 때 제갈량이 아끼던 마속이 군령을 어기고 제 뜻대로 하여 가정을 잃은 사건이 있었다. 마속은 뛰어난 재주를 가졌지만, 병법을 머리로만 알고 실전 경험이 부족하였다. 거기에다 교만하기까지 하였다. 유비는 생전 제갈량에게 마속은 말이 앞서는 자로 경계할 것을 당부하였다. 마속은 제갈량의 명령을 어기고 산 위에 진을 쳤다가 위나라 장수 장합에게 대패하였다. 이 패배로 보급이 끊긴 촉군은 퇴각할 수밖에 없었다. 제갈량은 "사람을 잘못 쓴 잘못은 나에게 있다"라고 하며 눈물을 흘리며 마속을 베었다.[7] 군령에 따라 마속을 벌하지 않으면 군율이 무너질 수밖에 없었기 때문이었다. 그리고 자신의 지위를 세 단계 강등하였다. 제갈량은 법 앞에서는 누구나 평등하다는 원칙을 굳게 지켰다.

끝까지 지킨 충의

"그대의 신 같은 무예는 빛나고 위세는 온 세상을 눌렀다. 어찌 애통하게 일이 거의 이루어질 즈음에 병으로 목숨을 잃었는가! 짐은 슬퍼 심장과 간장이 찢어지는 듯하다.
성도에 뽕나무 800그루, 메마른 땅 15이랑이 있으니 제 자손의 생활은 여유가 있습니다. 만일 신이 죽었을 때 집안에 남는 비단이 있거나 다른 재산이 있어 폐하의 은총을 저버리게 하지 않겠습니다."

진수, 《삼국지》

유비는 죽기 전에 제갈량에게 여차하면 자기 아들을 밀어내고 황제

---

7   읍참마속(泣斬馬謖, 눈물을 흘리며 마속을 베다. 큰 목적이나 조직의 기강을 위해 아끼는 아랫사람을 원칙대로 벌주는 것) 고사의 유래이다.

가 되라고 하였다. 실제 촉한의 2세 황제 유선은 아둔했으며, 판단력이 평범한 사람보다 못하였다. 유선은 자기 재주도 부족했지만 사람 보는 눈도 없었다. 환관 황호에게 놀아나 촉한 멸망을 재촉하였다. 촉한이 멸망한 후 위나라 연회에서 촉의 노래가 흘러나올 때 촉한 출신 신하들은 눈물을 훔치며 비통해했지만, 유선은 손뼉을 치며 연회를 즐겼다고 하니 그 아둔함을 알 만하다.

제갈량은 이런 황제를 끝까지 배신하지 않고 섬겼다. 그의 능력보다 더 빛난 것은 충의의 정신이다. 제갈량이 북벌 전에 올린 《출사표》는 이를 읽고 눈물을 흘리지 않는 자는 충신이 아니라고 할 만큼 충정으로 가득한 천고의 명문으로 꼽힌다.

제갈량의 충의는 자식 대까지 이어졌다. 위나라 정서 장군 등애가 제갈량의 아들 제갈첨을 회유하기 위해 "만일 항복하면 반드시 표를 올려 낭야왕으로 삼겠다"라는 편지를 보냈으나 제갈첨은 사자의 목을 베고 싸우다 죽었다.

5분 통찰

변화하는 시대의 흐름을 타는 것은 중요하다. 하지만 상황의 유리함과 불리함을 따지지 않고 본질적인 가치와 원칙을 지키는 자세는 사람들에게 더 큰 울림을 준다. 단기적으로 눈앞의 이익을 좇는 것이 성공의 길로 보일 수 있다. 하지만 역사는 기회주의자보다는 지켜야 할 원칙을 지킨 사람의 손을 들어 준다. 제갈량은 원칙을 지키는 리더십으로 사라지지 않는 이름을 얻었다.

"몸을 굽혀 온 힘을 다해 죽음에 이르러서야 그만둔다鞠躬盡瘁 死而後已."

제갈량, 《후출사표》

몽골 제국 건설

스스로 변화를 멈추지 마라

칭기즈 칸의 쇄신

"나는 내게 거추장스러운 것은 깡그리 쓸어버렸다. 나를 극복하자,

나는 테무친이라는 이름 대신 칭기즈 칸이 되었다."

칭기즈 칸

"모든 것을 뒤흔든 것은 완전히 새로운 제국(몽골)의 도래였다. 세계 역사에서 그 모습이 짧아, 어떤 이들은 일시적이라 하겠지만, (몽골 제국은) 모든 것을 바꾸었다. 그와 그의 후손들은 유라시아에 광대한 자유 무역 지대를 만들었다. 그리고 동양과 서양 문명 사이의 연결을 강화하였다."

1995년 12월 31일 자 〈워싱턴 포스트〉에서는 1001년부터 2000년까지 1,000년 간 역사적인 인물 중 몽골 제국의 황제 칭기즈 칸을 가장 중요한 인물로 선정하였다. 칭기즈 칸이 도덕적으로 뛰어나거나 똑똑해서가 아니다. 칭기즈 칸에 대한 전반적인 논조도 그리 호의적이지만은 않았다. 대량 학살을 자행한 그를 '깡패'라고까지 표현하기도 하였다. 하지만 기존 세계의 경계를 허물고 동양과 서양을 연결한 그의 업적만큼은 높게 평가하였다. 몽골 제국은 고대의 어떤 제국보다도 거대했고, 다리와 도로를 가장 많이 만들었다. 역대의 어떤 제국보다 자유로운 사상과 문화의 교류가 있었다. 칭기즈 칸은 동서양의 길을 열어 문명의 피가 흐르게 하였다.

칭기즈 칸Chingiz Khan, 1162-1227[1]은 부족 단위로 힘이 분산되어 이합집산하던 몽고 유목민 부족을 통일한 몽골 제국의 초대 황제이다. 그는 1206년에 몽골을 통일하고 제위(칸)에 올라 중국에서 아드리아해까지 제국의 영토를 확장하였다. 인류 역사상 가장 넓은 영토를 정복한 정복왕이었고, 동시대 공포의 학살자이기도 하였다. 그는 십자군이 10차례에 걸친 성전을 통해서도 복속시키지 못했던 바그다드를 단기간에 함락했고, 당시 최강국이었던 서하와 금나라를 여러 차례 쑥대밭으로 만들기도 하였다.

---

1 몽골어의 친(chin)은 '강하다', '단단하다', '두려움이 없다'는 의미이다. '늑대'를 가리키는 몽골어 '치노(chino)'와도 유사하다. 몽골족은 자신들을 늑대의 후손으로 여겼다. '칭기즈'는 샤머니즘의 광명의 신(Hajir Chingis Tengri)에서 유래했다고 보기도 한다.

칭기즈 칸은 제국 내에 단일 지폐를 유통해 문명 간의 교역을 촉진하였다. 그리고 제국 내의 다양한 종교를 그대로 인정해 불필요한 갈등이 일어나지 않도록 하였다. 세계적인 통신망을 구축했으며, 상인과 기술자를 우대하였다. 기존의 신분 질서나 권력 구조에서 억압받던 사람들은 그를 해방자, 영웅으로 치켜세웠다. 하지만 기득권 계층은 그를 사악한 악마로 생각하였다. 그도 그럴 것이 칭기즈 칸은 정복한 도시의 귀족은 씨를 말려 버렸기 때문이다. 페르시아인들은 칭기즈 칸에 대해 이렇게 서술하기도 하였다.

"그는 마법과 기만에 능하며, 몇 명의 악마를 친구로 두고 있다."

스스로 살아남아
실크로드를 정복한 제왕

칭기즈 칸의 원래 이름은 테무친이다. 테무친이라는 이름은 그의 아버지 예수게이가 전투 중에 사로잡아 죽였던 타타르족 적장의 이름인 테무친 우게를 따서 지었다. 적장의 당당함을 높이 사서 갓 태어난 아이에게 그 이름을 준 것이다. 죽인 적장의 이름을 타고났기 때문일까? 테무친의 운명은 평탄하지 않았다.

그의 어린 시절은 고난의 연속이었다. 타이치우드 부족 일부 집단의 우두머리였던 아버지가 살아 있을 때는 유복하였다. 하지만 아버지가

적인 타타르족에게 독살당한 뒤에는 자기 부족에게서 버림받았다. 이 시기에 테무친은 먹을 것이 없어 들쥐나 물고기, 새 등을 사냥해 가족과 연명하였다. 그런데 사냥감을 이복형 벡테르가 자주 빼앗아 가자 동생 카사르와 함께 그를 활로 쏘아 죽였다. 비록 이복형이지만 친족을 살해한 테무친은 초원의 법칙에 따라 언제든 죽임을 당할 수 있었다. 테무친 가족을 버린 타이치우드 부족은 사람을 풀어 테무친을 쫓았다. 테무친이 장성하면 부족에게 위협이 될 수 있기에 친족을 살해했다는 빌미로 그를 죽여 불안의 싹을 자르려 한 것이다.

테무친을 괴롭힌 것은 타이치우드 부족만이 아니었다. 테무친은 케를렌 강가에서 메르키트 부족에게 자기 아내를 빼앗겼다. 얄궂은 운명이었을까? 메르키트 부족은 지난날 테무친의 아버지 예수게이에게 결혼한 여인을 빼앗긴 바로 그 부족이었다. 그 여인은 테무친의 어머니였다. 메르키트 부족에게 공격받았을 때 테무친은 아내인 버르테, 계모인 소치겔을 포함해 가족 중 세 명의 여인을 빼앗기고 목숨만 겨우 건져 달아났다. 살아남기 위해서는 어쩔 수 없는 선택이었지만, 그에게 이 사건은 일생일대의 치욕이었다.

테무친은 아내를 되찾기 위해 아버지의 의형제였던 케레이트 부족의 옹 칸을 아버지로 모시고 도움을 구하였다. 그리고 자신과 어릴 때 의형제를 맺은 자무카에게도 구원군을 요청하였다. 테무친은 그들의 도움으로 메르키트족을 습격해 아내를 찾았지만, 아내는 이미 메르키트족의 아이를 임신한 상태였다. 테무친은 이 첫아들을 버리지 않고 받아들였다.[2] 아내를 되찾은 이 전투부터 테무친의 명성이 높아졌다. 테무친은 의형제 자무카의 부족에 들어가 조금씩 세력을 키우기 시작하였다. 그는 이 기간에 이후 평생 충직한 부하가 되는 젤메, 보오르추 등을 만나고, 자무카 집단 중 일부 귀족들을 포섭하면서 영향력을 확대하였다. 하늘 아래 두 개의 태양은 있을 수 없다. 테무친의 세력 확대에 위협을 느낀 자무카는 테무친에게 결별을 선언하였다. 아무리 의형제를 맺은 사이라도 리더가 둘이 될 수는 없었다.

1189년, 테무친은 추종자들을 모아 쿠릴타이[3]를 열고 이 자리에서 칸이 되었다. 옹 칸은 여전히 칭기즈 칸을 아들로 여기고 그다지 견제하지 않았다. 하지만 이 사건은 다른 몽골족 지도자들, 특히 독자적인 세력을 이끌고 있던 자무카에게는 엄청난 도전이었다.

이듬해에 칭기즈 칸의 부하가 자무카의 사촌 동생을 죽이는 사건이 일어났다. 그렇지 않아도 상대를 껄끄럽게 여기던 두 세력은 각각 3만여 명의 군사를 이끌고 격돌하였다. 이 전투에서 자무카 측이 대승을 거두었다. 이때 자무카는 승리의 기세를 몰아 치노스족을 공격해 잔인하게 죽여 버렸는데, 이 일로 몽골인들의 마음이 자무카에서 멀어졌다.

---

2 이 아이를 받아들이긴 했지만, 다른 사람의 자식이라는 사실만은 잊지 않았던 듯하다. 아들 이름을 나그네, 손님의 뜻인 '주치'로 지었다. 주치는 몽골 제국 건국과 확장 과정에서 피를 흘리지 않고 몽골의 오이라트족과 시베리아 남서부 지역을 복속하는 등 많은 공을 세웠으나 병에 걸려 칭기즈 칸보다 일찍 죽었다.
3 몽골족의 전통 회의 방식. 각 씨족과 부족의 장로가 모여 최고 지도자를 뽑고 중요한 일을 논하는 부족 회의체. 참석하는 것 자체가 곧 투표에 가까웠다.

칭기즈 칸에게는 오히려 전쟁에서의 패배가 이익이 되었다.

칭기즈 칸은 한 번의 패배에 주눅 들지 않고 다시 세력을 키우면서 실력자들을 제거해 갔다. 1194년에는 자기를 버렸던 타이치우드족을 쿠이텐 들판에서 격파하였다. 다음 해에는 세력을 잃었던 옹 칸을 도와서 복위시켜 주었다. 그런데 이 시기 옹 칸은 칭기즈 칸을 경계하기 시작하였다. 옹 칸은 이후 독자적으로 메르키트 족을 공격해 전리품을 독차지하고, 칭기즈 칸과 나이만족을 함께 공격할 때 그를 버리고 도망가 버렸다. 칭기즈 칸은 아버지로 모셨던 옹 칸과의 관계가 불편해졌다.

칭기즈 칸은 타타르족을 멸망시키고 타이치우드족도 복속시키는 등 세력을 날로 확장하였다. 옹 칸은 드디어 칭기즈 칸을 제거하기로 마음먹는다. 옹 칸은 칭기즈 칸과 결혼 동맹을 맺는 척하면서 칭기즈 칸을 급습했다. 칭기즈 칸은 가까스로 목숨을 건졌지만, 많은 병사를 잃었다. 그의 주위에는 19명의 지휘관이 남았다. 그들은 호수의 흙탕물을 나누어 마시면서 평생을 함께하며 몽골 통일의 대업을 이룰 것을 맹세하였다. 칭기즈 칸은 다시 군사를 모아 옹 칸의 케레이트족을 제압해 버린다. 이후 동나이만족, 메르키트족을 차례로 궤멸해 버렸다. 이후 자무카도 부하들의 배신으로 잡혀 왔다. 칭기즈 칸은 그에게 자신과 함께하자고 제안했지만, 자무카는 거절하였다. 대신 자무카의 소원대로 명예롭게 처형하였다.[4]

---

4 여기에서 '명예롭다'는 것은 '피를 흘리지 않는다'는 뜻이다. 자무카는 말굽에 밟혀서 죽는다.

1206년, 45세의 칭기즈 칸은 드디어 몽골족을 통일하였다. 그는 케레이트의 옹 칸, 자다란족의 자무카, 메르키트족 등을 모두 굴복시켰다. 그간 몽골족은 케레이트, 타타르, 나이만처럼 흩어져 있던 가문들의 힘을 하나로 통합하지 못하였다. 칭기즈 칸의 통일 이후 몽골은 100만여 명의 부족민, 가축 2,000만 마리를 봉한 거대한 세력이 되었다.

칭기즈 칸은 기존의 가문이나 혈통 중심의 체제를 완전히 바꾸어 버렸다. 그는 부족 중심의 시스템으로는 더 큰 세상으로 나갈 수 없다는 것을 알고 있었다. 유목민들은 그간 정착민들의 영향력에서 벗어나기 힘들었다. 정착민들은 부족 간의 알력 다툼을 조장하고 그 사이에서 이득을 취하였다. 몽골인들은 항상 배가 고팠다. 정착민들에 대한 복수, 풍요로운 자원에 대한 욕망이 칭기즈 칸과 그의 푸른 전사들을 움직였다.

통일 후 칭기즈 칸은 정예군만 40만 명에서 50만 명이 되는 탕구트족의 서하를 공격해 무너뜨렸다. 이 전쟁에서 몽골은 동서 무역로의 기득권을 얻어 냈다. 이후 금나라를 공격해 막대한 전리품과 공물을 챙겼다. 또한 서요, 호라즘 왕국, 오늘날 이란의 니샤푸르 성을 공격해 모두 승리하였다. 몽골에는 각지에서 수많은 공물이 흘러들어 왔고, 상인들의 교역이 활발하게 이루어졌다.

칭기즈 칸은 말년에 4명의 아들에게 제국을 나누어 주고 탕구트를 공격하러 가는 도중 말에서 떨어졌다. 어느덧 60대 중반의 나이가 된 칭기즈 칸은 낙마의 후유증을 이기지 못하고 눈을 감았다.

세계 최대 제국을 건설한
강력한 리더십의 비결

칭기즈 칸은 '최대', '최고'라는 수식어에 어울리는 리더였다. 인류 역사상 최대의 제국을 세워 오랫동안 지속하였다. 알렉산더나 나폴레옹, 히틀러 같은 리더가 나름 넓은 땅을 차지했지만, 그들이 차지한 땅을 모두 합쳐도 칭기즈 칸이 평정한 땅의 면적보다 좁다. 게다가 그들은 점령한 지역을 짧은 시간밖에 지배하지 못하였다. 몽골 제국은 인류 역사상 가장 큰 제국이었고, 1368년 명나라에 의해 멸망당할 때까지 약 150년간 존속하였다. "몽골 군대가 지나간 자리에는 풀 한 포기 남지 않는다"라는 말처럼 잔인하게 상대를 응징한 그를 마냥 찬양할 수만은 없다. 하지만 그에게도 배울 것은 배워야 한다. 칭기즈 칸에게는 무엇을 배울 수 있을까?

경계를 허물고 좋은 것을 받아들였다

"기술자를 죽이지 마라."

몽골인들은 초원에서 이렇다 할 문명을 이룬 것이 없었고 기술도 열악하였다. 칭기즈 칸은 글을 읽거나 쓰지도 못하였다. 여기에서 중요한 점은 칭기즈 칸 자신이 가진 것이 많지 않다는 사실을 명확하게 인지했다는 점이다. 부족한 것을 알기에 남의 좋은 점을 적극적으로 받아들였다. 몽골의 푸른 전사들은 전투에서 상대의 씨를 말려 버리는 것으로 유명하였다. 하지만 예외가 있었다. 바로 기술자이다.

무기 제조 기술자, 의사, 예언자, 천문학자, 판사, 사제, 상인, 통역사, 사냥꾼, 대장장이, 목수, 가수, 요리사, 광부, 염색 전문가 등 기술자의 범위는 상당히 넓었다. 칭기즈 칸은 한 번도 이전과 같은 방법으로 싸우지 않았다. 계속 진화하고 성장하였다. 대포 기술자를 사로잡으면 다음 전투에서 대포를 만들어 썼고, 공성 무기 기술자를 통해 무기를 확보해 성을 함락하였다.

1221년, 칭기즈 칸은 오늘날 이란 지역의 니샤푸르 성을 공격해 함락하였다. 이 전투에서 몽골군은 당시 첨단 기술을 총동원하였다. 창과 화살을 발사하는 기계, 석유에 불을 붙여 공격하는 기계, 성벽 공격용 사다리, 투석기 등 그간의 전투에서 배운 모든 기술을 활용하였다. 결과는 몽골군의 완벽한 승리였고, 니샤푸르 성에는 해골 피라미드가 만들어졌다.

초원은 사방이 트여 경계가 없다. 칭기즈 칸은 무식하였지만 의식의 경계가 없었다. 좋은 것은 이것저것 따지지 않고 흡수해서 자기 것으로 만들었다. 그는 제국 내에 종교와 언어, 문화 등의 자유를 주었다. 최고의 지위에 오른 뒤에도 자기 이름을 그냥 부르게 했고, 다른 사람의 말에 귀를 기울여 자기 것으로 만들었다. 경계를 허물고 좋은 것을 받아들이는 그의 태도는 몽골 제국을 강건하게 지탱하는 기초가 되었다.

자기의 장점을 극대화하였다

칭기즈 칸은 남의 좋은 것을 받아들이는 것뿐만 아니라 자기의 강점을 극대화하였다. 몽골군의 가장 큰 강점은 속도였다. 어릴 때부터 말타기에 익숙했던 그들은 뛰어난 기마술을 바탕으로 전쟁에서도 빠른 속도로 승리하였다.

그들은 보급이 끊어져도 두 달은 버틸 수 있었다. 그 비밀은 '보르츠'라는 육포이다. 몽골군은 소고기를 말안장 밑에 얇게 깔고 다니면서 부드럽게 만들어 유사시에 말 위에서 육포를 씹어 먹으며 이동할 수 있었다. 밥을 짓기 위한 거추장스러운 도구를 가지고 다니지 않아도 되었다. 제국 내에서는 역참 제도를 잘 활용해서 5킬로미터마다 사람과 말을 바꾸어 타고 달리도록 하였다. 10일이 걸리는 길을 하루로 단축할 정도로 신속한 통신망을 구축하였다. 이런 몽골인만의 강점은 몽골 제국을 오랫동안 유지하는 데 큰 힘이 되었다.

낡은 제도를 버릴 줄 알았다

"자격이 없는 십호장, 백호장, 천호장은 그 안에서 갈아치워라. 자신이 속한 십호장, 백호장, 천호장 외에는 누구도 섬겨서는 안 된다."

칭기즈 칸은 옛것에 집착하지 않았다. 그는 몽골을 완전히 능력 위주의 사회로 개편하였다. 기존의 씨족과 혈통을 중시하는 몽골 전통을 유지해서는 큰 제국을 효과적으로 다스릴 수 없었다. 칭기즈 칸은 천호제라는 탁월한 체제로 몽골 제국을 살아 움직이는 조직으로 만들었다.

천호제는 10진수를 기본으로 한 군사 행정 조직이다. 아르반(10호), 자군(100호), 밍간(1,000호), 투멘(10,000호) 단위로 리더를 세워 체계적으로 다스렸다. 각각의 리더는 구성원들이 민주적으로 뽑게 하되 리더가 선출되면 반드시 명령에 복종하게 하였다.

5분 통찰

탁월한 성과를 내기 위해서는 나를 먼저 잘 알아야 한다. '내가 가진 것과 가지지 못한 것은 무엇인가?', '내 장점은 무엇이고, 부족한 점은 무엇인가?'

칭기즈 칸은 자신에 대해 잘 알았다. 그리고 강점을 최대한 효과적으로 발휘하고, 단점은 과감하게 버렸다. 남의 장점을 적극적으로 받아들였고 부족한 점은 어떻게든 배워 자기 것으로 만들었으며 항상 머리를 말랑말랑하게 유지하였다.

그는 테두리 안에 갇히지 않았다. 경계를 허물었다. 자기만의 성벽을 만들고 그 안에서 안주하지 않았다. 말을 타고 광활한 벌판을 달리는 유목민의 DNA를 십분 활용하였다. 이런 자세를 가진다면 어떤 변화의 물결에 휩쓸리더라도 자신의 한계를 뛰어넘어 위대한 일을 해낼 수 있을 것이다.

"나에겐 특별한 자질이 없소, 나는 소 치는 목동이나 말을 모는 사람들과 똑같은 옷을 입고 똑같은 음식을 나누어 먹고 있소."

전진교 장춘진인에게 보낸 편지에서

조선의 해전

돈, 기술, 인맥도 이기는
승자의 조건

이순신의 정신력

"이순신은 지혜를 내고 지휘함에 하나의 실수도 없었다.

또한 용기를 내고 결단하면 그의 앞에 강한 적이 없었다."

이식, 《시장》

서울 한복판 광화문 앞에는 대한민국 국민들이 존경하는 인물 중 두 사람의 동상이 있다. 바로 세종대왕과 이순신 장군이다. 세종대왕은 조선 전기 어지러운 시국을 바로 잡고, 조선의 기틀을 세웠다. 이순신 장군은 임진왜란과 정유재란 때 열악한 조건의 조선 수군을 이끌고 왜군을 상대로 결정적인 승리를 거두었다. 바닷길을 틀어막아 왜군의 수륙 병진 작전을 저지하고 전쟁을 승리로 이끌었다.

칭기즈 칸의 후예들이 원나라를 세우고 고려를 침략했을 때 이순신 같은 영웅이 있었다면 어땠을까? 몽골군이 제아무리 강하다 하더라도 쉽사리 고려를 무너뜨리지 못했을 것이다. 불세출의 천재로 회자되는 제갈량은 내치에는 두각을 보였지만 실제 전쟁에서 극적인 승리를 거둔 경우는 드물었다. 한고조를 도와 한나라를 건국한 소하와 한신은 각각 보급과 군사를 이끄는 능력이 뛰어났다. 이순신은 소하나 제갈량의 행정적인 역량과 한신의 용병술을 모두 갖춘 장수였다.

서양에서 최고의 해군 지휘관으로 이름이 높은 사람은 넬슨 제독이다. 단재 신채호는 "만일 넬슨이 20세기에 충무공과 해상에서 서로 만나게 된다면, 필경 충무공의 아들뻘이나 손자뻘에 지나지 않을 것이다"라고 평하였다. 팔은 안으로 굽으니 우리 조상에게 더 후한 점수를 주는 것으로 볼 수도 있겠다. 하지만 이순신의 삶을 보면 그리 과장된 평가는 아닌 것 같다. 넬슨은 국가의 충분한 지원을 등에 업고 성과를 냈지만, 이순신은 거의 궤멸해 버린 수군을 이끌고 세계 해전사에 전설이 될 만한 업적을 남겼다. 심지어 이순신에게 철저하게 패배한 일본도 이순신을 높게 평하였다. 20세기 일본 해군의 전쟁 이론가 사토 데쓰타로는 이순신에 대해 이렇게 말하였다.

"내가 평생 경모하는 바다의 장수는 조선의 이순신이다. 넬슨은 인격이나 창의적 천재성에서 도저히 이순신 장군에 필적할 수 없다."

나라의 유일한 성웅이 남긴
강직한 행적

이순신李舜臣, 1545~1598은 1545년 한성부 건천동(현재 서울특별시 중구 인현동)에서 아버지 이정, 어머니 초계 변 씨 사이에서 셋째 아들로 태어났다. 원래 이순신의 집안은 문신 집안이었다. 그의 이름 가운데 '순舜' 자는 고대 중국의 전설적인 왕 순임금의 이름에서 따왔다. 그의 두 형 이희신과 이요신의 이름에도 각각 태호 복희와 요임금을 상징하는 '희羲', '요堯'라는 글자가 들어 있다.[1]

이순신은 무인 방진의 딸 상주 방 씨와 혼인하였다.

"방 안에 있는 화살을 가져오너라."

"여기 있습니다."

이순신의 아내가 어릴 때 집안에 화적떼가 들이닥쳤다. 방진은 방 안에서 화살을 쏘아 화적떼를 위협하였다. 화적떼는 방진의 활 솜씨를 두려워해 쉽사리 접근하지 못하고 있었다. 그러던 중 화살이 다 떨어졌는데, 이때 방 씨가 베틀에 쓰는 뱁대를 한아름 마루 위로 던지면서 화살이 잔뜩 있는 것처럼 속이는 기지를 발휘해 화적떼를 도망치게 하였다.

이런 처가의 영향이었을까. 이순신은 28세에 무과에 응시하였다. 그

---

1   "이순신의 형 이희신과 이요신은 모두 이순신보다 일찍 죽었다. 이순신은 형의 자식들을 자기 자식같이 아끼고 돌보았으며, 조카들을 모두 시집 장가보낸 다음에야 자기 자식들의 혼인을 치렀다." 유성룡, 《징비록》

런데 말에서 심하게 떨어져 버렸다. 지켜보던 사람들이 모두 그가 죽었다고 생각할 정도로 심각한 낙마 사고였다. 다행히 왼쪽 다리가 부러지는 정도의 부상이었다. 이순신은 버드나무 가지를 꺾어 다리를 동여매고 끝까지 시험을 포기하지 않았다. 그 모습을 보던 이들이 그 의지를 칭찬하였다.

이순신은 절치부심 끝에 4년 뒤 식년시 무과에 병과로 급제하였다. 갑과, 을과보다 후순위가 병과다. 썩 빼어난 성적은 아니었다. 하지만 무인답지 않게 문재가 뛰어나 시험관들을 놀라게 하였다.[2]

> "나와 같은 성씨라서 만나볼 수 있지만, 그가 이조판서로 있는 동안에는 만나는 것이 옳지 않다."

> 이분, 《행록》

이순신이 관직 생활을 시작했을 때 율곡 이이는 이조 판서였다. 율곡은 이순신이 종씨임을 알고 이순신의 지인 유성룡을 통해 그를 한번 만나고 싶다고 알렸다. 하지만 이순신은 인사권을 가진 이조 판서와 만나는 것을 거절하였다. 그는 의롭지 못한 일이 될 만한 모든 빌미를 일체 차단하였다. 이순신은 강직한 성격 때문에 세운 공에 비해 충분한 상을

---

2 한고조 유방을 도와 천하를 통일한 장량이 적송자를 따라가 놀았다는 고사가 있다. 이에 대해 시험관이 이순신에게 "장량이 과연 죽지 않았을까?"라고 물었는데, 이순신은 《자치통감강목》에 '임자년에 장량이 죽었다'라고 하였으니, 신선을 따라갔다 하여 죽지 않았을 리가 없다"라고 대답하였다. 시험관들은 "이것을 어찌 무인이 알 수 있다는 말인가" 하고 놀랐다.

받지 못하고 고생하기도 하였다. 이런 일은 그의 삶에서 여러 차례 반복된다.

이조 판서만 이순신에게 퇴짜를 맞은 것이 아니었다. 병조 판서 김귀영은 자기 서녀를 이순신의 첩으로 주려고 하였다. 이순신은 일언지하에 거절하였다.

"벼슬길에 갓 나온 사람이 권세가의 집에 발을 들여놓아서야 되겠는가."

이분, 《행록》

정승도 예외가 아니었다. 한번은 정승 유전이 이순신에게 좋은 화살통이 있다는 것을 알고 그것을 달라고 청하였다.

"화살통을 드리기는 어렵지 않습니다. 하지만 대감께서 받은 걸 사람들이 어떻게 생각할 것이며, 소인이 바치는 것을 무어라 하겠습니까?"

이분, 《행록》

유 정승은 "자네의 말이 옳다"라며 인정해 주었다.

이순신은 자신의 원칙을 지키는 데 상대의 지위 고하를 따지지 않았다.

"직급이 아래인 자를 위로 올리면, 당연히 승진할 사람이 승진하지 못하니 공평하지 않습니다. 게다가 법을 바꿀 수도 없습니다."

이분,《행록》

　35세에 훈련원 봉사로 있을 때는 병조 정랑 서익이 자기와 가까운 이를 진급시키려 하자, 담당관이었던 이순신이 강하게 반대하였다. 서익이 힘으로 누르려고 했지만 실패하자 훈련원 사람들은 '병조 정랑이 일개 봉사에게 굴복당했다'고 말하였다. 서익은 이 일로 이순신에게 원한을 품고 3년 뒤 복수한다. 이순신이 발포 만호[3]로 있을 때 군기를 보수하지 않았다는 죄목을 들어 파직해 버린 것이다. 주변 사람들이 뇌물을 쓰라고 했지만, 이순신은 "죽으면 죽는 것이지, 어찌 구차하게 모면하려 하겠는가" 하며 일축하였다.

　이순신을 흠모하는 사람도 있었지만, 어떤 이들은 두려워하거나 시기했다. 문제는 시기하는 자가 상관일 때였다. 이순신은 39세에 함경북도 북쪽 건원보의 권관(종9품 무관직)이 되었다. 당시 오랑캐 울지내는 북쪽 지역의 큰 골칫거리였다. 이순신은 기동력이 뛰어난 오랑캐를 넓은 지역에서 상대하지 않고 계책을 써서 유인했고 복병을 활용해 사로잡았다. 조정에서는 울지내를 사로잡은 이순신에게 큰 상을 내리려고 하였다.

3　조선 시대 수군의 관직. 본래 통솔하는 민호의 수에 따라 만호, 천호, 백호 등으로 불렸는데, 차차 민호의 수와 관계없는 직책으로 변하였다.

"병사에게 고하지 않고 함부로 큰일을 저질렀습니다."

이분, 《행록》

그런데 병사였던 김우서가 이순신을 시기하여 장계를 올렸다. 결국 이순신은 큰 공을 세우고도 상을 받지 못하였다. 엎친 데 덮친 격으로 그해 겨울에 부친이 아산에서 사망하였다. 이순신은 관직에서 물러나 삼년상을 치렀다.

42세가 되던 해에 이순신은 삼년상을 마치고 함경도 두만강 국경 요새 조산보의 만호로 임명되었다. 그리고 다음 해에는 두만강 녹둔도의 둔전관까지 겸임하였다. 녹둔도는 조산보에서 30리 정도 떨어진 섬이었는데 여진족이 이곳을 자주 습격하였다. 지키는 병사는 적고, 빼앗을 것이 있으니 당연한 일이었다. 이순신은 병사 이일에게 여러 차례 녹둔도의 병력을 증원해 줄 것을 요청했지만 묵살당하였다. 아니나 다를까, 가을에 여진족이 녹둔도를 공격해 왔다. 이순신이 여진족 지휘관들을 활로 쏘아 거꾸러뜨리자 적들이 달아났다. 이 전투로 피해를 입었지만, 이순신이 적을 추격하여 사로잡힌 아군 60여 명을 송환하는 공을 세웠다.

하지만 병사 이일은 억지를 부렸다. 이순신에게 패했다는 진술서를 쓰게 하고, 죄를 뒤집어씌워 그의 입을 막으려 하였다. 이순신은 병력을 증원해 달라고 한 공문을 보여 주며 저항했지만, 결국 이 일로 백의종군하게 된다. 이때가 그의 첫 백의종군이었고, 곧바로 여진족과의 전투에서 공을 세워 백의종군에서 풀려났다.

풍전등화의 위기에서
나라를 구한 창의적 천재

이순신은 북방에서의 기억을 뒤로하고 전라도에 배치되었다. 45세에 정읍 현감을 거쳐 47세에는 유성룡의 추천으로 전라좌도 수군절도사에 임명되었다. 이때가 임진왜란이 일어나기 1년 전이다. 이순신은 왜적의 침략을 예견하고 무기와 장비를 보수하였다. 이분의 《행록》을 보면 철 쇄를 만들어 앞바다에 걸쳐 두었다는 기록도 있다. 해전을 대비한 전함 도 만들었는데 거북선도 이 무렵 완성했을 것으로 보인다.

적의 기세가 자못 맹렬해 나라가 위급하게 되었다. 이런 때를 당해 어 찌 다른 도의 장수라고 핑계 대면서 자기 경계만 지키고 있을 것인가?

이분, 《행록》

1592년 4월 13일, 임진왜란이 발발하였다. 일본군은 눈 깜짝할 새에 한 양까지 치고 올라갔고, 임금은 도읍을 버리고 북쪽으로 향하였다. 5월, 이순신은 전라좌도 수군을 이끌고 있었지만, 경상우수사 원균의 요청으 로 경상도 해역으로 출정하였다.

5월 1차 출전에서는 옥포와 합포에서 왜선 30여 척을 무찌르고 적진 포에서도 10여 척을 격파하였다. 같은 달 2차 출전에서는 거북선을 앞 세워 사천에서 왜선을 13척 격파하였다. 이때 이순신은 왼쪽 어깨에 적의 탄환을 맞아 상처에서 흘러내린 피가 발뒤꿈치까지 적셨지만, 종일 전투를 지휘하였다. 6월 당포해전에서는 적선 21척을 불태워 버리고 적장을 사살하였다. 이때 도요토미 히데요시가 적장에게 준 금부채를 얻기도 하였다.

"적이 오면 싸울 뿐이다."

이분, 《행록》

당포해전 당일 조선 수군들이 전투 뒤에 기진맥진해 있을 때 갑자기 적이 쳐들어온다는 급보가 들어왔다. 전투에서 승리는 했지만, 모두가 지쳐 있던 터라 장졸들이 당황하였다. 이때 이순신은 노한 목소리로 부하들을 독려하고, 직전 전투에서 빼앗은 적장의 배에 불을 질러 쌓아 두었던 화약이 폭발하게 하였다. 그 모습을 바라보던 왜군들은 뱃머리를 돌렸다. 지친 아군의 사기를 올리고 적의 의욕을 꺾어 버리는 계책이었다. 이후 당항포 해전에서는 적선 26척을 수장하였다.

7월, 이순신은 한산도 대첩에서 크게 승리하였다. 한산도 대첩은 임진왜란 3대 대첩 중 하나로, 조선 수군은 70여 척의 적선을 격파하고 일본 수군을 거의 궤멸 상태로 만들었다. 이후 이순신은 확실한 무력 과시를 위해 일본의 본진인 부산포로 출정해 적에게 화포 세례를 퍼부었다. 이때 정박해 있던 적의 배 100여 척을 격침하였다.

이순신은 이후에도 연승 행진을 이어 갔고, 1593년에 삼도 수군통제

사로 임명되었다. 수군으로 배치된 지 1년밖에 지나지 않은 시점이었다. 이후 전세는 바뀌어 명과 일본은 강화 교섭을 진행했는데 끝내 결렬되었다. 1597년 정유재란이 발발하였다. 이때 일본은 만반의 준비를 하고 쳐들어왔다. 작전 중 하나가 이순신을 제거하는 것이었다. 왜군은 임진왜란 때 바닷길이 번번이 막혀 육군에게 보급을 제대로 하지 못했고, 수륙 병진 전략을 제대로 실행하지 못해 무너진 뼈아픈 기억이 있었다. 그들은 무력으로 이순신을 이기는 것이 불가능했기에 계략을 썼다.

일본의 장수 고니시 유키나가는 요시라를 시켜서 경상좌병사 김응서를 통해 도원수 권율에게 정보를 흘렸다. 당시 고니시 유키나가는 가토 기요마사와 경쟁 관계였는데, 가토 기요마사의 출항 경로와 시기를 알려 주어 공격하라고 한 것이다. 조정에서는 고니시의 제안이 계략인지 아닌지 판단하기 위해 갑론을박하였다. 결국 선조는 이순신의 수군에게 가토 기요마사에 대한 공격 명령을 내렸다. 이순신은 적의 계략에 넘어갈 수 없다고 판단하고 명령을 이행하지 않았다. 자기 몸을 보존하기 위해 부하들의 목숨을 내놓을 수는 없었다.

"죽고 사는 것은 하늘에 달려 있으니, 죽어야 한다면 죽어야지요."

이분, 《행록》

이순신은 적을 놓친 죄로 심문받게 된다. 이때 수군 장수들의 친척 중에 한양에 거주하던 이들이 이순신 때문에 친척이 해를 당하지 않을까 걱정하였다. 하지만 이순신은 사실만을 정연하게 진술하고 그 누구도 연루되지 않도록 하였다. 많은 이가 탄복해 이순신의 얼굴만이라도 한 번 보려고 하는 사람도 있었다.

"무너지는 슬픔에 밖으로 달려 나가 가슴을 치며 발을 굴렀다. 하늘의 해가 까맸다."

이순신, 《난중일기》

이순신은 특사를 받아 도원수 권율 밑에서 백의종군하게 되었다. 하지만 그의 고난은 여기에서 끝이 아니었다. 이순신이 백의종군의 명령을 받은 지 10일 뒤에 어머니가 세상을 떠났다. 3개월 뒤 7월 16일에 이순신의 후임으로 삼도 수군통제사가 된 원균이 칠천량 해전에서 대패하고 전사하였다. 그간 이순신이 모아 둔 함선, 보급품, 군량, 화약, 총통, 훈련된 수군이 모두 사라져 버렸다. 조선 수군이 거의 전멸해 버렸다.

"지난번 그대의 직을 갈고 죄인의 이름으로 백의종군하게 한 것은 역시 사람의 지모가 밝지 못해 생긴 일이었다."

〈삼도 수군통제사 재임명 교서〉에서

칠천량 해전 이후 이순신은 다시 삼도 수군통제사로 임명되었다. 아무것도 남지 않은 수군을 재건하고 일본군을 막아야 하는 상황이었다.

조정에게 남은 카드는 이순신밖에 없었다. 재임명하는 교서에 임금이 사과하는 내용을 담을 정도로 사태가 급박하였다. 이순신은 남아 있는 배와 군사, 군량, 무기 등을 수습하였다. 하지만 이분의 《행록》에 따르면, 조정에서는 수군이 너무 약해 더는 제구실하지 못할 거라 판단하고 이순신에게 권율 부대에 합류해 육지에서 싸우라는 명령까지 내렸다.

"신에게는 아직 전선 12척이 남아 있습니다. 죽을힘을 다해 싸우면, 충분히 이길 수 있습니다. 신이 죽지 않는 한 감히 적이 우리를 업신여기지는 못할 것입니다."

<이순신의 장계>에서

이순신은 장계를 올리고 적이 호남을 침범하지 못하도록 수군으로 길목을 지키려 하였다. 1597년 9월 16일, 왜군 전선 330여 척이 진도 울돌목에 나타났다. 울돌목은 폭이 좁고 물살이 빨라 적은 수의 아군 전선으로 적의 이동을 저지할 수 있는 곳이었다. 이순신은 명량해전에서 13척의 판옥선으로 133척의 왜선과 싸워 31척을 격침하였다.[4] 조선 수

4 《난중일기》에 133척으로 기록되어 있다. 실제 출동한 일본 전선 수는 330여 척이지만 이중 실제 교전한 전선의 수를 133척으로 본다. 왜군 후방에 있던 주요 장수들이 부상당하거나, 물에 빠졌다가 구출되었다는 기록이 있는 것을 보면 실제로는 333척의 왜군이 거의 궤멸되었다고 볼 수 있다. 명량해전에서 조선 수군의 승리는 세계 해전사에서도 보기 드문 대승이다. 전력 차이도 엄청나지만, 조선 수군의 피해는 난중일기의 기록으로 볼 때 2명에서 10명이 전사, 3명 부상으로 극히 미미하다.

군은 칠천량 해전에서의 패배와 적의 규모에 두려움에 질려 있었지만, 이순신은 전략적으로 유리한 위치를 이용해 적을 섬멸하였다. 특히 전투 초반에 대장선으로만 적을 막아 내어 전멸에 대한 두려움으로 움직이지 않던 부하 장수들을 전장에 뛰어들게 한 지휘력을 보였다. 전투 중반 이후 울돌목의 물살의 방향이 바뀌면서 적들은 자기 선박들끼리 부딪치며 자멸하였다.

불확실한 상황을
이기는 확실한 전략

이순신은 명량해전 이후 고금도, 절이도 등에서 연전연승했지만, 도요토미 히데요시 사망 후 퇴각하는 왜군을 섬멸하던 중 노량해전에서 총탄에 사망하고 말았다. 이순신은 총탄에 맞고도 수군의 사기와 승리를 생각해 마지막 순간까지 온 힘을 다하였다. 이순신은 짤막한 한마디를 유언으로 남기고 바로 숨을 거두었다.

"싸움이 한창 급하다. 내가 죽었다는 말을 하지 말라."

이분,《행록》

이순신은 왜란 중에 바다에서 싸울 때마다 이겼다. 풍전등화인 조선을 위기에서 구해 냈다. 임금을 비롯한 수많은 조정 신하의 시기와 질투에도 꿋꿋하게 자기 자리를 지키면서 왜적을 물리쳤다.[5] 조선군은 수군의 승리로 연전연패하던 지상전에서도 저력을 발휘하였다. 당시 백성들은 임금보다 이순신을 더 믿고 의지하였다. 1592년 5월 이순신의 출격으로 왜군의 전략은 조금씩 무너지기 시작했고, 1598년 이순신의 죽음으로 전쟁은 끝이 났다.

이순신은 두 차례의 왜란에서 온 힘을 다해 일심으로 나라를 구한 창의적 천재다. 그에게서 배울 점은 무엇인가?

이기는 조건을 만들어 두고 싸웠다

一曰道 二曰天 三曰地 四曰將 五曰法

(일왈도 이왈천 삼왈지 사왈장 오왈법)

(전쟁 전에 살펴야 할 것은) 첫째는 도道, 둘째는 하늘天, 셋째는 땅地, 넷째는 장수將, 다섯째는 법法이다.

손자, 《손자병법》, [시계]

《손자병법》에서는 '도천지장법'의 다섯 가지를 전쟁 전에 잘 살펴야 한다고 말한다. '도道'는 '백성과 군주가, 부하들과 장수가 뜻을 함께하

---

5   선조는 자신은 도성을 버린 비열한 군주라는 오명을 얻은 데 반해, 이순신은 백성들의 절대적인 지지를 받아 심기가 불편하였다. 그는 이순신을 삼도 수군통제사로 복귀시킬 때도 기존의 정2품을 주지 않았고, 명량해전의 승리도 별것 아니라며 깎아내리기 급급하였다. 오히려 명나라의 관리들이 이순신을 크게 포상하라고 할 정도였다.

는 것'이다. 전쟁에서 아무리 좋은 조건을 갖추었더라도 전쟁에 참여하는 사람들이 뜻을 함께道 하지 않으면 승리할 수 없다. 이순신은 "필사즉생 필생즉사(必死則生 必生則死, 죽고자 하면 살고, 살고자 하면 죽을 것이다)" 정신과 "나라를 지켜야 한다"라는 명분을 강조하며 장졸들을 격려해 한뜻이 되도록 하였다.

'천天, 지地'는 '천시'와 '지리', 곧 '때'와 '지형'이다. 이순신은 자신에게 유리한 전장을 잘 선택하였다. 싸울 곳의 선택권을 상대에게 넘겨주지 않았다. 여진족 울지내를 사로잡을 때는 말이 달리기 불편한 곳으로 유인하였다. 한산도 대첩에서는 견내량에 매복하듯이 틀어박혀 있던 왜군을 한산도 앞바다로 끌어내 학익진을 펼쳐 화포 세례를 퍼부었다. 상대의 강점을 무력화하고 원하는 전장으로 이끌어 낸 것이다.

'장將'과 '법法'은 장수와 군율, 지휘 계통, 시스템 등을 말한다. 지휘관이 아무리 훌륭해도 부하 장수들이 잘 훈련되어 있지 않으면 군대 전체가 유기적으로 활동할 수 없다. 이순신은 솔선수범과 엄격한 군율로 장졸들을 잘 훈련하였다. 이와 더불어 인정과 의리를 보여 부하들에게 감동을 주었다. 부산포 해전에서 녹도 만호 정운이 탄환에 맞아 숨졌는데, 이순신은 슬퍼하면서 직접 글을 지어 제사를 지냈다. 전투에서도 항상 솔선수범하였다.

"이순신은 전투를 벌일 때 항상 장졸들과 함께 활을 쏘았다."

윤휴, 《통제사 이충무공 유사》

불리한 상황에서도 어떻게든 승리할 조건을 만들었다

"이순신은 진중에 있으면서 늘 군량을 걱정하였다. 백성들을 모아 둔전을 짓게 하고, 고기를 잡게 하였다. 소금을 굽고 질그릇을 만드는 일에 이르기까지 하지 않는 일이 없었다. 그것을 배로 실어 내 판매하니, 몇 달이 채 되지 않아 쌓인 곡식이 수만 석이 되었다."

이분, 《행록》

"이순신은 고금도에 주둔하고 있었는데, 휘하 병사가 8,000여 명에 이르렀다. 부족한 군량 문제를 해결하기 위해 통행증을 만들기로 하였다. 열흘도 채 안 되어 1만여 석의 양식이 모였다."

유성룡, 《징비록》

전쟁이 장기화되면 결국 중요한 것은 경제력이다. 기초 체력이 튼튼해야 오래 버틸 수 있다. 명량해전 같은 극적인 승리만 기대서는 전쟁에서 이길 수 없다. 국력 자체가 강해져야 한다. 이순신은 특히 보급에 신경 썼다. 제갈량과 비슷한 고민을 하였다. 왜군과 싸우면서도 둔전을 경작하고 수군의 보급품 조달을 위해 항상 신경 썼다. 기초가 튼튼한 군대를 만든 것이다.

이순신은 불리한 상황을 탓하지 않고 어떻게 해서든 헤쳐 나갈 궁리를 하였다. 돈이 없으면 돈을 벌어들이고, 곡식이 부족하면 곡식을 구하였다. 전쟁에서 패한 장수들이 흩어지면 그들을 끌어모았고, 거드름 피우는 명나라 제독의 심기를 불편하게 하지 않으면서도 공을 넘겨주

어 자기편으로 만들었다.[6]

창의력을 발휘해 항상 더 나은 것을 구하였다

흔히 '이순신' 하면 '거북선'을 떠올리는데, 조선 수군의 주력은 어디까지나 판옥선이었다. 판옥선은 양 측면으로 다량의 화포를 쏠 수 있는 구조였다. 조선 수군에 비해 작은 크기의 왜선을 격침하기 좋은 전선이었다. 하지만 거리가 좁혀진 뒤 백병전에서는 판옥선도 크게 힘을 쓰기 어려웠다.

근접전에서 왜군이 배에 뛰어드는 공격을 막기 위한 배가 거북선이었다. 거북선은 왜선들 한가운데로 돌진해 좌충우돌하면서 적을 교란하기에 좋은 돌격선으로 수군에 큰 힘이 되었다. 이순신은 거북선으로 적의 진영을 교란하고, 판옥선으로 마치 성채같이 진을 갖추어 화포로 공격하는 전술을 중심으로 왜군을 격파해, 23전 23승의 업적을 이루었다.

이순신은 자신의 병영에서 천자총통, 지자총통 같은 무기를 직접 만들었다. 조총의 구조를 연구해 제작하고, 왜군에 맞설 무기로 만들자고 제안하기도 하였다.

---

6   명나라 수군 제독 진린이 지원을 왔을 때 이순신은 다음과 같이 말하며 전투에서 얻은 전리품을 모두 넘겨 체면을 살려 주었다. "명나라 대장으로 와서 바다 도적을 무찌르는 것이니, 이곳 진중의 모든 승첩은 바로 대인의 승첩입니다. 우리가 베어 온 적의 수급을 모두 대인께 드리겠소. 여기 온 지 며칠 지나지 않아 황제에게 공로를 아뢰면 얼마나 좋은 일이겠소." 이분,《행록》

"조총 여섯 자루를 봉인해 올려 보내니, 각 도와 고을에서 제조할 수 있도록 조정에서 명을 내려 주십시오."

1593년 8월 〈이순신의 장계〉에서

또한 '운주당'이라는 일종의 전략 연구실을 만들어 누구나 들러 자신과 전략에 대해 의견을 나눌 수 있도록 하였다. 병사들이라도 마찬가지였다. 그는 더 나은 전략을 끊임없이 연구하였다.

"공은 운주당에서 밤낮없이 장수들과 전술을 연구하였다. 군사에 관한 일이라면 병졸이라도 언제든 자유로이 들러 의견을 말할 수 있었다. 그리하여 모든 병사가 군사에 정통하게 되었다. 전투에 앞서 장수들과 의논해 전략을 짰기 때문에, 전투에서 패하는 일이 없었다."

이분, 《행록》

5분 통찰

어떤 상황에서든 중요한 것은 리더의 정신력이다. 이순신은 객관적으로 불리한 상황에서도 승리를 이끌었다. '해야만 한다'는 절박함에서 상황을 이길 수 있는 전략이 나온다. 《난중일기》를 보면 이순신은 자주 아팠다. 위가 좋지 않았고, 먹는 음식의 양도 많지 않았다. 적게 먹고 일은 많이 하니 주변 사람들이 걱정하였다. 옥사를 치른 뒤로는 몸이 더욱 쇠약해져 자주 병에 시달렸다. 노량해전에서 적의 총탄에 유명을 달리하지 않았더라도 그리 오래 살지 못했을 것 같다. 하지만 초인적으로 많은 일을 해냈다. 한번은 전염병에 걸려 병세가 위중하였다. 자제들이 휴식을 청했는데 이때 답한 이순신의 말을 새겨 보자.

"적을 상대하는 사이의 승패는 한순간에 결정된다. 장수 된 자가 죽지 않았는데 어찌 누울 수가 있단 말이냐."

이분, 《행록》

3장

변화에 대처하는
기준이
필요할 때

사람을 움직이는 철학 편

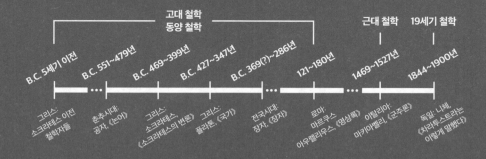

고대 철학
동양 철학

근대 철학   19세기 철학

B.C. 5세기 이전

B.C. 551~479년

B.C. 469~399년

B.C. 427~347년

B.C. 369(?)~286년

121~180년

1469~1527년

1844~1900년

그리스:
소크라테스 이전
철학자들

춘추시대:
공자, 《논어》

그리스:
소크라테스
《소크라테스의 변론》

그리스:
플라톤, 《국가》

전국시대:
장자, 《장자》

로마:
마르쿠스
아우렐리우스, 《명상록》

이탈리아:
마키아벨리, 《군주론》

독일: 니체,
《차라투스트라는
이렇게 말했다》

소크라테스 이전 철학자들

어떤 기준을
세울 것인가

철학자의 견해

> "당신이 같은 강물에 두 번 발을 담글 수 없는 이유는
> 늘 새로운 강물이 당신에게 흘러들기 때문이다."
>
> 헤라클레이토스

'저것은 무엇일까?'

'나는 무엇일까?'

인간이 품을 수 있는 근원적인 철학적 질문은 자연과 인간 자신에 대한 것이 아닐까? B.C. 5세기에 소크라테스가 활동하기 이전의 철학자들은 자연에 대한 왕성한 호기심을 바탕으로 개성 있는 생각을 발전시

컸다. 중요한 것은 그들이 던진 질문이었다.

'무엇이 실재하는가?'

'실재는 하나인가, 여럿인가?'

'그것은 어떻게 만물을 생성하고, 변화시키는가?'

'만물의 생성은 우연한 사건인가, 필연인가?'

이 질문들에 대한 대답에 따라 다양한 철학이 전개되었다.

인류 생각의 역사

"만물의 근원은 물이다."

탈레스

B.C. 6세기경, 오늘날의 터키 서남쪽 해안 도시 밀레토스는 정치적으로는 불안정했지만, 동서양의 교역이 활발하게 일어나 번영하고 있었다. 지적인 자극이 충만한 이곳에서 탈레스Thales, B.C. 624?~546?를 중심으로 '무엇이 실재하는가?'라는 철학적인 질문을 던지며 밀레토스 학파가 형성되었다.

탈레스는 만물의 근본적인 원인을 모든 생명의 원천인 물이라고 보았다. 그는 땅이 물 위에 떠 있다고 주장했고, 철을 움직이는 힘을 가진 자석 안에는 영혼이 있다고도 생각하였다. 오늘날 과학적인 관점에서는 황당한 주장이지만, 최초로 만물의 근원을 탐구했다는 사실이 중요하다.

"만약 그 (특정한 요소, 실체) 가운데 어느 하나가 무한했다면, 나머지 요소들은 지금쯤 존재하지 않았을 것이다."

아낙시만드로스

'만물이 물이라고?' 탈레스의 제자인 아낙시만드로스Anaximandros, B.C. 611~549는 스승의 너무나도 단순한 견해에 의문을 제기하였다. 세상이 우리가 익히 알고 있는 물과 같은 '제일 실체primary substance'에서 비롯되었다면, 그 실체가 나머지 요소들을 집어 삼켰을 것이다. 요소 간의 대립 투쟁에서 그것만 남고 나머지는 사라졌어야 했다. 물이 불을 꺼버리듯, 세상에는 불이 존재해서는 안 된다. 물만 남는 것이 자연스럽다.

하지만 현실에는 물과 불, 뜨거운 것과 차가운 것, 무거운 것과 가벼운 것 등 여러 요소가 공존하지 않는가? 그러므로 제일 실체는 우리가 알기 힘든 그 무엇, 즉 비결정적 무한성이다. 존재하지는 않지만, 한쪽으로 성질이 치우치지 않은 중립적인 실체가 있다는 것이다. 아낙시만드로스는 단순하게 물에서 만물이 생겨났다는 스승의 견해에 반기를 들었다.

"공기로 이루어진 우리 영혼이 우리를 결합하는 것과 마찬가지로 숨과 공기가 전 세계를 에워싸고 있다."

아낙시메네스

'존재하지 않는 게 존재를 만든다고?' 아낙시메네스Anaximenes, B.C. 585-528는 아낙시만드로스의 견해에 반발하였다. 상상 속 무한성이 존재하는 만물의 원인이 될 수 없다는 것이다. 그는 스스로 존재하면서 만물을 에워싸고 있는 공기야말로 제일 실체라고 주장하였다. 그는 영혼은 공기이고, 불은 희박해진 공기라고 생각하였다. 재미있는 점은 공기의 응축 정도에 따라 모든 만물이 형성된다는 것인데, 수축하면 고체가 되고, 팽창하면 불이 된다는 설명이다.

밀레토스 학파가 설명하는 세상의 근본이 오늘날의 관점에서는 썩 만족스럽지 않다. 하지만 그들의 철학적인 시도만큼은 높이 평가할 만하다.

"강한 신체보다 강한 정신을 택하라."

피타고라스

피타고라스Pythagoras, B.C. 570?~497?는 밀레토스 학파와는 전혀 다른 차원에서 만물의 실재에 대해 고민하였다. 그는 눈에 보이는 세계를 허상이나 환상으로 보았고, 실재하는 것은 추상적인 '수'라고 주장하였다.

물질은 허상이기에 물질적인 이익보다는 정신적인 가치를 추구하는 것을 우선시하였다. 피타고라스는 인간이 이 세상에 다니러 온 손님이라고 생각하였다. 그에게 육체는 영혼의 무덤과도 같은 것이었다.

피타고라스의 사상을 비유로 더 알아보자. 세상에는 세 종류의 사람이 있다. 경기장에 사람들이 모여 있다. 가장 낮은 계급은 물건을 사고팔기 위해 모였다. 그들에게는 물질적인 이익이 전부이다. 그들에게는 육체, 물질, 이익 같은 것이 중요하다. 그 위의 계급은 경기 참가자들이다. 그들은 경기에 몰입해 뛰면서 땀 흘린다. 경기 자체에서 만족을 얻는다. 하지만 아직 이들은 현실에 매몰되어 있다. 가장 높은 계급은 그저 구경하러 온 사람들이다. 그들이야말로 세속에 물들지 않고, 세상을 관조하면서 자신을 물질에서 해방하는 존재들이다.

피타고라스는 인간의 모든 활동 중에서 세속에 자신을 물들이지 않는 학문만이 인간을 잘 정화할 수 있다고 보았다. 학문에의 헌신이야말로 가장 효율적으로 수레바퀴 같은 탄생과 죽음의 질곡에서 벗어나게 하는 길이라고 생각하였다. 물질적인 욕구보다 보편적인 가치와 사유를 중시하는 피타고라스의 이런 태도는 이후 서양 지성사에 많은 영향을 준다.

"세계는 일찍이 불이었으며 지금도 불이고 앞으로도 언제나 살아 움직이는 불로써, 법칙에 따라 타고 꺼지기를 반복한다. 같은 강물에 두 번 발을 담글 수 없다."

헤라클레이토스

헤라클레이토스Herakleitos, B.C. 540~480는 태초 원소를 불로 보고, 모든 것은 끊임없이 변화한다고 하였다. 그는 만물이 새롭게 생성, 소멸하는 게 아니라 단지 변화하는 것이라고 말하였다. 그는 원래부터 불이었던 세계가 현재도 불이고, 앞으로도 언제나 살아 움직이는 불이라고 생각하였다. 즉 만물은 마치 강물이 흘러가는 것처럼 끊임없는 흐름 속에 있다는 것이다.

엘레아학파의 수장인 파르메니데스Parmenides, B.C. 515~?는 만물이 변한다는 헤라클레이토스의 주장에 아무것도 변하지 않는다고 반박하였다. 그는 불변하는 일자One를 강조하면서 마치 변화하는 것처럼 보이는 현상은 그림자가 달라지는 것과 같은 허상일 뿐 실재는 변하지 않는다고 주장하였다.

파르메니데스의 일원론은 필연적으로 다원론의 반격을 받을 수밖에 없었다. 엠페도클레스Empedokles, B.C. 490~430는 흙, 공기, 불, 물 네 가지 근본 물질이 사랑의 힘으로 결합하고, 다툼의 힘으로 분리되면서 만물이 생성된다고 보았고, 아낙사고라스Anaxagoras, B.C. 500~428는 이성적 원리인 정신이 질료라는 실재를 움직여 사물을 생성한다고 보았다.

데모크리토스Demokritos, B.C. 460~360는 일원론과 다원론을 종합하면서 근대 과학과 가장 유사하면서도 철저한 유물론에 가까운 원자설을 주장하였다. 그는 물리적으로 쪼개질 수 없는 원자(일자, One)가 공간에서 충돌하면서 사물과 궁극적으로는 세계가 만들어진다고 보았다. 재미있는 점은 여러 세계가 만들어지면서 어떤 세계는 성장하고, 어떤 세계는 파괴된다는 것이다. 이런 생각은 고대의 어떤 철학자의 생각보다 논리적으로 보인다.

5분 통찰

고대 철학자들의 서로 물고 뜯기는 사유의 전쟁터를 둘러보았다. 밀레토스 학파에서는 물, 비결정적인 무한성, 공기가 실체라고 주장하였다. 피타고라스는 추상적인 수를, 헤라클레이토스는 불을 실재로 보았다. 파르메니데스는 일원론을, 엠페도클레스와 아낙사고라스는 다원론을 주장함과 동시에 실재를 움직이는 동인을 밝혔다. 데모크리토스는 원자론을 주장해 고대 철학자들의 생각을 정리하였다. 황당해 보이는 주장도 있고, 꽤 합리적인 주장도 있다.

중요한 것은 이런 주장들을 참고해 나의 견해를 갖는 것이다. 고대 철학자들이 고민한 것은 지금 여기에서 우리도 되풀이해 이야기할 수 있는 문제들이다. 당신이 생각하는 실재, 세상은 무엇인가? 눈앞의 현실을 어떻게 이해할 것인가?

플라톤, 《소크라테스의 변론》

무엇을 모르는지
아는 것이 출발이다

소크라테스의 지식

"나는 이 사람보다 지혜롭다. 왜냐하면 이 사람도 나도 사실상 아름다움
이나 선善을 모르지만, 이 사람은 자기가 알고 있다고 생각하는 반면, 나
는 모르니까 그대로 모른다고 생각하기 때문이다. 즉 나는 모르는 것은
모른다고 깨달은, 오직 그것만으로도 더 지혜롭다."

플라톤, 《소크라테스의 변론》

B.C. 5세기 아테네, 겨울이나 여름이나 맨발에 늘 같은 옷을 입고, 아
테네 시민 누구와도 어울려 대화하기를 즐기는 한 사내가 있었다. 돌출
된 눈과 두꺼운 입술, 툭 튀어나온 배…. 그는 등에가 말을 성가시게 하

는 것처럼 사람들에게 질문을 늘어놓아 '무지無知의 지知'를 일깨워 주는 것으로도 유명했지만, 못생긴 외모로도 유명하였다.

하루는 소크라테스Socrates, B.C. 469~399의 친구이자 제자인 카이레폰이 델포이 신전에 찾아가 "소크라테스보다 더 지혜로운 자가 있는가?"라는 질문을 하고 신탁을 받았다. 델포이의 무녀는 "소크라테스보다 지혜로운 자는 아무도 없다"라는 신탁을 주었다.

그 말을 전해 들은 소크라테스는 궁금증이 생겼다.

'나는 분명 지혜롭지 않은데, 나를 가장 지혜 있는 자라고 선언함으로써 대체 신은 무슨 말을 하고자 하는 것일까?'

소크라테스는 당시 아테네에서 명성이 높은 정치가, 작가, 장인 등을 찾아다니면서 그들이 무엇을 알고 있는지 대화를 나누었는데, 결국 이런 결론에 다다랐다.

'저들은 아무것도 모른다. 자기가 가진 지혜가 사실 아무런 가치도 없다는 것을 알고 있는 내가 가장 지혜로운 자다.'

소크라테스가
지식을 다루는 방법

서양 고대 철학을 소크라테스 이전과 이후로 구분할 정도로, 서양 사상을 이야기할 때 소크라테스를 빠뜨릴 수는 없다. 앞서 살펴본 것처럼 소크라테스 이전 철학자들은 자연을 탐구한 과학자들에게 가까웠지만, 소크라테스는 인간의 문제에 관심을 기울이고, 윤리의 문제를 본격적으로 꺼내 들었다. 소크라테스의 제자 크세노폰Xenophon, B.C. 430?~355?의 《소크라테스의 회상록》에는 소크라테스가 탐구한 주제를 소개하는데, 다음과 같다.

1. 경건함이란 무엇이며 불경이란 무엇인가?
2. 정의란 무엇이며 부정이란 무엇인가?
3. 공정함이란 무엇이며 부당함이란 무엇인가?
4. 지혜란 무엇이며 어리석음이란 무엇인가?
5. 용기란 무엇이며 비겁함이란 무엇인가?
6. 국가란 무엇이고 정치가의 자격이란 무엇인가?
7. 정부란 무엇이며 통치자란 무엇인가?
8. 이 밖에 그것을 아는 자는 훌륭한 사람, 모르는 자는 노예라고 불릴 만한 주제들.

"나는 자연에 대한 사변과는 아무 관계가 없습니다."

소크라테스는 철저하게 인간의 윤리와 보편적인 지知에 몰두함으로써 사상의 흐름을 바꾸었다. 당시 그리스에는 소피스트들의 회의주의, 상대주의가 대세였다. 예를 들어, 프로타고라스Protagoras, B.C.

490-420는 "인간은 만물의 척도"이며 모든 사람이 제각기 만물의 척도이기 때문에 사람들의 의견이 다를 때 한 사람이 옳고, 다른 사람이 그르게 되는 객관적인 진리는 존재하지 않는다고 보았다.

하지만 소크라테스는 지식의 절대성을 추구했고, 확고한 지식의 중요성을 강조하였다. 그는 흔들리지 않는 확고한 지식을 가진 사람은 절대로 부도덕한 행동을 할 수 없다고 주장하였다. 그는 앎과 덕은 일치하는 것이라 보았고, 앎을 추구하는 과정을 중요하게 생각하였다. 따라서 확고한 지식을 얻기 위해 끊임없이 질문하고 검증해야 한다고 생각했고, 산파술로 알려진 변증법[1]으로 평생 이를 실천하였다. 소크라테스의 이런 주장에 대해 훗날 아리스토텔레스는 "알면서도 잘못을 저지를 수 있다. 그러므로 실천 의지가 중요하다"라고 반박하였다.

옳은 것을 옳다고, 그른 것을 그르다고 말하는가

"뛰어난 사람은 어떤 상황에서 죽느냐, 사느냐 하는 위험을 따져서는 안 된다. 오직 올바른 행위를 하느냐 잘못된 행위를 하느냐, 좋은 사람의 역할을 하느냐, 나쁜 사람의 역할을 하느냐 하는 것만 숙고해야 한다."

---

1   주장→질문→반박→수정의 과정을 거쳐 논리의 오류를 분별해 내고 진리에 도달하는 대화법.

소크라테스는 아테네 시민들에게 '당신은 아는 것이 없다'는 사실을 전하는 과정에서 미움을 산다. 당시 아테네인들은 소크라테스의 태도도 수용하기 어려웠지만, 그의 젊은 제자들이 기성세대에게 던지는 질문도 당혹스러웠을 것이다. 그도 그 사실을 잘 알고 있었다. 소크라테스는 자신이 옳은 말을 하면 사람들에게 미움을 받고 자칫하면 죽을 수도 있다는 사실을 모르는 순진한 사람이 아니었다. 모든 상황을 잘 알면서도, 죽음을 무릅쓰고 정의로운 말을 거침없이 하였다.

"당신들은 부와 명예, 명성을 쌓아 올리는 데는 신경 쓰면서 지혜와 진리, 정신의 위대한 고양에 대해서는 무관심하고 주의를 기울이지 않는다. 그것을 왜 부끄러워하지 않는가?"

소크라테스는 평생 지혜를 사칭하는 자들의 거짓을 폭로하는 일을 하다가 결국 말년에 멜레토스 등에게 고발당한다. 실제 이유는 정치적인 것[2]과 감정적인 것[3]이었지만, 표면적인 이유는 '청년들에게 나쁜 영향을 준다', '국가가 인정하는 신을 믿지 않는다' 두 가지였다. 물론 이 두 가지 이유는 변론 과정에서 '논리적으로는' 완전히 반박되었지만, 아

---

2   펠로폰네소스 전쟁에서 아테네가 스파르타에게 패하면서 아테네에 과두정이 도입된 시기 (B.C. 404~403)가 있었는데, 30인 참주 중 크리티아스가 한때 소크라테스의 제자였다. 크리티아스가 권력을 잡은 후 민주파 1,500명이 처형되는 등 공포 정치가 자행되었다.
3   당시 젊은이들이 사람들의 과오를 드러내 보이는 소크라테스의 논쟁을 경청하고, 본받아 그와 비슷하게 묻고 다니면서 자기 지식의 가식이 간파된 사람들에게 미움을 받았다.

테네인들은 그에게 기어이 헴록[4]을 마시게 하였다. 그는 벌금형으로 사형을 피할 수 있었음에도 자기의 올바름을 증명하기 위해, 아테네라는 도시 국가에 피해를 주지 않기 위해 담담하게 죽음을 받아들였다.

"죽음을 피하는 것이 어려운 것이 아니라, 불의를 피하는 것이 더 어렵다. 왜냐하면 불의는 죽음보다도 빠르기 때문이다. 나는 늙고 움직임이 느려 죽음에 붙잡혔지만, 고발자들은 예리하고 빠른 자들이니 걸음이 빠른 불의에 붙잡힐 것이다."

무지의 지, 주지주의, 정의, 도덕, 산파술…. 소크라테스는 책 한 권 남기지 않았지만, 그가 낳은 정신적 유산은 인류의 정신사에 많은 영향을 주었다. 소크라테스가 없었다면 플라톤이 없었을 것이다. 플라톤이 없었다면 아리스토텔레스도 없었을 것이다. 그랬다면 서양 문명의 전환점이 된 근대 문명도 꽃피우기 어려웠을 것이다.

5분 통찰

소크라테스는 끊임없는 질문을 통해 보편적인 지知를 추구했고, 알고 있는 것이 진짜인지 검증하였다. 정보와 지식이 쓰나미처럼 밀려오는 이 시대에

4　미나리과의 독초로, 소크라테스가 마신 독약의 재료이다.

소크라테스가 지식을 대하는 태도는 우리에게도 필요하다. 우리는 너무 많은 지식을 검증할 새도 없이 그저 받아들이고만 있는지도 모른다. 스스로 완벽하게 검증한 확고한 지식은 신념이 되어 행동으로 연결될 수 있지만, 그렇지 않은 지식은 머릿속에서 소음만 일으킬 뿐이다. 어렴풋이, 대충 아는 것은 위험하다. 당신이 지금 알고 있는 지식은 충분히 검증되었는가? 남이 옳다고 정해 준 것에 세뇌된 것이 아니라, 스스로 질문을 던져 검증한 것인가?

"검증되지 않은 삶은 살 가치가 없다."

플라톤, 《소크라테스의 변론》

3강

플라톤,《국가》

이데아로 가려면
쇠사슬을 끊어라

플라톤의 사유

"눈을 어둠에서 밝은 곳으로 돌리려면

몸 전체를 돌리지 않으면 안 된다."

플라톤,《국가》

#1.

건장한 체격의 한 젊은이가 아테네 디오니소스 극장 앞에서 자신의
비극 작품들을 불사른다. 그는 당시 유행을 좇기보다 스승의 길을 따라
가기를 선택한다.

'비극은 모방일 뿐이고, 모방은 거짓이다.'

#2.

28세의 젊은이가 스승의 죽음에 오열한다. 스승은 망명을 선택할 수도 있었지만, 자신의 정의를 증명하고, 아테네와 법을 수호하기 위해 죽음을 맞이하였다. 그는 생각한다.

'사랑하는 스승님을 죽인 것은 정의롭지 않은 아테네의 민주정이다. 나는 정치가보다 정의를 밝히는 철학자가 되겠다.'

#3.

60세의 노구를 이끌고 철학자는 시라쿠사에 방문한다. 자신의 책 《국가》에서 주장한 '왕이 철학 정신을 갖추어야 국가가 살아날 수 있다'는 이상을 실현하기 위해 디오니시오스 2세를 만난다. 하지만 지배자의 태만과 정치적인 모략으로 이상을 실현하지 못하고 귀국한다.

서양 철학의 체계를 다진 선구자의 이상향

플라톤 Platon, B.C. 427~347 은 서양 철학사에 큰 영향을 끼친 철학자 중 한 명이다. 플라톤은 젊은 시절 소크라테스를 만나 비극 작가, 정치가의 꿈을 접었다. 그는 이후 모방, 허상의 세계보다 이성으로 파악할 수 있는 영원한 이상 세계에 관심을 기울였고, 정의롭지 않은 당시 아테네를 보며 정의로운 국가 자체를 만드는 데 열정을 쏟았다.

화이트헤드Alfred North Whitehe, 1861-1947는 "유럽 철학 전통의 가장 안전하고 일반적인 정의는 그것이 플라톤에 대한 일련의 각주들로 이루어져 있다는 것이다"라고 말하였다. 이 말은 크게 과장이 아닌 듯하다. 플라톤은 철학의 기본적인 체계와 원리를 정리했기 때문이다. 플라톤에 의해 학문으로써의 형이상학, 인식론, 윤리학, 정치학 등이 체계를 잡고 시작되었다고 할 수 있다.

플라톤의 철학은 하루아침에 땅에서 솟아난 것이 아니다. 그는 이전의 사상가들에게 크고 작은 영향을 받았다. 플라톤에게 영향을 준 주요 사상가와 그 내용은 다음과 같다.

1. 소크라테스: 윤리 문제와 선善에 대한 논의, 영혼 불멸.
2. 피타고라스: 영혼 불멸에 대한 믿음, 수학을 중시하는 성향, 실재에 대한 개념.
3. 파르메니데스: 실재는 영원하지만, 모든 변화는 환상에 불과함.
4. 헤라클레이토스: 감각의 세계는 항상 변화하며 영원한 것은 없음.

플라톤의 위대함은 선배들의 방대한 지식을 정리한 것에만 있지 않다. 그는 '무엇이 진정한 존재인가?'라는 화두를 붙잡고, 보이는 것이 전부가 아니라 그 이상의 무엇이 있다는 것을 제시하였다. 이것이 바로 유명한 '이데아론'이다.

어떤 이상향을
꿈꾸는가

　이데아론에 대해서 예를 들어 살펴보자. 현실 세계에서는 종이 표면의 거칠기나 필기구의 문제 등으로 종이 위에 완벽한 원을 그릴 수 없다. 하지만 누구나 '완벽한, 이상적인 원'에 대한 관념은 가지고 있다. 이것이 '원의 이데아'이다. 추상적인가? 좀 더 구체적인 예를 들어 보자. 현실에서는 수많은 종류의 고양이가 태어나고 죽는다. 러시안블루, 먼치킨, 샴, 스핑크스, 이집션마우, 동네 길고양이 등. 이런 현상의 고양이들은 '이상적인 고양이'의 그림자에 지나지 않는다. 현상의 고양이는 실재하는 것이 아니다. 시공을 초월해 영원히 존재하는 '고양이의 이데아'만 실재한다. 눈에 보이는 세계는 그림자고, 이데아라 불리는 이념만이 진실이다.

　플라톤은 《국가》 제7권에서 소크라테스와 글라우콘이 대화하는 형식의 '동굴의 비유'를 통해 이 이론을 구체적으로 설명하였다.

　"그들은 어릴 때부터 다리와 목이 쇠사슬에 묶여 있었지. 그렇기에 언제나 같은 곳에 머물러 있으며, 쇠사슬 때문에 고개를 돌릴 수 없어 앞쪽밖에 볼 수 없네. 자신들에 관해서건 남들에 관해서건 불빛에 의해 투영된 그림자 말고 무엇을 보았으리라고 생각하는가?"

입구부터 끝까지 너비가 같으면서 입구는 높고 끝은 지대가 낮은 지하 동굴이 있다. 어릴 때부터 다리와 목이 쇠사슬에 묶여 고개를 돌리지 못하고 동굴 끝 벽면밖에 볼 수 없도록 갇혀 지내는 사람들. 그들의 뒤편 저 멀리 위쪽에서는 불빛이 벽면을 비추고, 불빛과 묶여 있는 사람들 사이에는 어떤 이들이 동물의 형상이나 인공물을 옮기고 있다. 이런 상황에서 묶인 사람들은 불빛에 비친 그림자를 실재한다고 믿을 수밖에 없다.

그들은 동굴 밖의 모습을 전혀 알지 못한다. 하지만 실재하는 것은 동굴 안의 불빛이나 그림자가 아니라, 동굴 밖의 진짜 태양과 사물들이다. 동굴 밖은 이데아의 세계이고, 이곳으로 가려면 쇠사슬을 끊고 오르막길을 올라야 한다.

"국가의 건설자로서 우리가 해야 할 일은 가장 우수한 품성을 지닌 사람들에게 오르막길을 걸어 올라가 선을 보도록 하는 것이네."

플라톤은 이상적인 국가에서는 철학자가 통치자가 되어야 하며, 그들을 어릴 때부터 국가 차원에서 체계적으로 교육해야 한다고 생각하였다. 그는 통치자의 지혜로움, 수호자의 용기, 생산 계급의 절제가 조화로운 이상적인 국가를 꿈꾸었다. 플라톤은 모든 사람이 각자 자기 몫을 하고 남의 일에 참견하지 않는 데서 국가 차원의 정의가 실현된다고 보았다. 다시 말해 통치자, 수호자, 생산자의 각 계급이 각각 자기 몫을 다하되 한 계급에 속한 사람은 자기 일에 몰두하고, 다른 계급의 일에 일체 간섭하지 않아야 국가가 정의롭다는 것이다.

"어떤가? 그는 전에 자기가 살던 곳이나 그곳에서의 지혜나 당시의 동료 수감자들을 회상하면서 자기 신상에 일어난 변화를 다행으로 여기는 한편, 동료 수감자들을 불쌍하게 여기지 않을까?"

철학자의 역할은 동굴 밖에서 홀로 편안함을 누리는 것이 아니다. 함께 묶여 있던 동료들을 불쌍하게 여겨 다시 동굴 속으로 들어가서 그들에게 이 세상의 실상을 알려 주는 것이다. 하지만 세상의 실상을 알려 주는 선지자들은 크게 환영받지 못한다. 4대 성인 예수, 석가, 공자, 소크라테스의 삶을 들여다보라. 예수는 십자가에 못 박혔고, 석가의 삶은 배고픔과 고난의 시간이었다. 공자는 자기 뜻을 펼치려고 수레를 끌고 다니며 유세했지만 이상을 이루지 못하였다. 소크라테스는 그토록 사랑한 아테네인들에 의해 독배를 마시고 죽었다.

재미있는 점은 묶여 있는 사람들을 거칠고 험한 오르막길을 통해 억지로 밖으로 끌어내려고 하면 괴로워하며 반항한다는 것이다. 그들은 어두운 동굴이 편하다. 햇빛 아래에서는 눈이 부셔 아무것도 볼 수 없다고 투덜대고, 동굴 밖으로 자기를 끌고 나온 사람을 원망한다. 진실을 보려고 하기보다 익숙한 세상에서 그림자를 보기를 원한다. 동굴 밖에서 자유를 얻으려고 하기보다 지하 동굴의 수감자로 살아가기를 원한다.

플라톤의 이상적인 국가는 그리 이상적이지 않다. 그 국가에서는 권력과 특권이 불공평하게 분배된다. 수호자 계급이 모든 특권과 권력을 독점한다. 계급 간에 철저한 구분도 오늘날 평등과 기회의 균등이라는 관점에서는 수용하기 힘들다. 플라톤은 생전에 실제로 시라쿠사에 이 모델을 적용해 보려고 했지만 실패하였다.

그리고 그렇게 잘 조직된 국가의 목적이 애매하다. 플라톤은 현실적으로 실패한 폴리스인 스파르타를 모델로 삼았는데, 그가 구상한 완벽한 국가의 최종 목적은 전쟁에서 승리하고 식량을 잘 생산하는 상당히 이기적인 국가이다. 하지만 당시 현실에서 인간에게 가장 이상적인 공동체의 모습을 고민했다는 것과 동굴의 비유를 통해 사유의 지평을 넓혀 주었다는 사실은 높이 평가할 만하다.

5분 통찰

플라톤은 동굴의 비유를 통해 보이는 것이 전부가 아니라고 말한다. 보이는 것에만 매몰되지 말고 '진짜'가 무엇인지 고민하라는 뜻이다. 우리가 큰 고민 없이 믿는 것이 이성의 모든 측면을 동원해 검증한 것이 아니라면 의심해 보아야 하지 않을까? 누군가가 의도적으로 동굴 안에서 그림자를 만들어 왔다면 우리는 그것의 진위를 알 길이 없다.

동굴 밖에서 깨달음을 얻고 다시 돌아와 가르침을 주는 스승들의 메시지에 귀 기울이지 않으면, 영원히 쇠사슬을 풀 수 없을지도 모른다. 우리는 어떤 동굴에 갇혀 있는지도 모른다. 당신은 언제든 오르막길을 걸어 올라갈 마음의 준비가 되어 있는가?

마르쿠스 아우렐리우스, 《명상록》

어떤 고비에서도
중심을 찾는 힘

마르쿠스 아우렐리우스의 품격

"그대 본성이 무엇을 원하는지 숙고하고,
그 밖의 다른 어떤 것에도 미혹되어선 안 된다."

마르쿠스 아우렐리우스, 《명상록》

　게르마니아와의 전쟁은 쉬이 끝나지 않는다. 오늘도 전장에서 황제는
업무를 마치고 기록을 시작한다. 카이사르처럼 자신의 업적을 과시하기
위해 쓰는 글이 아니다. 자서전도 아니고 단순한 일기도 아니다. 누군가가
읽기를 바라고 쓰는 글이 아니다. 다만 올바른 선善을 실천하기 위해, 이성
에 합치된 삶을 실천하기 위해 황제가 자신을 경계하는 글을 쓰는 것이다.

그가 제위에 오르기 전에 네르바, 트라야누스, 하드리아누스, 안토니누스 피우스 4명의 황제가 로마를 탄탄한 기반 위에 올려놓았다. 그들 대부분은 친척 중 유능한 후계자를 선정해 양자로 들여 제왕 교육을 받을 기회를 주었다. 그 자신도 전도유망한 젊은이로, 어릴 때부터 할아버지와 선대 황제인 양아버지로부터 훌륭한 교육 기회를 얻었다.

로마 제국의 원로원과 시민들의 사랑을 모두 받는 황제였지만, 완벽한 통치란 있을 수 없는 것일까? 자신의 제위 시기에 불운한 일이 계속 이어졌다. 역병이 돌아 민심이 흉흉했고, 제국 내 노예가 감소하고, 왕실은 사치스러웠으며, 막대한 전쟁 비용 등으로 로마 제국의 경제적인 기반이 흔들리고 있었다. 황제 자신은 북쪽 브리타니아, 동쪽의 파르티아, 게르마니아 부족들의 반란을 평정하기 위해 분주하게 전쟁터를 누벼야 했다. 황제의 아내는 반란을 일으킨 속주의 총독과 부정한 관계라는 소문도 돌았다. 황제가 아무리 열심히 노력해도 로마 제국은 정점을 찍고 내리막길로 향해 가고 있었다.

마르쿠스 아우렐리우스 Marcus Aurelius, 121-180 는 로마 제국의 16대 황제이자, 고대 로마의 최전성기를 이끌었던 5현제 중 마지막 황제이다. 그는 후기 스토아 철학자로도 알려져 있다. 마르쿠스 아우렐리우스는 흠잡을 데 없이 훌륭한 황제였다. 그는 황제라는 신분임에도 사치와 안락을 누리지 않았다. 전쟁터에서도 병사들과 같은 평범한 군복을 입고 그들과 함께 생활하였다. 그에게는 현실에 흔들리지 않고 중심을 잡기 위한 기준이 필요하였다. 치세 기간에 지진, 역병, 속주의 반란 등이 끊이지 않았기 때문이다. 그가 독백하는 듯한 글《명상록》을 쓴 이유는 상황을 담담하게 받아들이고 해야 할 일을 묵묵히 해내는 힘을 얻기 위해서였을 것이다. 그는《명상록》에서 철학의 거의 모든 문제를 다루었을 정도로 깊이 사색하는 철인哲人 황제였다.

하지만 아들의 성정을 정확하게 파악하지 못하고 후계자로 점찍은 실수를 저질렀다. 그의 후계자 코모두스는 '로마인에게 내려진 가장 극악한 저주'라 평가될 정도로 폭군이었다.[1] 5현제가 공들여 만든 로마의 영광은 거듭된 전쟁, 반란, 사치, 비효율적인 관료주의 등 그간 누적된 근본적인 원인과 코모두스라는 무시무시한 재앙으로 무너져 내렸다. 스토아 철학의 언어를 빌리자면 그 또한 '일어날 일이 정당하게 일어난' 것인지도 모르겠다.

스토아와 에피쿠로스가
말하는 행복이란

스토아 철학은 헬레니즘 시대 에피쿠로스 철학과 비슷한 시기에 등

1　코모두스(Lucius Aelius Aurelius Commodus, 161~192)는 180년부터 192년까지 12년간 로마를 통치하였다. 그는 자신을 헤라클레스로 우상화하면서 석상을 세우고, 잡기와 종교에 빠지는 등 황제다운 면모를 보이지 못하였다. 단독 황제가 된 지 2년 뒤에는 자신을 암살하려는 원로원 의원들을 처형하기도 하였다. 그의 통치 시기에 로마 제국은 인플레이션, 화폐 가치 하락 등으로 경제가 파탄 났으며, 대외적으로도 이민족의 침략에 시달려 쇠퇴의 길을 걸었다.

장하였다. 스토아 철학의 창시자 제논[2]은 아테나에서 학교를 세울 돈이 없어 아고라의 중앙 광장에 있는 채색 주랑stoa poikile(색이 칠해진 복도)에서 제자들에게 그의 사상을 설파했는데 여기서 'stoa'라는 이름이 유래되었다. 마르쿠스 아우렐리우스의 사상에 대한 이해를 위해, 스토아 철학의 특징을 살펴볼 필요가 있다. 그리고 스토아 철학의 이해를 돕기 위해 에피쿠로스 철학도 함께 살펴보자.

플라톤에서 꽃피운 고대 철학은 '폴리스'라는 도시 국가에 기반을 두었다. 당시 개인은 자기 정체성을 도시 국가에서 찾았다. '어떤 도시 국가의 정치 체계가 선善을 실현하는 데 이상적인가', '정치란 어떠해야 하는가' 같은 문제가 철학의 주요 관심사였다. 하지만 알렉산드로스Alexandros, B.C. 356-323라는 걸출한 인물이 등장해 폴리스의 경계를 무너뜨렸다. 그는 그리스, 페르시아, 인도에 이르는 대제국을 건설하였다.

사람들은 더 이상 국가와 자신을 일치하기 힘들어졌다. 그리스와 오리엔트 문화가 융화된 헬레니즘 시대에 개인은 도시 국가라는 정체성의 공간을 빼앗겨 버렸다. 공동체는 거대해졌고, 그에 반해 개인은 한없이 작아져 버렸다. 이제 사람들은 개인 내면의 행복에 더 관심을 기울이기 시작하였다. 마음의 평안, 행복에 대해 본격적으로 묻기 시작한

2　지중해 키프로스섬 키티온 출신의 제논(Zenon, B.C. 335?~263?). 원래 부유한 상인이었는데 그의 재산을 잔뜩 실은 배가 가라앉아 버려 돈이 없었다. 우연히 아테네 거리를 거닐다가 책을 한 권 읽고 철학을 시작한 것으로 알려져 있다.

것이다. 이때 나타난 대표적인 사상이 스토아 철학과 에피쿠로스 철학이다.

두 철학의 발전 과정은 판이하다. 에피쿠로스Epikouros, B.C. 341?~270는 거의 모든 철학적 개념을 창시자인 자신이 단번에 정립해 버렸다. 에피쿠로스 철학은 시간이 흐르면서 변화해 간 것이 아니라 에피쿠로스의 말이 경전처럼 신성시되면서 전승되었다.

반면 스토아 철학은 B.C. 3세기경 제논이 창시한 이래 A.D. 2세기 후반 마르쿠스 아우렐리우스까지 이어지는 과정에서 그 내용이 변하였다.

초기에는 클레안테스Kleanthes, B.C. 331?~232?, 크리시포스Chrysippos 등이 활약하였다. 제논과 클레안테스는 자살을 선택할 만큼 생사에 초탈하는 모습을 보여 주었다.

중기 스토아 철학자는 파나이티오스Panaetios, B.C. 185?~110?, 포세이도니오스Poseidonios, B.C. 135?~51?, 키케로Marcus Tullius Cicero, B.C. 106~43 등이 유명하다. 이들은 소요학파나 아카데메이아학파(플라톤 철학)의 이론을 절충적으로 수용하였다.[3]

후기에는 세네카Seneca, B.C. 3?~A.D. 65?, 에픽테토스Epictetus, B.C. 55?~135?, 마르쿠스 아우렐리우스가 대중에게 영향력을 발휘하였다. 400여 년의 시간이 흐르면서 창시자 제논의 가르침과 마르쿠스 아우렐

---

3   스토아 철학은 초기에 유물론에 기초했으나, 플라톤 철학을 받아들이면서 유물론을 포기하였다. 스토아 철학에서 세상은 주기적으로 불에 의해 정화되어 새롭게 태어난다고 보았는데, 포세이도니오스는 영혼이 사라지지 않고 다음 대화재 때까지 존재한다고 주장하였다.

리우스의 그것은 다른 점이 많아질 수밖에 없었다.

"쾌락은 축복받은 삶의 시초이자 목적이다."

에피쿠로스

에피쿠로스 철학은 흔히 본능적이고 감각적인 욕구의 충족을 중시하는 '쾌락주의'로 알려져 있다. '쾌락'이라는 단어 때문에 정원에서 희희낙락 쾌락에 탐닉하는 모습을 상상한다면 오산이다. 오히려 에피쿠로스는 결혼도 하지 않고 검소하게 지냈으며 결코 방탕한 쾌락에 빠지지 않았다. 그는 쾌락을 선善이라고 했지만, 모든 쾌락을 긍정한 것은 아니다. 탐욕스러운 쾌락, 즉 감각적이고 육체적인 쾌락은 고통을 유발하기 때문에 경계하였다. 예를 들어, 적당히 포만감을 느끼는 정도를 넘어 폭식하면 소화가 되지 않아 오히려 고통스럽다. 연회를 적당히 즐기는 것은 좋지만, 밤새도록 미친 듯이 놀고 난 다음 날 컨디션은 엉망이 되어 버린다. 에피쿠로스가 보기에 고통이 따르는 쾌락은 진정한 즐거움이 아니었다.

"나는 빵과 물로 살아갈 때 몸이 쾌락으로 충만하다. 내가 사치스러운 쾌락에 침을 뱉는 까닭은 그것 자체가 나쁘기 때문이 아니라 그에 뒤따르는 불편한 느낌이 싫기 때문이다."

에피쿠로스

에피쿠로스는 지속적이고 정적인 쾌락을 추구하였다. '정적인 쾌락'이란 '균형 상태에 존재하는 쾌락'이다. 예를 들어, 음식을 먹을 때 더도 말고 덜도 말고, 배고픔이 사라진 바로 그 상태이다. 이런 상태의 쾌락은 더 이상 욕망을 자극하지 않는다. 고통과도 얽히지 않는다.[4] 그는 사치스러운 쾌락에 침을 뱉었다. 사치스러운 쾌락은 사람의 마음을 흔들어 '마음이 요동치는 불안한 상태taraxia'에 빠지게 만든다. 에피쿠로스는 마음에 흔들림이나 번뇌가 없는 '아타락시아ataraxia, 不動心(부동심, 타락시아가 없는 상태)'를 추구하였다. 아타락시아를 침범하는 쾌락은 진정한 쾌락이 아니다.

이런 맥락에서 그는 쾌락주의자임에도 불구하고 오히려 절제를 강조하였다. 검소하게 살고, 욕망을 줄이라는 것이다. 그러면 근심과 고통이 줄어들고 행복은 커진다. 그는 소박한 일상을 사랑하였다. 우정과 은둔이 주는 즐거움을 즐겼다. 이렇게 에피쿠로스 철학에서 절제와 검소를 강조한 것은 스토아 철학과도 유사하다. 하지만 그 출발점은 다르다. 에피쿠로스는 진정한 쾌락을 즐기기 위해 절제를 주장했고, 스토아 철학에서는 쾌락이 아닌 이성에 따른 절제를 강조하였다.

"죽음은 아무것도 아니다. 분해된 육체는 감각할 수 없고, 감각하지 못하는 육체는 우리에게 아무것도 아니기 때문이다."

에피쿠로스

---

4   동적인 쾌락은 무절제하고 탐욕스럽게 음식을 마구 먹어 대는 상태이다.

쾌락을 즐기면서 행복하게 살기 위해서는 죽음에 대한 두려움을 제거해야 한다. 현재의 쾌락을 즐기더라도 마음 한편에 닥쳐올 죽음에 대한 공포가 자리 잡고 있다면 그것은 아타락시아라고 볼 수 없다. 에피쿠로스는 앞서 언급한 데모크리토스의 원자론을 받아들였다.[5] 그는 원자론에 입각한 철저한 유물론자였고, 세상 만물은 원자들의 우연한 결합에 불과하다고 보았다. 심지어 육체뿐만 아니라 정신까지도 말이다. 정신마저 우연한 원자 결합의 산물이니 죽음은 아무것도 아니다. 그저 모였던 것이 흩어지는 것이다. 그러니 두려워할 것이 없다는 것이다.

스토아 철학에서도 죽음을 두려워하지 않을 것을 강조하지만, 우주의 이성(로고스)에 의해 모든 것이 결정되어 있기에 죽음이라는 운명을 두려워하지 않아도 된다는 점에서 차이가 있다.

"만물을 지배하고 다스리는 우주의 본성을 존중하듯, 내 안에서 나의 삶을 지배하고 인도하는 이성을 존중하라. 나의 이성은 우주의 이성과 동일하다."

스토아 철학에서는 쾌락이 아닌 '이성적 절제'를 통해서 인간이 진정한 행복에 도달할 수 있다고 말한다. 에피쿠로스와 달리 스토아 철학에서 모든 감정과 욕망은 벗어나야만 하는 것이다. 감정과 욕망을 충족해

---

5   에피쿠로스 자신은 절대 이전 철학자들의 사유에 빚지고 있다고 인정하지 않았다.

주는 안락함과 풍요로움은 정신적인 인간을 행복에서 멀어지게 하는 원인이다. 감정과 욕망에서 초연하면 마음의 평온함을 얻을 수 있는데 이것이 바로 감정이나 고통이 없는 상태 '아파테이아apatheia[6]'이다. 이 상태에서 진정한 자유와 행복을 얻을 수 있다고 보았다.

스토아 철학에서는 '이성'이 가장 중요하다. 그렇다면 이성은 어디에서 오는가? 스토아 철학에서는 헤라클레이토스의 견해를 받아들여 만물의 근본 원소를 불로 보았다. 이 불은 다른 말로 '로고스logos(법칙, 이성)'이며 '신神'과도 일치한다. 이 우주Cosmos는 그 안에 로고스가 있기에 그 자체로 질서와 조화를 이룬다.

인간에게는 이성이 있다. 이성에도 우주와 마찬가지로 로고스가 들어 있다. 로고스가 우주를 지배하는 법칙이듯, 이성은 인간을 지배하는 법칙이다. 이성적인 인간은 제멋대로 행동하지 않고 '절제'의 미덕을 발휘하면서 자기 자신을 지킬 수 있다. 인간은 감정이나 쾌락이 아닌 이성을 따를 때 자연에 순응하는 올바른 삶을 사는 것이다. 스토아 철학에서 주장하는 바는 한마디로 '자연(이성)에 순응하여 살라'는 것이다.

그렇다면 눈앞에서 일어나는 수많은 사건에는 어떻게 '이성적으로' 대처해야 할까? 사건에 매몰되어 감정이 롤러코스터를 타는 사람은 스토아적인 인간이 아니다. 스토아 철학에서는 인간이 사건에서 벗어나

---

6 '없다'를 의미하는 접두어 'a'와 '감정, 고통, 정념'을 뜻하는 '파토스(pathos)'의 합성어. '정념이 없는 상태'를 말한다. 스토아 철학에서 정념은 일시적이고 수동적인 것으로, 벗어나야 할 대상이다.

이성적으로 감정의 소용돌이에서 완전히 벗어날 때 진정한 자유를 얻을 수 있다고 본다. 그러니 불행한 사건은 그 자체로 인간의 행복을 무너뜨릴 수 없다.

세상의 어려움을 돌파하는
생각의 습관

마르쿠스 아우렐리우스 황제는 전장에서 틈틈이 《명상록》을 기록하였다. 당대에 이 기록은 알려지지 않고, 4세기가 되어서야 알려졌다. 그의 생애 마지막 10년 정도의 시간 동안 황제가 아닌 한 개인이자 철학자의 관점에서 쓴 글이다. 그는 자신만을 향해 글을 썼다. 《명상록》은 현실의 어려움에 부딪혔을 때 올바른 길을 찾고자 한 치열한 고뇌의 산물이다. 《명상록》에는 수많은 철학적 주제가 들어 있다. 그중에서 오늘날의 우리가 각자의 삶을 행복하게 살아가는 데 도움을 주고, 마음의 중심을 잡아 줄 수 있는 내용을 추려 보았다.

모든 인간은 형제와 같이 평등하다

"남에게 죄짓는 것은 자신에게 죄짓는 것이다. 불의를 저지르는 자는 자신을 악하게 만들어 자신에게 불의를 저지른다."

스토아 철학에 따르면 인간은 모두 보편적이고 신적인 이성을 가지고 있다. 모든 인간은 형제와 같이 평등하고 우열이 없다. 따라서 남을 해치고 이익을 얻을 수 있다는 착각에서 벗어나야 한다. 피부 색깔이 다르거나 종교, 언어가 다른 것은 겉모습의 차이일 뿐이다.[7]

모든 사람을 동등하게 대하는 것이 인격이다. 식당이나 커피숍에서 종업원을 함부로 대하는 사람이나, 조직의 구성원들을 부품 취급하는 리더는 격이 떨어진다. 리더의 격은 만인을 평등하게 대하는 겸손한 태도에서 나온다.

"인간은 선행을 베풀거나 공동체에 이익이 되는 다른 일을 행함으로써 태어날 때의 목적을 달성하는 것이며, 그렇게 함으로써 대가를 받은 것이다."

이러한 관점에서 동등한 사람들이 모인 공동체에 헌신하는 것은 매우 당연한 일이다. 에피쿠로스 철학이 철저하게 개인주의적으로 빠진 것과 대조적이다. 성숙한 개인주의자는 공동체에 이익이 되는 일을 한다. 공동체의 이익이 곧 개개인 모두, 그리고 결국 자기 자신에게 이익이 될 수 있다. 한 개인으로서 혹은 리더로서 전체의 이익을 위해 헌신하는 것은 모두의 성장을 위해 필요한 일이다.

---

7 스토아 철학의 만민 평등관, 세계 시민주의는 로마의 만민법과 근대 자연법 사상으로 이어졌다.

남의 평가에서 벗어나 자신의 길을 가라

"밖에서 도움을 구하지 말고 남들이 주는 안식도 구하지 말라. 그대는 스스로 똑바로 서야 하지, 똑바로 세워져서는 안 된다. 삶에 필요한 모든 것을 자신 안에 가지고 있지 못한 자는 거지다."

모든 사람에게는 각자의 길이 있다. 자신의 길을 가야 한다. 각자가 가진 이성으로 자신을 바라보며 어떤 길을 가야 할지 끊임없이 스스로 묻고 답해야 한다. 그것은 황제나 노예나 마찬가지이다.[8] 누구라도 자기 이성에 따라 자기 힘으로 똑바로 서야 한다. 남의 말에 의존해서는 안 된다. 남의 평가에 흔들리지 않고, 자신의 길을 가야 한다. 그것이 이성을 가진 인간의 숙명이다. '인간이여! 스스로 똑바로 서라' 남에게 의존하는 삶은 거지의 삶이다.

"갈채가 얼마나 공허한지, 그대를 좋게 말하는 것처럼 보이는 자들이 얼마나 변덕스럽고 판단력이 부족한지 생각해 보라. 그대는 마땅히 곶처럼 되어라. 곶은 당당히 서서 끊임없이 부딪혀 오는 파도를 잠재워 버린다."

---

8   스토아 철학자들은 출신이 다양하다. 제논은 상인 출신, 키케로는 정치인, 세네카는 행정관이자 네로 황제의 스승이었다. 마르쿠스 아우렐리우스는 황제였고 그가 존경한 에픽테토스는 노예였다.

명성을 구하거나 남의 평가에 일희일비하고 흔들리는 것은 이성적인 인간의 모습이 아니다. 당신 자신을 사랑하는가? 그렇다면 자신에 대한 평가를 남에게 맡기지 마라. 가장 중요한 것은 '내가 자신을 어떻게 판단하는가'이다.

'곶'은 바다 방향으로 새의 부리처럼 뻗어 나와 있는 땅이다. 뾰족하게 튀어나와 있으니 항상 파도에 시달린다. 남의 평가는 곶에 부딪혀 오는 파도와 같다. 잠재워 버려라. 파도에 휩쓸리면 자신을 지킬 수 없다.

"남을 둘러보느라 시간 낭비하지 말고 목표를 향해 곧바로 달려가라."

남의 평가나 비난에 일희일비하지 않아야 자유롭고 행복할 수 있다. 그렇다고 독불장군이 되라는 말이 아니다. 공동체의 이익과 관련이 있는 경우나 나의 단점을 정확하게 알려 주는 믿을 만한 사람의 의견에는 귀 기울여야 한다. 중요한 것은 남을 생각하느라 삶을 허비하지 말아야 한다는 것이다.

감정과 욕망에 동요하지 않는 아파테이아를 유지하라

"모든 것이 얼마나 빨리 사라져 버리는가! 우주에서 몸뚱이가, 시간에서는 육신에 대한 기억이! 감각적인 모든 것, 특히 쾌락으로 우리를 유혹하거나 고통으로 겁주는 것들도 마찬가지이다."

우리 육신은 시간이 지나면 사라진다. 육신의 만족을 위한 욕망은 일시적이다. 쉽게 사라져 버린다. 감정도 마찬가지이다. 욕망의 노예가 되어 흔들리거나 감정을 이기지 못해 이리저리 날뛰는 것이 '인간적'인 것인지도 모른다. 하지만 마음을 고요히 하고 가만히 생각해 보자. 우리 안의 이성이 정말 그런 모습을 용납하는가?

"그대의 뜻대로 할 수 없는 것이 지금 그대를 괴롭히고 있다면, 그 고통은 그것 때문이 아니라 그것에 대한 그대의 관념에서 오는 것이다. 그 관념을 버리면 고통도 사라진다. 불안은 오직 우리 안에 있는 의견에서 기인한다. 의견을 밖으로 던져 버려라. 그러면 구원받을 것이다."

우리가 느끼는 것은 만물에 대한 의견일 뿐이다. 길을 가다 넘어져 부상으로 입원해야 하는 상황일 때 '정말 더럽게 재수 없다'고 생각할지, '며칠 쉴 수 있어 오히려 잘되었다'고 생각할지는 자신에게 달려 있다. 일어난 사건을 어떻게 받아들일지는 자신의 선택이다. 인생은 유한하다. 한정된 시간을 마음의 평정을 얻는 데 쓰지 않고 부정적인 의견, 관념만 붙들고 있다면 다시 기회는 오지 않는다.

리더가 감정과 욕망에 휘둘리면 자기 몸을 망친다. 얼마나 많은 유능한 사람이 그릇된 욕망 때문에 추락했는지 상기해 보자. 자기 몸만 망치는 것이 아니라 조직 전체를 불안하게 만든다.

주어진 운명을 사랑하라

"일어나는 모든 일은 정당하게 일어난다는 점을 명심하라. 그대에게 일어나는 모든 일은 처음부터 우주가 그대를 위해 정해 놓고 펼쳐 놓은 것이다."

"운명이 처방한 것을 아스클레피오스(그리스 신화에 등장하는 의술의 신)의 처방전으로 받아들이자. 사실 그가 처방한 것 중에는 쓰디 쓴 것도 많지만, 건강해지기를 바라며 그 처방을 받아들이자."

스토아 철학에서는 로고스가 곧 운명이다. 따라서 이 우주에 우연은 없고 일어날 일이 정당하게 일어난다. 비유하자면, 삶은 시나리오가 정해진 하나의 연극과 같다. 누군가는 왕의 역할이고 누군가는 굶어 죽는 자의 역할이다. 주어진 운명이 가혹하더라도 원망하고 부정하지 말고, 자기 운명을 받아들이고 최선을 다해 열심히 사는 것이 현명하다.

"철학자는 무엇보다도 죽음을 모든 피조물을 구성하는 요소들의 해체 외에 다른 아무것도 아니라고 여기고 즐거운 마음으로 기다린다."

"이성적 분석에 따라 죽음과 관련된 인상을 모두 벗겨 내고 죽음 자체를 살펴본다면 죽음은 자연의 작용 외에 아무것도 아니다. 죽음은 소멸이거나 이행이다."

죽음이라는 운명도 두려워할 필요가 없다. 죽음은 그 자체가 나쁘거나 두려운 것이 아니다. '두렵다, 나쁘다'는 생각 때문에 그렇게 느껴지는 것이다. 스토아 철학에서는 일관성 있게 소크라테스를 높이 평가하였다. 여러 이유가 있겠지만, 무엇보다 소크라테스가 죽음 앞에서 의연하게 자기의 정의를 지켰기 때문이다. 그는 '논리적으로' 죽음을 두려워하지 않아도 되는 것이라 판단하였다. 죽음이 원소의 해체로 완전히 무無가 되어 버리는 것이라면, 아무것도 느끼지 못하니 두려워할 필요가 없다. 죽음이 영혼의 이동이라면 존재하는 방식의 변화에 불과한 것이니 겁내지 않아도 된다. 죽음이 두려워할 것이 아니라면 당장 세상을 떠날 수 있는 사람처럼 말하고 행동하는 것도 가능하다. 두려움에 사로잡히지 않고 오직 이성에 따라서 말이다.

5분 통찰

리더라면 《명상록》을 손에 들자. 만인을 평등하게 대하고 공동체에 헌신하는 리더의 격을 배울 수 있을 것이다. 그리고 남의 평가에 일희일비하지 않는 의연함과 일시적인 감정, 욕망에서 자유로운 마음의 평정을 얻을 수 있을 것이다. 또한 운명을 받아들이고 사랑하는 태도를 체득할 수 있을 것이다.

마키아벨리, 《군주론》

인간의 본성을 파악하는
내공을 길러라

마키아벨리의 간파력

"군주는 자신을 두려움의 대상으로 만들되
사랑받지 못할지언정 증오를 사는 일만큼은 없어야 한다."

마키아벨리, 《군주론》, 제6장

1513년 어느 가을 아침, 피렌체 외곽 시골 산탄데르아 농장에서 한 사내가 깨어난다. 그는 벌채 중인 숲으로 들어가 전날 작업을 확인하고 벌목꾼들과 시간을 보낸다. 그러다 숲을 떠나 책을 들고 새 덫 놓은 곳을 확인하러 간다. 책의 저자가 범상치 않다. 단테, 페트라르카, 오비디우스…. 시골 사내에게는 그리 어울리지 않는 책이다. 그는 책을 읽으며 잠시 행복감에 젖는다. 그래도 목적을 잊으면 안 된다. 새를 잡아야지. 운이 좋으면 개똥지빠귀 서너 마리를 잡는다.

'가족에게 면목 없지는 않겠군.'

사내는 이어 주막을 향해 발길을 옮긴다. 도중에 만나는 사람들과 이야기 나누면서 그들을 주의 깊게 관찰한다. 사람을 유심히 관찰하는 것은 공직 생활을 할 때부터 몸에 밴 그의 오랜 습관이다. 적당히 소일하다 저녁이 되면 집에서 소박하게 저녁을 먹고 다시 주막으로 향한다. 주막에서 주막집 주인, 푸줏간 주인, 방앗간 주인, 벽돌공 같은 촌부들과 카드 게임이나 주사위 놀이를 시작한다. 시끌벅적하게 시작된 게임은 곱게 끝나지 않는다. 내기에 건 동전 한두 닢을 두고 목소리가 커지고 욕설이 난무한다. 이렇게 시시껄렁한 짓거리라도 해야 마음속 응어리가 풀렸던 것일까?

사내는 친구인 프란체스코 베토리에게 답답한 심경을 편지로 썼다. 얼마 전까지만 해도 피렌체의 유능한 외교관으로 승승장구했던 그가 정권이 바뀌면서 역적으로 몰리고, 벌금형으로 빚만 잔뜩 진 실업자 신세가 되어 버렸다.

"나는 이런 벼룩처럼 하찮은 자들과 함께 지내면서 머릿속에 핀 곰팡이와 가슴속에 악의로 가득 찬 운명에 대한 서운한 감정을 털어 내곤 합니다. 운명이 나를 이처럼 형편없이 취급한 것을 과연 부끄럽게 여기는지 알 수만 있다면 나는 이런 식으로 거칠게 짓밟히는 것도 감수

할 것입니다.”

1513년 12월 10일, 프란체스코 베토리에게 쓴 편지

불운한 시대가 만든
마키아벨리에 대한 오해

한 사람의 사상과 주장을 이해하려면 맥락에 대한 이해가 중요하다. 그 사람의 주장을 글자 그대로 읽는 것이 아니라, 시대적인 상황이나 전후 사정, 그의 경험 등을 통해 정말 하고 싶은 말이 무엇인지 정확하게 유추해야 한다. 그의 머릿속을 들여다보려고 하지 않으면 오해가 생긴다.

마키아벨리 Niccolò Machiavelli, 1469~1527 는 특히 맥락 파악이 중요한 정치 철학자이다. ‘마키아벨리’ 하면 사자와 여우가 떠오를지도 모르겠다. 사자처럼 잔인하고 비정한 통치자, 꼬리가 아홉 개 달린 여우처럼 목적 달성을 위해 수단과 방법을 가리지 않는 교활한 권모술수가. 롱맨 Longman 사전에서 ‘Machiavellian’을 찾아보면 ‘원하는 걸 얻기 위해 영리하지만 비도덕적인 방법을 사용하는 using smart but immoral methods to get what you want.’이라고 풀이되어 있다. 도덕적이지 않은 방법으로 원하는 것을 얻어 내는 이미지이다. 많은 이가 마키아벨리즘을 ‘정치적 목적을 달성하기 위해 어떤 수단과 방법도 가리지 말아야 한다는 사상’

쯤으로 이해하고 있다.

하지만 마키아벨리의 삶을 찬찬히 들여다보면 그는 권모술수와는 거리가 먼 사람이었다. 상당히 유능하고 성실한 공무원이었고, 죽을 때까지 조국 피렌체에 충성하였다. 피렌체가 공화정에서 군주정으로, 군주정에서 다시 공화정으로 바뀔 때 권모술수로 몸을 보전하기는커녕 그때마다 줄을 잘못 서거나 모함받아 낭패를 보았다. 그는 우직하게 피렌체를 위해 자기 한 몸 불사르려는 생각뿐이었다. 사실 일반적으로 알려진 마키아벨리에 대한 오해는 그의 사상을 지나치게 단순화하고 한 단면을 지나치게 부풀려 강조한 것에 불과하다.

마키아벨리가 활동하던 시기 이탈리아는 혼돈이었다. 옛 로마 제국의 영광은 사라진 지 오래였다. 이탈리아 로마에는 교황이, 오늘날 독일 지역에는 신성 로마 제국 황제가 힘겨루기하고 있었다. 황제를 지지하는지, 교황을 지지하는지에 따라 기벨린파와 구엘프파가 나뉘어 대립하였다. 유럽 다른 나라들은 민족 중심의 근대 국가가 형성되어 국력을 막강하게 키워 가고 있었는데, 이탈리아는 잘게 쪼개져 있었다. 중부 지역은 로마 교황청의 영향력이 강했지만 그마저도 불안했고, 이탈리아 전역에 베네치아, 밀라노, 피렌체, 나폴리 등 도시 국가들이 할거하고 있었다.

여러 도시로 쪼개진 이탈리아는 강대국에게 좋은 먹잇감이었다. 프랑스, 스페인, 신성 로마 제국 독일이 호시탐탐 이탈리아 진출 기회를 엿보았다. 마키아벨리는 피렌체의 외교관으로서 이탈리아 내부의 교황이나 도시 국가의 지도자, 용병 지도자 등을 만나기도 하고, 유럽의 여러 나라도 경험하였다. 그는 시대적 변화를 직접 경험하고 그 흐름을 읽었다. 그는 이탈리아가 통일되어야 한다고 생각하였다. 그렇지 않으면 계속 주변 국가에 휘둘릴 터였다.

> "나는 어린 시절부터 풍요로움이 아니, 궁핍 속에서 살아가는 방식을 먼저 배웠습니다."

1513년 3월 18일, 프란체스코 베토리에게 보낸 편지

마키아벨리는 1469년 피렌체에서 태어났다. 아버지 베르나르도는 법률가였다. 마키아벨리가 어릴 때부터 가난했고, 아버지는 심지어 세금 체납자로 낙인찍히기도 했다는 기록으로 유추해 보면 정식 변호사는 아니었던 것 같다. 마키아벨리의 아버지는 아들에게 큰 재산을 물려주지는 못했지만, 고전 독서 습관을 물려주었다. 베르나르도는 넉넉지 않은 형편에도 고전을 어렵게 구해 읽었다.[1] 마키아벨리는 특히 《로마사》를 보면서 권력의 속성과 세상이 돌아가는 이치를 터득하였다.

마키아벨리 생존 당시 피렌체는 정치적인 격동기였다. 1478년, 파치가의 반란 사건이 일어났다. 전통적으로 피렌체를 다스린 가문은 메디치가였는데, 파치가에서 당시 지배자인 로렌초 데 메디치를 암살하려

---

1   베르나르도는 출간되는 책의 색인 작업을 해 주고 그 대가로 책을 얻기도 할 정도로 고전 수집과 독서에 열성적이었다.

하였다. 하지만 암살은 실패하고 80명에 달하는 반란자들이 처형되었다. 당시 9세였던 어린 마키아벨리는 이 사건을 정확히 알지는 못했겠지만, 훗날 '권력에 대항하는 자들은 단호하고 무자비하게 처단해야 한다'고 생각하지 않았을까?

1494년에 본격적인 피렌체의 시련이 시작되었다. 프랑스의 샤를 8세가 대포를 앞세우고 피렌체를 공격하였다. 프랑스의 무시무시한 군사력에 모든 이탈리아의 도시 국가와 로마 교황청이 굴복당하였다. 피렌체의 지도자였던 피에로 데 메디치는 저항 한 번 제대로 하지 않고 피렌체의 영토였던 피사('피사의 사탑'으로 유명하다)를 빼앗겼다. 민중은 격노했고 피에로를 쫓아냈다. 그는 스페인으로 망명하였다.

당시 마키아벨리는 25세의 청년이었다. 조국 피렌체가 힘없이 무너지는 모습을 보면서 어떤 생각을 했을까? '프랑스처럼!' 절대 군주를 중심으로 똘똘 뭉친 프랑스처럼 이탈리아도 강해져야 한다고 생각했을 것이다.

"당신이 하느님의 종으로 왔다는 사실을 알지 못하는 피렌체의 '선한 자'들을 보호하셔야 합니다."

프랑스가 피렌체에 쳐들어왔을 때 황당한 일이 일어났다. 산 마르코 수도원의 부원장 지롤라모 사보나롤라가 사절단의 자격으로 샤를 8세를 만나면서 큰 소리로 피렌체의 선한 자들을 보호해야 한다고 외쳤다.

패전국의 사절단이라면 승자의 눈치를 봐도 시원찮은 상황인데, 도리어 설교를 한 것이다. 누가 봐도 어이없는 상황이었다. 깊은 신앙심 때문이었을까? 샤를 8세는 이 말을 수용하고 피렌체를 약탈하지 않았다.

갑자기 사보나롤라는 피렌체의 영웅이 되었다. 사람들은 그를 예언자라 여기고 그의 말을 열성적으로 추종하기 시작하였다. 사보나롤라는 철저한 근본주의자였다. 그는 타락한 교황청과 사치에 빠진 피렌체 시민들을 가차 없이 공격하였다. 그는 피렌체의 사치품들을 모아 화형식을 하고, 교황 알렉산데르 6세[2]에 대한 공격을 멈추지 않았다. 교황은 사보나롤라를 파문하였다. 하지만 시민들은 그를 감싸고돌았다.

'이렇게 도덕적인 사람을 파문하다니?'

교황청은 "사보나롤라를 로마로 보내지 않으면 피렌체 시민들의 재산은 유럽인 누구나 빼앗아도 된다"라고 피렌체 시민을 압박하였다. 결과는? 종교적 열광으로 4년간 피렌체를 쥐락펴락했던 사보나롤라는 화형당하고 말았다.

"무장한 예언자는 항상 승리하지만, 무장하지 않은 예언자는 늘 패망한다."

《군주론》, 제6장

---

2   1431~1503. 본명은 로드리고 보르자(Rodrigo Borja)로, 에스파냐 귀족 가문 출신이다. 성격이
    잔인하고 교활하였고, 창기와의 사이에 아들 체사레 보르자를 두었다.

1498년, 29세의 마키아벨리는 피렌체 제2서기국 서기장으로 임명되었다. 사보나롤라의 화형식이 일주일도 채 지나지 않은 때였다. 그는 사보나롤라의 집권과 패망을 보면서 무엇을 생각했을까? 자기 힘으로 자신을 지킬 수 없는 자는 이내 패망할 수밖에 없다. 민중의 지지는 중요하지만 믿을 수 없다. 민중의 마음은 언제 방향이 바뀔지 모른다. 피렌체 시민들은 사보나롤라에게 광적으로 열광했지만, 자기 재산이 위험해지자 바로 등을 돌려 버렸다.

마키아벨리가 서기장을 맡은 제2서기국은 피렌체의 내정과 전쟁 업무를 수행하는 부서였다. 마키아벨리는 자기 상관이 겸직하던 제1서기국의 외교 업무도 겸임하였다. 장관급이었다. 당시 피렌체는 인구 9만 명의 작은 도시이긴 했지만, 처음부터 요직을 꿰찬 것이다. 그는 일벌레였고, 판단력과 보고서 작성 역량이 뛰어났다. 매끈한 일 처리로 신임받으면서 피렌체의 주요 현안은 대부분 마키아벨리의 손을 거치게 되었다.

"매번 타인의 칼에 의존할 수는 없다. 따라서 적이 침입해 올 때 언제나 허리에 찰 수 있도록 칼은 몸 가까이에 두는 게 좋다."

마키아벨리, '재정 조달을 위한 연설'에서

마키아벨리는 공직 임명 첫해에 피렌체와 용병 계약을 맺은 용병단들과 고용 연장 등의 문제를 협상하면서 피렌체가 자체적인 군사력을 보유하는 것이 중요하다는 것을 깨달았다. 피렌체는 상업이 발달하면서 돈으로 용병을 고용했지, 스스로 군대를 보유하지 않았다. 어떻게 보면 화형당한 사보나롤라와 비슷한 꼴이었다. 용병들이 갑자기 등을 돌리면 어찌할 것인가?

1499년, 프랑스 루이 12세는 이탈리아 북부 밀라노 왕국을 점령하였다. 이듬해 마키아벨리는 프랑스와 계약을 맺고 잃었던 피사를 찾으려고 했지만, 루이 12세는 결정적인 순간에 움직이지 않았다. 마키아벨리는 분노에 차 욕을 해 댔다. 다시 한 번 자국군의 필요성을 뼈저리게 느꼈다. 몇 년 뒤 마키아벨리는 피렌체 시민군을 창설하였다. 피렌체는 이를 활용해 피사 탈환에 성공한다.

33세가 되던 1502년, 마키아벨리는 《군주론》의 롤 모델 중 한 명이 되는 체사레 보르자를 만난다. 체사레 보르자는 당시 교황 알렉산데르 6세의 사생아로, 교황의 명령에 따라 이탈리아 중부 지방을 공격해 영향력을 확대하고 있었다. 마키아벨리는 3개월 반 동안 체사레 보르자를 따라다니며 바로 옆에서 그가 권력을 다지는 과정을 지켜보았다.

체사레 보르자는 냉혹한 인물이었다. 그는 반란을 모의한 4명의 부하와 그에 동조한 귀족들을 속여 초대해 놓고 한꺼번에 몰살해 버렸다. 시니갈리아 사건이다. 체사레 보르자는 이 사건 전에 그들을 용서해 준다며 끌어안고 눈물을 흘리기까지 하였다. 이 기만적인 행동은 시간을 끌기 위한 연극에 불과하였다.

마키아벨리는 경악하였다. 아직 서른 살도 안 된 젊은 군주가 그토록 교활하고 결단력을 갖추었다니! 리비우스의 《로마사》에서 본 영웅들이 되살아난 듯했다. 마키아벨리는 그에게서 이탈리아 통일의 희망을 보았다. 하지만 곧 실망하고 만다. 체사레 보르자는 아버지 알렉산데르 6세가 죽은 뒤, 자기 가문과 좋지 않은 관계였던 율리우스 2세를 새로운 교황으로 지지했다가 배신당하고 말았다. 율리우스 2세는 체사레 보르자보다 더 교활한 인물이었다. 그는 교황이 되면 체사레에게 로마냐 지방의 통치권을 주겠다고 약속했지만, 교황이 되자마자 약속을 파기하고 체사레를 반역 혐의로 체포하였다. 마키아벨리가 볼 때 체사레는 '타인의 힘에 의지하지 말아야 한다'는 군주의 원칙을 지키지 못해 몰락해 버렸다.

새 교황 율리우스 2세는 '전사 교황'이라 불릴 정도로 야심 많고 호전적인 인물이었다. 그는 이탈리아를 전부 집어삼키겠다는 야심을 숨기지 않았다. 교황이 이탈리아 세속 군주를 겸하려고 하였다. 갑옷을 입고 전쟁을 지휘하는 교황이라니 그림이 잘 그려지지 않지만, 실제 그랬던 인물이다. 피렌체 정부는 호전적인 교황의 등장에 놀라 피해받지 않기 위해 마키아벨리를 파견하였다. 교황은 기분이 좋지 않으면 주변 사람을 마구잡이로 두들겨 패고, 마키아벨리에게도 군비를 분담하라고 고함을 질러 댔다.

마키아벨리에게 율리우스 2세는 체사레 보르자를 대체할 분석 대상이 되었다. 교황은 페루자, 볼로냐 같은 도시를 무너뜨리면서 승승장구하였다. 그에게 행운이 따른다면 이탈리아를 통일할 수도 있을 것 같았다. '외세의 침략에서 자유로운 힘 있는 이탈리아'라는 공공의 이익을 얻을 수 있을 터였다. 그가 아무리 성정이 괴팍하고 잔인하더라도, 민중에게 사랑받지 못하더라도 좋은 목적을 달성한다면 뛰어난 군주라고 생각하지 않았을까?

체사레와 율리우스. 어디에서 많이 들어 본 이름 같지 않은가? 재미있게도 '체사레Cesare'는 '카이사르Caesar'를 이탈리아어로 읽은 것이고, '율리우스Julius'는 '가이우스 율리우스 카이사르Gaius Julius Caesar'의 이름에서 따온 것이다. 체사레와 율리우스는 공통적으로 과감함과 결단력을 가진 군주였다.

발에는 한 쌍의 철쇄, 어깨에는 여섯 겹의 거친 밧줄이 묶여 있네.
벽에는 큰 모기가 사방에 떼 지어 날아다니니, 마치 나비 무리와 같구나.

마키아벨리, 옥중에서 지은 시

1512년, 모든 것이 완전히 박살 나 버린다. 율리우스 2세는 결국 피렌체에 독이 되었다. 교황은 스페인과 동맹을 맺고 프랑스와 대결하였다. 피렌체는 친프랑스 정권이었고, 스페인군의 공격을 받았다. 피렌체는 허망하게 무너졌다. 스페인군은 쫓겨났던 메디치가를 복귀시켰다. 메디치가가 쫓겨나면서 공화정이 되었던 피렌체는 다시 군주 독재 체제가 되었다.

메디치가에서는 공화정 장관을 지낸 마키아벨리가 곱게 보일 리 없었다. 얄궂은 운명은 마키아벨리를 그냥 두지 않았다. 그는 메디치가에 대한 반란 모의 혐의를 뒤집어쓰고 바르젤로 감옥에 갇히고 만다. 추운 겨울에 투옥되어 '스트라파도StrappA.D.o(날개 꺾기)³'라는 고문을 여섯 차례 받으면서도 끝까지 결백을 주장하였다. 마키아벨리는 22일간 고문당하였다. 다행히 율리우스 2세가 죽고, 메디치가에서 교황이 선출되어 사면받았지만, 10년 치 연봉에 해당하는 벌금을 빚지고, 산탄데르아 농장에서 유배와 다름없는 생활을 하게 된다.

"저녁이 되면 나는 집으로 돌아와 서재로 들어갑니다. 서재에 들어가기 전에 문지방에서 흙과 먼지로 뒤덮인 작업복을 벗고 왕실 궁정의 예복으로 갈아입습니다. 고대인의 궁정에서 나는 정성스럽게 대접받고, 나만의 것이자 내가 태어난 이유이기도 한 정신적 양식을 마음껏 먹습니다. 나는 그들과 대화를 주저하지 않고, 그들의 행적에 궁금한 게 있으면 거리낌 없이 캐묻습니다. 그들의 대답은 늘 친절합니다. 한 번에 4시간가량 진행되는 이런 대화에 아무도 지루함을 느끼지 않습니다. 특히 나는 모든 시름을 잊고, 가난을 겁내지 않고, 죽음에 대해서도 두려움을 느끼지 않게 됩니다. 내가 대화에 몰입하기 때문입니다."

1513년 12월 10일, 프란체스코 베토리에게 쓴 편지

---

3   양 손목을 묶어 당겨서 공중에 매달았다가 줄을 갑자기 풀어 땅에 떨어뜨리는 무시무시한 고문이었다. 어깨 탈골은 물론이고, 얼굴과 머리에 심각한 상처를 입을 수 있었다. 사보나롤라는 죽기 전 이 고문 두 차례에 죄를 자백하였다.

마키아벨리는 이 시절 울분에만 빠져 지내지는 않았다. 그의 곁에는 항상 고전이 있었다. 그는 그리스, 로마의 지도자와 철인들의 이야기를 읽으며 시련을 극복해 나갈 지혜를 구하였다. 그에게는 피렌체 외교관으로 활동한 경험, 교황을 비롯한 각국의 지도자들을 겪으면서 얻은 현실적인 지혜, 고전 독서를 통해 얻은 혜안이 있었다.

"나는 메디치 가문 군주들이 돌을 굴리는 작업부터 하라고 명령하더라도 채용부터 해 주었으면 하는 바람입니다."

그는 메디치가에게 고용되길 원하였다. 비록 모진 고문을 당했지만, 조국 피렌체의 힘을 키우고, 궁극적으로는 이탈리아의 통일을 위해 자신이 누군가에게 쓰이기를 바랐다.

마키아벨리는 절치부심하며 《군주론》을 썼다. 일종의 자기소개서이자 포트폴리오 같은 책이었다. '메디치가여, 나처럼 경험 있고 안목 있는 노련한 행정가를 채용하는 것이 그대들에게 도움이 될 것이오'라는 메시지를 전하려고 하였다. 친구를 통해 당시 피렌체를 실질적으로 다스리던 줄리아노 디 로렌초 데 메디치에게 그 책을 헌정할 계획도 세웠다.

하지만 철저하게 무시당하였다. 마키아벨리가 바친 책은 읽히지 않았다. 실망한 마키아벨리는 《로마사 논고》를 집필하고 루첼라이 집안에서 조직한 올체라이 정원Orti Oricellari의 지식인 모임에 초빙되어 메디치가의 정치에 반대하는 젊은이들과 교류하였다. 나중에 생각을 바꾼 메디치가에서 《피렌체사》 집필 의뢰를 받고 58세에는 피렌체 방어를 위한 군사 조직인 '5인 성벽 관리 위원회'에 서기장으로 임명되기도 하지만 스페인 군대의 진군으로 또다시 실업자가 되고 만다.

마키아벨리는 이번에도 줄을 잘못 섰다. 메디치 정권 말기에 관직을 얻었다는 이유로 대접받지 못한 것이다. 실망한 그는 1527년에 58세의 나이로 눈을 감았다.

마키아벨리가 말하는 리더의 자격

"《군주론》은 공국들이 어떻게 정권을 쟁취하고 유지하며 잃게 되는지를 역사와 당대에 일어난 사건들 속에서 찾아내려는 저술이다."

버트런드 러셀

마키아벨리가 남긴 《군주론》에서 얻을 점은 무엇일까? 리더는 어떤 덕목을 갖추어야 할까?

리더는 과감한 결단력을 갖추어야 한다

"인간의 자유 의지를 포기해서는 안 된다. 운명의 여신은 인간 행동의 절반가량만 지배할 뿐이다. 나머지는 우리가 지배하도록 남겨 두었다."

마키아벨리, 《군주론》 25장

《군주론》의 핵심 키워드 중 하나는 '포르투나Fortuna'이다. 영어의 'Fortune(행운)'과 어원이 같다. 단순한 행운이라기보다는 행운과 불운이 모두 포함된 '운명'이라는 개념이다. 운명의 힘을 절대로 무시하면 안 된다. 체사레 보르자는 오만함 때문에 초심을 잃고 율리우스 2세에게 의존했다가 패망당하였다. 율리우스 2세는 너무 성급하였다. 운명의 여신의 변덕에 휘말렸다. 마키아벨리는 운명의 힘은 분명히 세지만, 인간의 자유 의지로 바꿀 수 있다고 보았다.

마키아벨리는 가혹한 운명의 채찍질에 상처 입었다. 공화정 정부에서 유능한 외교관으로 인정받다가 메디치 정권이 다시 들어설 때 투옥되어 죽음의 위기에 처하였다. 겨우 살아났지만, 벌금 빚더미에 15년간 실업자 신세가 되었다. 다시 정권이 바뀌었을 때는 메디치 정권에 잠깐 몸담았다는 이유로 자기 능력을 발휘할 수 있는 기회가 없었다. 오죽했으면 피렌체 산타크로체 성당에 있는 그의 묘비에 이런 묘비명이 적혀 있을까?

'명성에 상응한 찬사를 받지 못한 자tauto nomiui nullum eloguim'

하지만 그는 운명을 저주하며 가만히 앉아 있지만은 않았다. 고전을 손에서 놓지 않고 경험과 혜안을 바탕으로 《군주론》, 《로마사 논고》 등

빛나는 고전을 집필하였다. 공직 진출이 좌절되자, 나중에는 희곡을 써서 크게 성공하기도 하였다.[4] 운명은 우리 삶의 절반을 지배하지만 나머지 50퍼센트는 바꿀 수 있다.

> "운명의 여신은 여성이다. 그녀를 손에 넣고자 하면 때려서라도 거칠게 잡아 둘 필요가 있다."
>
> 마키아벨리, 《군주론》, 제25장

운명과 맞서기 위해서는 자유 의지와 함께 과감한 결단, 운명을 잡는 힘이 필요하다. 그것이 '비르투Virtu'다. 비르투는 '선'이나 '미덕'을 뜻하는 영어의 'Virtue'와 어원이 같으며, '남성'을 의미하는 라틴어 '비르Vir'에서 파생된 말이다. 비르투는 일반적으로 남성적인 힘, 용기나 결단과 같은 미덕을 상징한다.[5] 하지만 이것은 좁은 의미이다. 넓게 '군주에게 필요한 모든 자질'로, 선한 덕성과 악한 덕성을 모두 포함하여 보는 것이 적절하다.

마키아벨리는 외교관으로 활동하면서 여러 군주를 직접 관찰하였다. 체사레 보르자와 율리우스 2세는 비르투를 실행한 군주였다. 이탈리아의 통일까지도 꿈꿀 수 있게 하였다. 반면 프랑스의 루이 12세, 신성 로마 제국의 막시밀리안 1세 등은 피렌체에게 위협적인 인물이긴 했지

---

4   마키아벨리는 《만드라골라》, 《클리지아》로 대중적으로 큰 인기를 얻었다.
5   탁월함, 역량, 품성, 능력, 활력, 위력, 결단, 힘, 기백, 용기, 용맹 등 다양하게 번역된다.

만, 이탈리아를 집어삼킬 수 있는 기회를 놓친 우유부단한 군주였다. 비르투를 실행하지 못하고, 운명의 여신을 잡지 못한 사람들이었다.

주어진 운명은 어찌할 수 없다. 하지만 운명에 휩쓸리기만 해서는 안 된다. 머뭇거리지 말고 운명과 맞서야 한다. 언제나 50퍼센트의 승률은 있다.

도덕적이고 인자한 것이 좋지만, 때로는 공익을 위해 수단을 가리지 않아야 한다

"'사람들이 무엇을 해야 하는가' 하는 문제에 매달려 '사람들이 무엇을 하고 있는가' 하는 문제를 소홀히 하는 자는 자신의 보존보다 파멸을 훨씬 빠르게 배운다. 매사에 선을 내세우는 자는 그렇지 않은 자들 사이에서 몰락을 피하기 어렵다. 따라서 권력을 유지하려는 군주는 시의에 따라 때로는 악하게 굴거나, 악행을 저지르는 법을 배워야 한다."
"군주는 가혹하다는 악평에 초연할 필요가 있다. 지나치게 인자한 나머지 다수를 죽거나 약탈당하게 하는 것보다 소수를 처벌해 기강을 바로잡는 군주가 훨씬 인자하기 때문이다."

마키아벨리, 《군주론》 제17장

마키아벨리가 가장 오해받는 대목이다. 마키아벨리는 도덕적이거나 인자한 것을 나쁘다고 생각하지 않았다. 군주가 가능하면 품성이 도덕적이면 좋다. 하지만 현실을 냉철하게 바라보아야 한다. 현실 세계에는 사자와 늑대 같은 자들이 우글거린다. 거기에서 독야청청 도덕을 내세우면 권력을 잃기 쉽다. 인자함도 마찬가지이다. 인자하기만 한 군주는 오히려 조직을 망친다. 이순신 장군도 명량해전 당시 탈영하는 부하의 목을 베었다. 고양이 손이라도 필요한 때에 왜 그렇게 했을까? 그 한 사람을 처벌해 수군의 기강을 바로잡아야 왜군을 막아 내고 나라를 지킬 수 있다. 더 많은 희생을 막는 방법이다. 그것이 오히려 더 인자한 것이다.

다소 비도덕적이고 인자하지 않은 수단을 사용할 때 전제 조건이 있다. 그것은 바로 '네체시타Necessita'이다. 네체시타는 '필요'를 뜻하는 영어 'Necessity'와 어원이 같은데, '필요, 시대적 요구, 시대정신'을 뜻한다. 맹목적인 공익이 아니라 시대적인 요구에 맞게 공익을 추구할 때만 비도덕적인 수단이 용납되는 것이다. 단순히 권력을 얻고 유지하기 위해 마구잡이로 권모술수를 쓰라는 것이 아니다. 앞서 말한 비르투는 네체시타를 따라서 발휘해야 한다. 네체시타는 비르투의 대전제이다.

마키아벨리는 옛 로마의 영광을 되찾기를 원하였다. 이탈리아 통일을 지상 과제로 여겼다. 그리고 고향 피렌체의 평화를 바랐다. 그에게 이탈리아 통일 국가의 수립은 시대적 요청, 즉 네체시타였다. 나머지는 모두 그것을 이루기 위한 수단이었다. 그에게는 도덕적인 계율보다 중요한 것이 이탈리아 통일이라는 공익의 달성이었다. 정치 체제가 공화정이든, 군주정이든, 참주정이든 시대의 요청에 따라 좋은 결과를 낼 수 있는 것이 더 중요하였다. 근대 국가의 핵심은 강력한 군주였다. 절대적인 권력을 가진 군주가 이탈리아에도 필요하였다. 마키아벨리는 이 요청에 부응하는 인물이라면 적과 아군을 가리지 않았다. 예를 들어, 체사레 보르자의 경우 그의 잔인함은 로마냐 지방 주민들의 안전 제공이라는 공익을 실현했기에 눈감아 줄 수 있었다. 그렇지 않았다면 마키아벨리는 그를 하찮은 폭군으로 평가했을 것이다.

어쩔 수 없는 인간 본성을 직시하라

"군주는 백성들에게 사랑받고 두려운 대상도 되는 게 가장 바람직하다. 하지만 하나를 포기해야 한다면 두려운 대상이 되는 게 훨씬 낫다. 은혜를 모르고, 변덕스럽고, 위선적인데다, 위험을 피하려고만 하며, 물욕을 향해 달려가는 사람의 품성 때문에 그렇다."

"사람은 두려움을 불러일으키는 자보다 사랑을 베푸는 자를 해칠 때 덜 주저하게 마련이다."

마키아벨리, 《군주론》, 17장

마키아벨리는 어쩔 수 없는 인간의 본성을 직시하였다. 사보나롤라를 화형장에 보낼 때 피렌체 시민들은 광신도 같은 열렬한 지지자에서 재산을 빼앗기지 않으려는 소시민으로 입장을 바꾸었다. 사랑받는 리더는 이상적이다. 하지만 현실적인 인간사를 보았을 때 따르는 사람들의 사랑만을 추구해서는 권력을 유지하고 네체시타를 추구하는 것이 불가능하다. 따르는 자들은 자기 이익을 위해 언제든 등을 돌릴 수 있다. 대중의 본성은 나약하고, 권력자의 놀음에 놀아나기 쉽다. 서글픈 사실이지만, 리더라면 눈을 돌려서는 안 될 인간의 본성이다.

"나는 어떤 이론이나 사변보다 사물의 구체적인 진실을 추구하는 것이 더 낫다고 생각한다."

마키아벨리, 《군주론》 제15장

"마키아벨리의 철학은 과학적이고 경험적인 학설로 사태를 직시하며 스스로 경험한 것에서 나온 결과물인데, 목적의 선악 여부와 상관없이 정해진 목적에 맞는 수단을 찾아내는 데 관심을 두었다."

버트런드 러셀, 《서양철학사》

5분 통찰

마키아벨리에 대한 오해가 조금은 풀렸는가? 《군주론》은 비열한 권모술수의 교과서로 여기거나, 남을 짓밟고 생존하기 위한 처세로 읽을 때 심각한 오해가 생긴다. 한나 아렌트는 서구의 지성사가 마키아벨리를 기점으로 나뉜다고 평가하였다. 기존의 '도덕적으로 선한 것은 유익하다' 같은 도덕을 앞세운 철학이 아니라, 비정한 현실을 관찰하고 그것에서 비롯한 사상을 펼쳤기 때문이다. 특히 비르투, 포르투나에 대한 그의 생각은 이전과는 근본적으로 다른 사상이다. 철저히 경험에서 우러난 인간 본성에 대한 통찰이 《군주론》곳곳에 녹아 있다. 16세기 이탈리아에 살던 사람과 21세기 우리의 본성은 크게 다르지 않다. 《군주론》을 펴고 인간에 대한 구체적인 진실을 파헤쳐 보는 것은 어떨까?

니체, 《차라투스트라는 이렇게 말했다》

인생의 답은
모두 내 안에 있다

니체의 자신

> "그대는 자신을 넘고 올라야 한다.
> 위로 저 위로, 별 위에 오를 때까지!"
>
> **니체, 《차라투스트라는 이렇게 말했다》 3부**

이탈리아 북부 도시 토리노의 카를로 알베르토 광장. 1889년 새해가 시작한 지 얼마 지나지 않은 1월 3일. 날씨가 쌀쌀하다. 40대 중반의 한 사내가 길을 걸어가고 있다. 남자 옆에서 마부가 말을 모질게 채찍질한다. 늙어서 마차를 끄는 힘이 없는 것일까, 추워서 몸이 굳어 버린 것일까? 채찍에 맞는 말을 보고 사내는 갑자기 말의 목을 감싸 안는다. 눈에는 눈물이 흐른다. 그러다 그는 발작을 일으키며 쓰러진다.

집주인이 하숙방에 업고 왔지만, 쉬이 깨어나지 않는다. 이틀간 혼수 상태였던 사내는 깨어나서 친구들에게 편지를 쓴다. 횡설수설이다. 그는 편지의 마지막 서명 부분에 자기 이름을 쓰지 않는다. 대신 그리스 신화에 나오는 술의 신인 '디오니소스' 혹은 '십자가에 못 박힌 자에 맞선 디오니소스'라고 적는다. 아무래도 낌새가 이상하다. 편지를 받은 친구 오버베크가 바로 달려와 남자를 정신 병원에 입원시킨다. 진행성 뇌 마비. 그는 이후 11년간 어머니와 여동생의 보호를 받으며 서서히 죽어 간다.

"나의 삶은 또 하나의 사상이다."

망치를 든 철학자 프리드리히 빌헬름 니체Friedrich Wilhelm Nietzsche, 1844~1900. 니힐리즘(허무주의), 가치의 전도, 위버멘시, 힘에의 의지, 아모르파티(운명애), 영원 회귀, 디오니소스…. 니체의 철학은 근대를 지나 현대까지도 많은 이에게 영감을 준다. 니체는 생전에 "내가 죽고 50년이 지난 뒤에 나는 하나의 신화가 될 것이며, 서유럽이 암흑 속에 가려질 때 내 별은 창공에 반짝이리라"라고 했는데, 사실 그의 예언보다 더 빨리 신화가 되었다.

"대부분 갈매기는 비행에 대해 아주 간단한 사실 이상은 배우지 않는다. 해안에서 먹이가 있는 곳으로 갔다 돌아오는 법만 배운다. 갈매기들에게 중요한 것은 비행이 아니라 먹이다. 하지만 조나단에게 중요한 것은 먹이가 아니라 비행이었다."

리처드 바크, 《갈매기의 꿈》

니체의 글을 읽으면 《갈매기의 꿈》에 나오는 조나단이 떠오른다. 니체는 당시 기독교, 신, 자본주의, 국가주의, 이성 중심의 세계관 등 유럽인이 일반적으로 인정하던 가치관을 망치로 때려 부수었다. 그는 조나단과 마찬가지로 평범한 갈매기가 아니었다. 모두가 먹이에 신경 쓰고 있을 때 하늘을 날았다. 주어진 삶을 낙타처럼 살아가고 있을 때 사자의 정신으로 기존의 우상을 무너뜨리고 어린아이 같은 천진난만함으로 삶을 긍정하며 위버멘시의 삶을 향하였다. 복잡해 보이는 니체의 철학은 그의 삶을 이해하면 해독에 많은 힌트를 얻을 수 있다. 그의 철학은 복잡해 보이지만 삶은 비교적 단순하였다. 니체의 삶부터 간단히 살펴보자.

세상에서 가장 위험한 철학자의 인생사

니체는 독일 작센주 뢰켄에서 2남 1녀 중 장남으로 태어났다. '2남 1녀'

같은 시시콜콜한 정보를 나열하는 데에는 이유가 있다. 남동생은 죽고 여동생 하나만 남는데, 가족 중 남성의 부재와 여동생의 존재가 니체의 삶에 꽤 많은 영향을 주었다. 니체의 아버지는 아들이 태어난 날이 당시 프로이센 국왕 프리드리히 빌헬름 4세의 생일과 같은 것이 좋았던지, 아들의 이름을 프리드리히라고 지었다.

> "어머니가 인정하는 남자는 오직 나 한 사람뿐이었으며, 이것으로 인해 우리 집은 어린 나에게 감옥 아닌 감옥이 되어 버렸다."

니체가 5세가 되는 해, 아버지가 뇌진탕으로 사망하고, 같은 해에 남동생도 사망하였다. 니체는 할머니, 어머니, 여동생 등 여자만 사는 집에서 자랐다. 니체의 여동생 엘리자베스는 훗날 니체를 돌봐 주고 저서를 정리하기도 했지만, 평범하지는 않았다. 여동생은 니체에게 비정상적으로 집착하였다. 어머니의 집착도 만만치 않았다.[1] 니체는 14세에 슐포르타 김나지움에 장학생으로 들어가서야 여성들에게 둘러싸인 집에서 탈출할 수 있었다.[2]

---

[1] 니체의 여동생은 어릴 때부터 니체의 몸을 더듬는 등 성적으로 집착하였다. 성인이 되어서는 니체가 만나는 여자들을 경계하였다. 여자들만 있는 집에서 니체는 강제로 여자 옷을 입기도 했는데, 그의 저술 중에 여성에 대한 무시나 차별적인 말이 나오는 것은 이런 맥락에서 이해해 볼 수도 있다.
[2] 이 시기에 한 백작 부인과의 부적절한 관계가 시작되고, 사창가를 드나든다. 훗날 니체가 정신 착란을 일으킨 것이 이 시기에 옮은 매독 때문이라는 견해가 있었지만, 최근에는 뇌종양 때문이라는 설이 지배적이다.

"나의 소년 시절 가장 중대한 두 가지 사건은 신앙심의 상실과 내가 쓴 100여 편의 시가 영원성을 지니지 못할 거라고 생각하게 된 것이다."

니체의 아버지는 목사였고, 외할아버지도 목사였다. 자연스럽게 신앙적인 분위기에서 성장했는데, 이 시기에 신앙에 대한 회의가 깊어지면서 문학, 특히 낭만주의 문학에 흥미를 갖게 되었다. 9세부터 시를 짓고 작곡을 시작했던 니체는 김나지움 시절 괴테, 셰익스피어, 횔덜린 등의 작품을 읽으며 지적으로 성장하였다.[3] 니체의 저작들이 정교한 논리보다 자유분방한 문학적인 경향이 있는 것은 이런 영향이었을 것이다.

니체는 20세에 본 대학에 진학 후 21세에 고전 문헌학의 대가 빌헬름 리츨 교수를 따라 라이프치히 대학으로 옮겼다. 이 시기에 우연히 쇼펜하우어의 책《의지와 표상으로서의 세계》를 만나면서 체념과 자기 부정의 미학에 푹 빠져들었다. 그런데 쇼펜하우어의 철학은 염세적이고 허무하였다. 니체는 밤새 쇼펜하우어를 읽다가 집어 던지고 종일 방황하다 밤이 되면 다시 책을 집어 들기를 반복하였다. 그는 쇼펜하우어의 책에 대해 이렇게 말하였다.

"나는 세상과 인생, 그리고 나 자신의 감정을 엄청나고 거대하게 비추어 주는 거울을 보았다. 자신을 인식하고픈, 아니 자신을 샅샅이 되

---

3   훗날 니체는 괴테를 '위버멘시'의 전형적인 인물로 치켜세웠다.

돌아보고픈 충동이 나를 강렬하게 휘몰아쳤다."

니체는 25세가 되던 1869년, 파격적으로 스위스 바젤 대학의 고전 문헌학 교수가 되었다. 엄격한 절차를 중시하는 보수적인 성향이 짙은 학계에서 25세의 교수 임명은 이례적인 사건이었다. 젊은 천재 교수의 등장은 많은 이의 이목을 끌었다.

흥미롭게도 니체의 삶은 5세부터 10년 단위로 크게 굴곡이 있다. 5세에는 아버지와 남동생이 사망했고, 15세에는 집을 떠나 김나지움에서 생활하면서 정신적으로 방황하였다. 25세에는 대학교수가 되었지만 35세에 병 때문에 그만두고, 유럽 각지에서 요양하면서 집필에 몰두하였다. 45세에는 정신 착란을 일으키며 모든 활동을 중단했고, 그로부터 10여 년 뒤 세상을 떠났다.

니체 철학에서 배우는
삶의 태도

"1883년 2월 극한적인 상황에서 시작해 집필하기까지 이 책의 저술 기간은 18개월인 셈이다. 모든 결정적인 것은 '그럼에도 불구하고' 나타난다는 나의 신조를 증명이라도 한 것같이 나의 '차라투스트라'는 바로 이 겨울, 그러한 악조건 속에서 탄생하였다."

니체, 《이 사람을 보라》

니체는 대학교수직을 사임하고 요양하던 시기 로마에서 '루 살로메'[4]라는 17세 연하의 여성과 교제하면서 사랑에 빠졌다. 하지만 두 차례의 청혼을 모두 거절당하고 제네바로 도피해 버렸다. 니체의 대표작 《차라투스트라는 이렇게 말했다》는 니체가 육체적, 정신적으로 극단적인 고통을 겪는 바로 이 시기에 탄생하였다.

《차라투스트라는 이렇게 말했다》에는 니체 철학[5]의 굵직한 핵심 메시지가 가득하다. 읽어 내기는 쉽지 않다. 이 책은 말 그대로 '니체다운' 비유와 상징, 반어와 독설로 가득 차 있다. 비체계적이고, 일관되게 반종교적이다. 중세에 이 책을 썼다면 화형당했을 법하다. 니체는 극심한 편두통에 시달리다가 잠깐씩 정신이 돌아오면 열정적으로 글을 썼다. 그래서 체계적이기보다 단편적이고 선언적이다. 떠오르는 아이디어를 놓치지 않기 위한 몸부림의 기록이다. 니체의 글은 논리적으로 하나하나 따져 가며 읽기보다 시집을 읽듯이, 마음 가는 대로, 펼쳐지는 페이지를 읽어 가는 것도 좋은 방법이다. 니체 철학은 워낙 방대하지만 《차라투스트라는 이렇게 말했다》를 중심으로 핵심을 뽑아보면 다음 세 가지로 정리할 수 있다.

---

4   니체, 라이너 마이너 릴케, 프로이트 등 수많은 당대 지성인과 교류한 여성으로 자유분방한 연애관을 가지고 있었다. 니체는 루 살로메의 결혼 소식에 우울증에 빠지기도 하였다.
5   누군가의 철학을 임의로 분류해 버리는 것은 위험하다. '에피쿠로스' 하면 '쾌락주의', '니체' 하면 '허무주의'. 이런 식의 분류는 자신의 머릿속에서 지식을 정리하는 데는 좋지만, 실제 그 사람의 철학을 이해하는 데는 그리 도움이 되지 않는다. 에피쿠로스에게는 '에피쿠로스 철학'이, 니체에게는 '니체 철학'이 있다.

허무주의의 극복과 가치의 전도

"허무주의란 무엇을 의미하는가? 그것은 최고의 가치가 무가치하게 되는 것, 목표를 상실하는 것, 즉 '왜'라는 물음에 답변이 결여된 것을 뜻하는 것이다."

니체, 《유고》

니체는 망치를 들고 자기 세대에 유럽을 지배하고 있는 우상을 두들겨 부수려 하였다. 니체가 볼 때 인간은 여전히 신에게 속박되어 있었고, 이성을 우상으로 섬겨 감정은 저열한 것으로 취급되고 있었다. 이데아의 세계에 자리를 내준 현실은 긍정적으로 인식되지 않았고, 교육은 겉으로만 교양 있어 보이는 속물을 만들어 내고 있었다. 천민자본주의, 개인의 자유를 억압하려는 국가주의도 망치로 때려 부수어야 할 우상이었다.

니체는 첫 책 《비극의 탄생》에서부터 이성 중심의 기존 사상계에 짱돌을 던졌다. 지도 교수였던 리츨 교수마저 "그저 재치 있는 술주정에 불과하다"라고 혹평했을 만큼 기존 갈매기들의 저항은 거셌다. 세상은 조나단의 비행, 니체의 문제 제기에 냉담하였다. 하지만 아폴론(태양, 예언, 음악 등의 신, 이성을 상징)의 이성에만 매몰되지 말고, 인간의 다른 본성인 디오니소스(술의 신, 감정·도취·황홀경 등을 상징)적인 감정까지 모두 긍정해야 한다는 니체의 생각은 다이너마트 같은 폭발력이 있었다.

"차라투스트라는 선과 악의 싸움 속에서, 여러 사물의 운행에서 본래
의 톱니바퀴를 본 최초의 인물이었다."

'차라투스트라'는 페르시아의 조로아스터교의 창시자다. 니체가 차라
투스트라의 입을 빌리기로 한 이유는 무엇일까? 조로아스터교에서는
빛과 선의 신인 아후라 마즈다와 어둠과 악의 신인 앙그라 마이뉴가 갈
등한다. 그런데 두 신은 동전의 양면이다. 선과 악이 완전히 별개의 것
이 아니라 본래는 하나이다. '본래의 톱니바퀴'를 보면 이원론에 매몰되
면 안 된다. 빛이나 어둠 모두 세상과 인간의 본질이다. 어느 한쪽만을
우상화하고, 다른 한쪽을 무시하고 무너뜨리려는 시도는 자연스럽지
않다.
　'선과 악이 결국은 동전의 양면이다.'
　'신의 모습에는 선과 악이 뒤섞여 있다.'
　어디에서 본 것 같은 생각이 들지 않는가? 맞다. 문학 편 헤르만 헤세
의 《데미안》에 나오는 '아브락삭스'의 모습이다. 깨어난 자아가 결국 향
하는 것은 인간의 실상, 본질이다. 그 본질은, 본래의 톱니바퀴는 빛·이
성·정신만을 숭상하는 것이 아니라 어둠·감정·육체까지 긍정한다. 니
체 철학의 영향을 받은 헤세는 《데미안》에서 동전의 양면을 모두 포함
하는 신의 모습을 그린 것이다.

"신은 죽었다."

우상을 하나하나 때려 부수다가 마지막 단계에 만나는 것은 결국 신이다. 니체는 신마저 그냥 두지 않았다. 니체는 신의 존재 자체에 대해 고민하기보다는 왜곡되어 존재 가치를 상실해 버린 신, 인간이 그간 우상화해 버린 신에 대해 사망 선고한 것이다.

그렇게 인간의 정신을 구속해 온 수많은 우상을 망치로 다 때려 부수고 나면 기댈 곳이 없는 허무주의 상태가 되고 만다. 만약 니체가 여기까지만 사상을 전개했다면 그저 그런 사상가로 평가되었을지도 모르겠다. 니체는 한 걸음 더 나아가 이런 허무주의의 상태를 극복할 대안을 제시하였다. 그것이 바로 위버멘시와 영원 회귀, 아모르파티다.

위버멘시와 힘에의 의지

"인간이 보기에 원숭이는 어떤 존재인가? 웃음거리거나 고통스러운 수치다. 초인이 보기에 인간도 이와 마찬가지다. 웃음거리거나 고통스러운 수치에 불과하다."

니체, 《차라투스트라는 이렇게 말했다》 1부

위버멘시란 무엇인가? 새로운 가치를 창조해 가는 자, 자유로운 정신을 가진 자다. 앞에서 말한 허무주의의 상태를 극복하는 자다. 흔히 '초인超人'으로 번역하는데, 그렇게 번역하면 정확한 이해가 어렵다.

위버멘시의 본래 뜻은 '건너가는 자', '넘어가는 자'다. 완성되어 가만히 멈추어 있는 것이 아니다. 끊임없이 움직이고 변신하는 자다. 위

버멘시는 완성된 어떤 절대적인 존재가 아니라 자기 잠재력을 최대한
으로 끌어올려 예술의 경지에서 삶을 제대로 살아가는 자다. 박제되
어 머물지 않고 항상 새로움을 추구하고 삶을 창조하는 자가 위버멘
시다.

> "인간이란 짐승과 위버멘시를 연결해 주는 밧줄, 심연 위에 걸린 하나
> 의 밧줄이다. 저편으로 건너가는 것도, 도중에 있는 것도, 뒤돌아보는
> 것도 위험하고, 벌벌 떨거나 멈춰 서 있는 것도 위험하다."
>
> **니체, 《차라투스트라는 이렇게 말했다》 1부**

니체의 이 말은 인간이 원숭이 같은 짐승과 위버멘시 사이에 걸쳐진
밧줄을 아슬아슬하게 올라탄 이미지를 그려 보면 이해가 쉽다. 니체에
게 인간은 위버멘시로 향하는 존재이다. 인간은 주어진 환경에 그저 서
있기만 하면 위험하다. 환경을 긍정하고 자기 극복을 시도해야 한다.

위버멘시의 길은 '힘에의 의지will to power'를 발현하는 생명력 넘치는
길이다. '힘에의 의지'를 '권력에의 의지'로 번역하기도 하는데 오해의
소지가 있다.[6] 니체에게 힘은 권력을 포함하는 포괄적인 개념이다. 기
운이 빠져 축 늘어져 있는 상태가 아니다. 고양되고 에너지 넘치는 디

---

6   니체의 여동생 엘리자베스는 훗날 반유대주의에 기울어, 니체의 사상을 나치에 동조하는 것
     처럼 해석해 곡학아세하는 오류를 저질렀다. 니체는 나치식의 국가주의, 전체주의에는 철저
     히 반대한다.

오니소스적인 상태이다. 생명력으로 충만한 것이다. 힘에의 의지로 가득한 삶은 위버멘시를 지향한다.

> "삶이 있는 곳에만 의지도 있다. 그런데 그것은 삶에의 의지가 아니라 힘에의 의지라고 나는 그대에게 가르치는 것이다!"
> "나는 살아 있는 생명을 발견한 곳에서는 어디서나 힘에의 의지를 발견할 수 있었다. 그리고 시중드는 자의 의지에서도 주인이 되려는 의지를 발견할 수 있었다."

니체,《차라투스트라는 이렇게 말했다》 2부

누구에게나 힘에의 의지가 있다. 하인, 시중드는 자, 아랫사람은 힘이 없어 보인다. 하지만 가만히 생각해 보자. 주인은 하인에게 어떤 일을 시키면서 그에게 의존하게 된다. 그 일에 대한 주도권을 상실하는 것이다. 하인이 없으면 정원을 가꿀 수도, 예복을 입을 수도 없다. 주인은 하인에게 예속되고, 하인은 주인이 된다. 이렇게 '힘에의 의지'는 생명의 본성이고, 생명이라면 어떤 위치에서든 다양한 형태로 그것을 발현하며 살아가는 것이다.

니체는 극단적으로 "이 세계는 힘에의 의지이며 그 외에 아무것도 아니다"라고까지 말한다. 힘에의 의지는 지배하려는 의지이자 강해지려는 의지이며 정치, 사회, 예술, 문화, 과학 등 인간이 세상에서 하는 모든 행위의 근본적인 동인이 된다. 힘에의 의지는 모든 생명의 존재 의지이자 가장 내적인 본능이다. 그렇다고 해서 힘에의 의지가 삶 그 자체는 아니다. 중요한 것은 삶이다. 삶이 없으면 어떤 의지도 있을 수 없다.

"나는 그대들에게 위버멘시를 가르치러 왔노라. 인간은 극복되어야 하는 존재다. 그대들은 인간을 극복하기 위해서 무엇을 했는가?"

니체, 《차라투스트라는 이렇게 말했다》 1부

니체는 우리에게 묻는다. '자기를 극복하기 위해서, 힘에의 의지를 발현하며 위버멘시를 향하기 위해 무엇을 하고 있느냐'고.

생명력 있게 자신을 본모습을 발현하는 위버멘시는 눈앞에 펼쳐진 현실과 운명을 어떻게 받아들일까? 그는 운명을 긍정하고 사랑한다. 심지어 고통과 시련까지도 끌어안는다. 모든 것을 자기 성장의 자양분으로 삼는다. 여기서 니체 철학의 또 다른 키워드를 찾아볼 수 있다. 바로 영원 회귀와 아모르파티이다.

영원 회귀와 아모르파티

"만물이, 그리고 만물과 함께 우리 자신도 영원히 회귀하며, 우리는, 그리고 우리와 함께 만물도 이미 무한한 횟수에 걸쳐 존재하고 있었다. (중략) 나는 다시 오지만, 새로운 삶이나 더 나은 삶, 비슷한 삶으로는 아니다. 나는 똑같은 삶에 영원히 회귀한다. 만물의 영원 회귀를 다시 가르치려고."

니체, 《차라투스트라는 이렇게 말했다》

니체 철학을 흔히 허무주의라고 하지만 그는 허무주의에 머물지 않았다. 운명을 긍정하였다. 니체 개인의 성향도 긍정적이었다. 그는 발작 후 10여 년간의 투병 생활 중에 정신이 잠깐씩 돌아오면 자기를 돌보는 어머니와 여동생을 위로해 주고 피아노를 치기도 하였다. 평생 지독한 편두통을 비롯한 온갖 질병에 시달렸지만, 운명을 저주하고만 있지 않았다.

영원 회귀는 '세계는 동일한 것의 무한한 순환이고, 회귀'라는 것이다. 지금 나의 삶이 조금도 달라지지 않고 똑같이 무한하게 반복된다. 아픔도, 슬픔도, 기쁨도 그대로이다. 다시 대학입시를 준비해야 하고, 대한민국에서 남자로 태어난 사람은 군대도 가야 한다. 배우자가 있다면 같은 상대와 다시 결혼하고, 지지고 볶고 싸우는 과정도 그대로 겪어야 한다. 좋은 일이야 반복되어도 반갑지만, 일반적으로 나쁜 일이 계속된다는 것은 생각조차 하기 싫다.

끔찍할 수도 있다. 하지만 니체 철학의 맥락에서 생각해 보자. 영원 회귀를 단순한 사건의 반복으로만 보지 말고 '힘에의 의지'와 그 의지를 실현하는 존재의 무한한 회귀라고 생각해 보자. 영원 회귀는 위버멘시로 가는, 자신을 초극하는 그 삶을 부정하지 않는 것이다. 허무주의에 빠져 생명력을 잃어버렸다면 당연히 삶의 무한한 반복이 괴롭겠지만,

힘에의 의지를 발현하는 삶과 운명은 사랑해야 마땅한 것이다.

영원히 반복되는 운명에의 긍정은 운명애Amor Fati 에 의해 가능하다. 한순간이라도 자기 삶을 위버멘시로 향하는 길로 충실하게 살아간다면 이 삶이 영원히 반복되기를 바랄 수 있지 않을까? 여기에서 허무주의가 극복된다. 하루하루를 '건너가는 자'로서 충실하게 살아가는 것. 그것만이 허무주의를 극복하고 자신의 운명을 사랑할 수 있는 길이다. 우리는 모두 지금 이 삶에서 두 가지 갈림길에 서 있다. 짐승의 길을 갈 것인가, 위버멘시의 길을 갈 것인가? 후자라야 자기 운명을 진정으로 사랑할 수 있다.

"지금 여기에서 너 스스로, 네 본모습이 될 수 있는 자유를 가졌고, 그 무엇도 너의 길을 막을 수 없다."

리처드 바크, 《갈매기의 꿈》

니체는 '낙타→사자→어린아이'의 정신의 3단계 변화에 대해 말하였다.

"내면에 외경심이 깃들어 있는, 강하고 참을성 있는 정신은 무거운 짐을 지고 있다."

니체, 《차라투스트라는 이렇게 말했다》 1부

낙타의 정신은 의무와 책임감이다. 낙타는 불평, 불만 없이 많은 짐을 지고 사막을 건넌다. 낙타에게 중요하는 것은 '해야만 한다'는 것, 의무다. 낙타는 주어진 운명에 경외감을 갖고 순응한다. 모든 것을 인내하면서 받아들인다. 이렇게 낙타의 단계에만 머물러서는 삶의 주인이 될 수 없다. 이제 사자의 단계로 넘어가야 한다.

사자는 용맹함과 자유를 상징한다. 헛된 우상과 거짓을 무너뜨리고 모든 것을 소유한다. 주인이 된다. 니체는 거대한 용과 싸우려는 사자를 묘사하면서 이렇게 말한다.

"거대한 용은 '너는 해야 한다'를 뜻한다. 하지만 사자의 정신은 '나는 하려고 한다'고 말한다. (중략) 그대들의 정신에 왜 사자가 필요한가? 체념과 경외를 아는, 짐을 지는 낙타로는 왜 만족하지 않는가? (중략) 새로운 가치를 창조하기 위해 스스로 자유를 창조하는 일, 그것은 오직 사자의 힘으로 가능하다. 스스로 자유를 창조하고, 의무를 신성하게 부정하기 위해서는 사자가 필요하다."

니체, 《차라투스트라는 이렇게 말했다》 1부

사자는 분명 매력적이다. 노예가 아니라 주인이다. 망치를 들고 기존의 지배적인 관념을 다 깨부순다. '해야만 한다'는 의무를 신성하게 부정한다. 하지만 이 상태에서는 폭군으로 군림할 뿐 진정한 정신에 도달하지 못한다. 새로운 것을 창조하기 힘들다.

"아이는 순진함이자 망각이고, 새로운 시작이자 유희다. 저절로 굴러가는 바퀴이고, 최초의 움직임이며, 신성한 긍정이다. (중략) 이제 정신은 자신의 의지를 원하고, 속세를 등진 정신은 자기만의 세계를 획득한다."

니체, 《차라투스트라는 이렇게 말했다》 1부

기존의 낡은 가치를 부정하고 새로운 가치를 창조하기 위해서는 순수한 어린아이의 정신이 필요하다. 새로운 자기만의 가치를 발견하는 자, 위버멘시가 되기 위해서는 순진한 눈으로 세상을 바라보아야 한다. 기존의 고정 관념과 가치를 망각해야 한다. 그래야 새롭게 시작할 수 있고 창조할 수 있다. 창조는 놀이다. 놀이터에서 어린아이들이 모래로 자기만의 세상을 만들어 내는 것은 유희이지, 무거운 짐이 아니다.

5분 통찰

《차라투스트라는 이렇게 말했다》의 부제는 "만인을 위한, 그리고 어느 누구도 위하지 않는 책"이다. 모두가 읽을 수 있는 책이다. 하지만 누가 되었든 어린아이처럼 있는 그대로의 자신, 본래의 자아로 돌아가지 않고서는 제대로 소화하기 힘들다.

운명이 괴로운가? 외부의 누군가에게 의존해도 답이 안 보이는가? 니체의 《차라투스트라는 이렇게 말했다》를 펼쳐 보자. 낙타나 사자의 마음이 아닌 어린아이의 마음으로 자신과 대면하는 시간을 가져 보기를 권한다.

"오직 자신을 믿도록 하라. 자기 자신을 믿지 않는 자는 언제나 거짓말을 한다!"

니체,《차라투스트라는 이렇게 말했다》2부

공자, 《논어》

존경받을 만한
리더가 되어라

공자의 군자

德不孤, 必有隣.

(덕불고 필유린)

덕이 있는 사람은 외롭지 않다. 반드시 알아주는 사람이 있다.

공자, 《논어》 [이인]

한 스승과 그를 따르는 제자들. 스승은 위나라 영공에게 유세했지만,
위영공은 군대의 진법에만 관심이 있었다. 약육강식의 춘추시대. 제후
들은 군대를 이끌고 남의 나라를 침략하고 국력을 키우는 일, 나라에
이익이 되는 일에 관심을 가질 뿐이었다. 위나라에서도 정치적인 이상

을 실현하기 힘들다고 판단한 스승은 제자들을 이끌고 위나라를 떠나 진나라로 향한다.

아뿔싸! 양식이 바닥났다. 피죽도 제대로 먹지 못한 제자들이 결국 병들어 일어나지 못한다. 이때 한 제자가 씩씩거리며 스승에게 대든다. 성격이 불같은 자로 子路 이다.

"군자도 곤궁할 때가 있습니까?"

스승은 천천히 제자를 타이른다.

君子固窮, 小人窮斯濫矣.

(군자고궁 소인궁사람의)

군자는 곤궁함에 대해 꿋꿋하다. 소인은 곤궁해지면 별의별 짓을 다 한다.

공자, 《논어》 [위령공]

군자도 곤궁해질 수 있다. 인생을 살다 보면 어떤 일이 벌어질지 모른다. 돈이나 쌀이 떨어질 수도 있고, 사기를 당할 수도 있다. 군자는 이런 곤궁 속에서도 미쳐 날뛰지 않고 의연하다. 하지만 소인은 몸이 불편해질 때, 자기 이익을 침해당했을 때 별짓을 다 한다. 시기하는 무리에게서 스승을 지키며 호위를 맡아 온 자로도 예의 없이 행동하지 않는가?

이 일화에 나오는 스승은 공자이다. 공자는 노나라의 정치가이자 사상가로 활동했지만, 권력 다툼에서 밀려난 후 철환천하[1]하였다. 위나라에서 진나라로 가던 중 뜻밖에 식량이 떨어진 상황에서 자로는 군자의 자세를 잃었다. 평소 스승의 가르침을 저버린 것을 공자는 한마디 말로 깨닫게 하였다.

군자의 덕을 채우는
공자의 가르침

'공자 왈' 하면 '고리타분하다', '지나치게 보수적이다', '답답하다', '잔소리한다'는 생각이 들지도 모르겠다. 《논어》는 '공자 왈'로 가득한 책이다. 공자 사후에 만든 어록의 성격이 강하니 그럴 수밖에 없다. 2,500여 년 전 말이니 물론 답답한 내용도 있을 수 있다. 하지만 조금만 인내심을 가지고 읽다 보면 생각보다 공자의 생각이 유연하고 합리적이라는 것을 알 수 있다. 예를 들어, 장례에서는 그 형식보다 고인을 그리며 슬퍼하는 마음을 더 중요하게 여겼고, 상대의 나이가 어리더라도 상을 당했거나 불구라면 자리에서 일어나 안타까운 마음을 전하였다.

우리가 아는 유학은 공자 사후에 잘 정리되고, 편집된 것이다. 몇 차례 변신의 과정도 거쳤다. 그 과정에서 덧붙여지고 변질된 내용도 있

---

1   轍環天下. 수레를 타고 천하를 돌아다님. 공자가 자기의 정치적인 이상을 펼 수 있는 나라를 찾아 수레를 타고 천하를 주유한 것에서 유래한 말.

다. 하지만 《논어》는 본래 공자가 한 말에 가장 가깝기에 공자의 본래 생각을 알 수 있다. 《논어》를 시대와 장소를 초월하는 최고의 고전이라 여기는 사람이 많지만, 실제로 논어를 다 읽어 낸 사람은 많지 않은 것 같다. '두껍다', '한자 해석이 힘들다' 등 몇 가지 이유가 있을 것이다. 주제에 따라 정교하게 편집되지 않았다는 점도 책을 읽기 힘든 이유 중 하나일 듯싶다.

《논어》 각 편의 제목은 맨 앞의 구절 두세 글자를 따서 지어졌다. 예를 들어 [학이편]은 '학이시습지 불역열호아'의 '학이'를 따서 지었다. 《논어》는 제1편 학이 學而부터 제20편 요왈 堯曰까지 총 20편, 498개의 장으로 구성되어 있다. 다루는 주제는 상당히 광범위하다. 그렇다 보니 맥락을 잡기 어렵고 체계적으로 이해하기 힘들 수 있다. 《논어》에 처음 도전하는 독자들은 핵심적인 장을 초역한 필자의 《살면서 꼭 한 번은 논어》를 읽어 보면 도움이 될 것이다.

논어의 핵심 키워드는 '군자 君子'이다. 군자는 여러 가지로 해석할 수 있는데, '정치를 하는 귀족 계급, 군주와 명예를 따르는 자'가 그 일차적인 뜻이다. 조금 더 윤리적인 차원에서 '군자'의 의미를 풀이해 보면 군자는 '인간다움을 간직한 사람, 인간의 도리를 추구하는 사람'이다. 존경할 만한 훌륭한 인간이다.

그렇다면 군자는 어떤 덕목을 가진 사람인가? 사람이 마땅히 행해야 할 덕목을 가진 자다. 어떤 덕목일까? 공자는 '인 仁'을 강조했지만, 이후 유가의 덕목은 맹자, 동중서, 정호, 주자 등에 의해 인의예지신 仁

義禮智信, 오상五常으로 정리되었다.[2] 한마디로 군자는 인의예지신을 깨닫고 실천하는 사람이다. 《논어》를 인의예지신의 다섯 가지 덕목으로 기둥을 세워 살펴보면 맥을 잡을 수 있다. 그리고 이 다섯 기둥을 굳건히 세우는 데 도움을 주는 세부적인 실천 덕목이 있다. 충忠, 서恕, 관寬, 의義, 용勇, 효孝 등이 그것이다. 군자의 덕목, 인의예지신을 중심으로 《논어》의 맥을 잡아 보자.

인간다운 리더가 되는
다섯 가지 기본

인(仁): 사랑과 어짊

군자의 첫 번째 덕목이자, 모든 덕목을 포함하는 '인仁'은 '사람의 관계에서 사랑과 어짊'이다.

老者安之, 朋友信之, 少者懷之.

(노자안지 붕우신지 소자회지)

어르신들은 편안히 해드리고, 친구들은 믿음으로 대하며, 나이 어린 자들은 품어 주고 싶다.

공자,《논어》[공야장]

---

2   오상은 모두 넓은 의미의 인(仁)에 포함되는 개념이다.

모두 관계에 대한 말이다. 먼저 윗사람, 어르신들은 편안하게 해드린다. 다음으로 수평적인 관계이다. 친구들에게는 말과 행동에 진심을 다하고 서로 믿음을 주고받는다. 나이 어린 사람들과의 관계에서는 사랑을 준다. 먼저 경험한 사람으로서 후배들의 아픔을 보듬어 주고 위로한다. 모든 관계를 관통하는 가장 중요한 본질은 타인에 대한 사랑이다. '인'은 곧 타인에 대한 사랑이다.

仁者先難而後獲, 可謂仁矣.
(인자선난이후획 가위인의)
어려운 일을 먼저하고 얻는 것을 나중에 하면, 인이라 할 수 있다.

공자, 《논어》 [옹야]

'인'에 대해 직접적으로 알려 주는 말이다. 인덕이 있는 사람은 남들이 꺼리는 일을 피하지 않고 먼저 한다. '얻는 것을 나중에 한다'는 말은 '일을 한 뒤에 그 결과로 얻는 이익에 조급증을 가지지 않는다' 혹은 '많은 이를 위한 일은 먼저하고, 개인적인 이익이 되는 일을 뒤에 한다'로도 해석할 수 있다. 어떤 경우든 남과 나를 다르게 생각하지 않는 사랑이 바탕이 되어야 가능한 것이다.

夫仁者, 己欲立而立人, 己欲達而達人.
(부인자 기욕립이립인 기욕달이달인)

能近取譬, 可謂仁之方也已.

(능근취비 가위인지방야이)

인仁한 자는 자기가 서 있고 싶은 곳에 다른 사람도 설 수 있게 해 주고, 자기가 통달하고 싶은 것에 다른 사람도 통달하게 해 준다.

가까이 자신을 미루어 다른 사람의 마음을 아는 것이 인仁을 얻는 방편이라 할 수 있다.

공자, 《논어》 [옹야]

'인' 함은 자기가 하고 싶은 것은 남도 하고 싶다는 것을 공감하는 데에서 시작한다. 상대방의 욕구를 이해하면, 자기가 얻고 싶은 것을 타인도 얻게 해 줄 수 있다. 상대의 마음을 읽는 그 정성에서 인간다움, 사랑이 시작된다. 여기에서 '인'을 실천하는 덕목을 생각해 볼 수 있다. 그것은 바로 '충서忠恕'이다. 충서는 자기 마음과 뜻을 다하여 남을 나처럼 대하는 것이다.

出門如見大賓, 使民如承大祭. 己所不欲, 勿施於人.

(출문여견대빈 사민여승대제 기소불욕 물시어인)

문밖에 나가 길 가는 사람을 보면 귀한 손님을 뵙는 것처럼 하고, 백성을 부릴 때는 큰 제사를 받들 듯 하라. 자기가 하고 싶지 않은 것은 남에게 시키지 말아야 한다.

공자, 《논어》 [안연]

사랑은 혈연이나 지연에서 비롯되는 것이 아니다. 문밖에 나가 지나가는 누구를 보든 귀한 손님처럼 대하는 것, 누구든 차별 없이 대하는 것이 '인'이다. 마음을 넓게 가지고, 상대의 신분이나 나와의 관계에 연연하지 말고 소중하게 여기는 것이다. 더 나아가 다른 사람을 나와 같이 대하는 것, 그리고 내가 하고 싶지 않은 일은 남에게도 시키지 않는 것이 '인'의 실천이다.

君子成人之美, 不成人之惡, 小人反是.
(군자성인지미 불성인지악 소인반시)
군자는 다른 사람의 아름다운 명성을 이루게 하고, 나쁜 명성은 이루어지지 않게 한다. 소인은 그와 반대로 한다.

공자, 《논어》 [안연]

'인'을 실천하는 군자에게는 나와 남, 아는 사람과 모르는 사람의 차별이 없으니 다른 사람을 잘되게 해 준다. 타인의 본래 착한 심성, 장점, 잠재력을 더 빛나게 해 주는 것이다. 남의 명성은 남의 것이지 내 것이 아니다. 괜히 시기와 질투를 할 필요가 없다. 하지만 '인'을 실천하지 않는 소인은 남의 나쁜 점을 드러나게 하고, 장점은 깎아내린다. 비교하면서 열등감을 느끼고 어떻게 해서든 남을 끌어내려서 자기를 드러내려 한다. 군자에게 나와 남은 다르지 않은 존재다. 남을 해치고, 남에게 사랑을 베풀지 않고, 자기만 잘 될 수 있다는 착각에 빠지지 않는다. 하지만 소인에게 나와 남은 철저하게 분리되어 있다. 그러니 남을 해쳐서라도 자기 이익을 챙기려 한다.

> 不患人之不己知, 患不知人也.
> (불환인지불기지 환부지인야)
> 다른 사람이 나를 알아주지 않는 것을 근심하지 말고, 내가 남을 알지 못하는 것을 근심해야 한다.
>
> 공자, 《논어》 [학이]

> 君子求諸己, 小人求諸人.
> (군자구저기 소인구저인)
> 군자는 자기를 나무라고, 소인은 다른 사람을 나무란다.
>
> 공자, 《논어》 [위령공]

같은 맥락에서 군자는 일이 뜻대로 되지 않을 때 남을 탓하지 않는다. 모든 것은 자신에게서 비롯된다는 것을 알고 있기 때문이다. 하지만 소인이 생각하는 것은 다르다. 소인은 잘되면 자기가 잘나서 그런 것이고, 잘못되면 남 탓, 세상 탓을 한다.

의(義): 인간다움, 양심을 추구하는 것

군자의 두 번째 중요한 덕목은 '의義'다. '의'는 '인간다움, 양심, 옳은 것을 추구하는 것'이다. 군자는 의와 이익 중에 항상 의를 선택한다. 인간은 그저 살기 위해 태어난 것이 아니다. 인간다움을 실천하기 위해 살아간다. 하지만 소인은 인간다움보다 자기 몸의 보전이 더 중요하다. 몸이 편해야 하고, 몸을 편하게 하기 위한 경제적인 이익과 재화가 중요하다. 그러니 이익을 탐한다. 조금 옳지 않더라도, 조금 덜 인간적이더라도, 조금 남을 해치더라도 이익을 얻을 수 있는 길을 택한다.

> 君子喩於義, 小人喩於利.
> (군자유어의 소인유어리)
> 放於利而行, 多怨.
> (방어리이행 다원)
> 군자는 도의에 밝다. 소인은 오직 사리에만 밝다.
> 자기의 이익만을 추구하면 원망을 많이 산다.
>
> **공자, 《논어》 [이인]**

인간다움을 추구하는 군자는 '무엇이 인간의 도리인지, 인간은 어떠해야 하는지' 그 이치에 밝다. 하지만 소인은 '어떻게 하면 이익을 얻을지'에 골몰한다. 그렇게 자기 이익만을 추구하다 보면 다른 이들의 원망을 산다. 인간의 역사를 생각해 보라. 얼마나 많은 사람이 뛰어난 재주를 가지고도 남을 해치면서 자기 이익을 추구했던가? 그 과정에서 무고한 생명들이 얼마나 많이 희생당하고, 원한의 역사가 이어져 왔던가?

飯疏食飮水, 曲肱而枕之, 樂亦在其中矣.

(반소사음수 곡굉이침지 낙역재기중의)

不義而富且貴, 於我如浮雲.

(불의이부차귀 어아여부운)

거친 밥을 먹고 물을 마시며 팔을 굽혀 베개 삼더라도 그 가운데도 즐

거움이 있다.

의롭지 않게 부귀한 것은 나에게 뜬구름과 같은 것이다.

공자, 《논어》 [술이]

하지만 인간은 부귀영화의 유혹을 뿌리치기 힘들다. 부유하고 편안

하면 얼마나 좋은가? 기왕이면 그렇게 살면 좋지 않은가? 물론 부귀한

것은 절대 죄가 아니다. 하지만 여의치 않은 상황도 담담하게 받아들이

는 자가 군자다. 담박한 삶 속에도 즐거움이 있다. 아무리 부귀하더라

도 인간다움과 양심을 저버리고 얻은 것은 뜬구름과 같다.

見利思義

(견리사의)

이익을 보면 의로움을 생각하라.

공자, 《논어》 [헌문]

이익 앞에서는 그것이 정당한지 생각해야 한다. 정의롭지 않은 방식,

양심에 거리끼는 방식으로 돈을 벌면 안 된다. 이익 앞에서는 올바름보다는 욕심의 힘이 더 세지는 것이 사실이다. 그럴 때 앞뒤 가리지 않고 이익을 향해 돌진하지 말자. 잠깐 멈추고 심호흡하자. '이것이 옳은가?', '양심에 부끄러운 일은 아닌가?'를 1분만 천천히 생각해도 판단을 그르치지 않을 것이다.

최근 화두인 ESG 경영은 환영할 만한 일이다. 기업은 단순히 이익만을 추구하는 집단이 되어서는 안 된다. 이익만을 추구하는 사회에 사랑과 인간다움을 실천하는 사람들이 많이 나오기는 쉽지 않다. 소인만 가득하고 군자는 찾아볼 수 없는 세상은 오랫동안 지속되기 힘들다.

예(禮): 진실한 마음과 절제

군자가 가져야 할 세 번째 덕은 '예禮'다. '예'란 '진실한 마음과 절제'이다. 사실 유교의 예에 대해 오해가 많다. 형식적인 예에 치우친 해석이 많은 것이다. 하지만 실제 공자의 말을 보면 생각이 달라질 것이다.

禮, 與其奢也, 寧儉, 喪, 與其易也, 寧戚.
(예 여기사야 영검 상 여기이야 영척)
예는 사치한 것보다는 검소한 것이 낫고, 장례는 형식에 치우치는 것보다는 슬퍼하는 것이 낫다.

공자, 《논어》 [팔일]

공자는 정확하게 형식보다 실질적인 예에 대해 말하였다. 제사상에 반찬을 이렇게 저렇게 배치하라는 식의 자질구레한 형식적인 예법을 강조한 것이 아니다. 장례에서는 떠나간 사람을 생각하며 슬퍼하는 그 마음, 실질, 본질이 중요하다는 것을 강조하였다.

恭而無禮則勞, 愼而無禮則葸, 勇而無禮則亂, 直而無禮則絞.
(공이무례즉로 신이무례즉사 용이무례즉란 직이무례즉교)
공손하되 예가 없으면 (남의 비위만 맞추어) 헛수고가 된다.
신중하되 예가 없으면 (삼가기만 하고 나서지 않으니) 두려워한다.
용감하되 예가 없으면 (분별없이 날뛰니) 난폭하게 된다.
정직하되 예가 없으면 (곧기만 하여 치우치니) 남을 헐뜯을 뿐이다.

공자, 《논어》 [태백]

이 말에서 '예'의 핵심적인 속성을 알 수 있다. 공자의 '예'는 중용이고 절제이다. 생각과 말과 행동이 중용으로 향하는 것이 '예'다. 중용은 물리적인 중간 지점이 아니다. 어느 한쪽으로 치우치지 않는 것, 사물에 넘치고 모자람이 없는 자연스러움, 적절함이다.

사람을 대할 때 공손하게만 한다면 인간답지 않거나 의롭지 않은 상대의 말과 행동에도 비위를 맞추게 된다. 그 관계는 전혀 조화롭지 못하다. 시간 낭비, 헛수고다. 모든 일에 지나치게 신중하면 행동하지 못한다. 실천을 두려워하는 겁쟁이가 된다. 반대로 용기만 앞세우면 정신없이 날뛰니 난폭하고 어지럽다. 지나치게 정직해서 중용을 잃으면 상대를 비방하기만 할 뿐 서로 성장하고 자극하는 기회를 잃는다. '예'로써 생각과 행동을 절제하는 것, 그것이 군자의 덕목이다.

지(智) 학(學): 지혜로움, 배움과 성장

군자가 갖추어야 할 덕목 중 공자가 크게 강조한 하나가 '지智'다. 지는 '학學'과 연결되는데 '지혜로움, 배움과 성장'으로 정의할 수 있다.

> 學而時習之, 不亦說乎! 有朋自遠方來, 不亦樂乎!
> (학이시습지 불역열호 유붕자원방래 불역락호)
> 人不知而不慍, 不亦君子乎!
> (인부지이불온 불역군자호)
> 배우고 때에 맞게 그것을 행하면 기쁘지 않겠는가! 벗이 먼 곳에서 찾아오면 즐겁지 않겠는가! 사람들이 나를 알아주지 않더라도, 노여움을 품지 않으면 군자가 아니겠는가!
>
> **공자, 《논어》[학이]**

너무나도 유명한 《논어》의 첫 구절이다. 먼저 깨달은 사람들의 지혜와 지식을 잘 배우는 것이 '학學'이다. 배운 것은 실천하고 적용하지 않으면 고여서 썩어 버린다. 아는 것은 실천해야 한다. '습習'은 새가 하늘을 날기 위해 연습하는 것이다. 새가 나는 법을 배우더라도 날갯짓하지 않고 가만히 있으면 날 수 없듯, 배운 것은 반복해서 익히고 실천해야 내 것이 된다. 배운 것을 제대로 행하는 것이 바로 진정한 배움이다.

진정한 배움을 즐기는 군자는 남들의 인정을 바라지 않는다. 배움의 과정에서 성장하는 그 자체로 만족스러울 뿐이다. 세상이 나를 알아주지 않는다고 노여움을 품는 것은 소인의 행동이다.

學而不思則罔, 思而不學則殆.
(학이불사즉망 사이불학즉태)
배우기만 하고 생각하지 않으면 얻는 것이 없고, 생각하기만 하고 배우지 않으면 위태롭다.

공자, 《논어》 [위정]

배우고 실천하는 것만큼 중요한 것이 자기 생각을 갖는 것이다. 배움과 사색은 균형을 잡아야 한다. 남의 생각을 그대로 받아들이기만 하고 스스로 생각이 없으면 평생 남의 그늘에서 벗어날 수 없다. 다른 사람의 생각을 전달하는 녹음기, 앵무새의 수준을 벗어나지 못한다. 사색하지 않는 지식은 위태롭고 불안한 지식이다. 배운 것을 따져서 묻고, 깊이 생각하고, 그중에서 자기가 옳다고 결론 내린 것을 잘 분별해 실천하는 것이 진정한 배움의 모습이다.

[옹야] 편에서 공자는 배우는 자에게 중요한 심법을 전수해 준다.

力不足者, 中道而廢, 今女畫.

(역부족자 중도이폐 금녀획)

힘이 부족한 사람은 중도에 그만둔다. 지금 너는 스스로 한계선을 긋고 있는 것이다.

공자, 《논어》 [옹야]

염구라는 공자의 제자가 자기는 공자의 도를 좋아하고 구하고자 하나, 힘이 부친다고 하였다. 그러자 공자는 스스로 한계를 그어 두고 행하지 않기 때문에 더 나아가지 못하는 것이지, 결코 힘이 부족한 것이 아니라고 경계하였다.

무엇을 배우고 성취하느냐, 그렇지 못하느냐 하는 것은 자기 심법의 경계에 따라 다르다. '나는 여기까지야' 하고 한계 지어 버리는 그 의식이 성취를 가로막는 것이다. 누군가가 해낸 것은 자기를 잘 계발하면 결국에는 해낼 수 있는 것이다. 자신의 한계선을 긋는 것은 게으름을 위한 핑계가 될 뿐이다.

君子不器.

(군자불기)

군자는 용도가 제한적인 그릇이 되어서는 안 된다.

공자, 《논어》 [위정]

배움의 결과로 군자는 어떻게 되어야 하는가? 그릇에 물을 부으면 딱 그릇 모양 그대로 물을 담을 수 있다. 그릇 안에 들어간 물은 더 이상 변화할 가능성이 없다. 사람이 자신을 그릇처럼 고정된 존재로 규정해 버리면 그릇의 경계에 갇혀 변화하기 힘들다. 하지만 사람은 언제나 변화와 성장을 할 가능성을 가지고 있다. '나는 이러이러한 그릇이다'라고 자신을 제한하는 순간 딱 그만큼의 사람이 되고 만다. 자신의 한계를 설정하지 마라. 그 순간 배움으로 성장할 가능성이 사라지고 만다.

三人行, 必有我師焉. 擇其善者而從之, 其不善者而改之.
(삼인행 필유아사언 택기선자이종지 기불선자이개지)
세 사람이 길을 가면 그중에 반드시 나의 스승이 있다. 선량한 사람에게서 선함을 가려 따르고, 선량하지 못한 사람에게서 그 선하지 않은 것을 거울삼아 자신의 허물을 고쳐라.

공자, 《논어》 [술이]

배우는 것은 앉아서 책을 읽으면서만 하는 게 아니다. 주변을 둘러보면 언제나 배울 사람이 있다. 모든 만남은 배움이다. 장점이 있는 사람은 그 사람대로, 단점이 있는 사람은 또 그 사람대로 배울 점이 있고, 내 스승이 될 수 있다. 장점에서 내가 배울 것을 찾고, 단점에서 내가 고쳐야 할 것을 배우면 된다. 사람은 결국 사람에게서 배운다. 책을 쓴 것도 사람이고, 우리가 참고할 수 있는 인간의 역사도 모두 사람이 만들어

낸 것이다.

신(信): 자기 말을 책임지는 것

군자의 다섯 번째 덕목은 '신信'이다. '信'을 파자하면 사람人 의 말言 이다. '자기가 한 말에 책임을 지는 것'이다. 자기 말을 상대방이 믿을 수 있도록 책임지는 것이 '신'이다.

朋友交, 言而有信, 雖曰未學, 吾必謂之學矣.
(붕우교 언이유신 수왈미학 오필위지학의)
벗과 사귀되 말에 믿음이 있다면, 비록 배우지 않았다고 하더라도 나는 반드시 그를 배운 사람이라고 할 것이다.

공자, 《논어》 [학이]

공부를 많이 한 사람이 성숙한 사람이 아니라, 상대에게 믿음을 주는 사람이 성숙한 사람이다. 말은 한 사람의 마음이 담긴 것이다. 말에 믿음이 없다는 것은 그 말을 한 사람이 진실하지 않다는 뜻이다. 진실하지 않은 사람은 아무리 많은 지식을 갖고 있더라도 군자라고 할 수 없다. 앞서 밝힌 군자의 모든 덕목은 반드시 말로 드러난다. 그 말이 진실하지 않고 믿음을 얻기 힘들다면 아직 성숙하지 못한 것이다.

古者言之不出, 恥躬之不逮也.

(고자언지불출 치궁지불체야)

옛사람은 말을 경솔하게 하지 않았다. 그들의 행동이 말한 것에 미치지 못함을 부끄럽게 여겼기 때문이다.

공자, 《논어》 [이인]

말은 어렵지 않다. 그것을 실천하는 것이 어렵다. 자기가 한 말에 책임을 지고 행동하여 신뢰를 얻기가 어려운 것이다. 군자는 말한 것을 실천하지 못하는 것을 부끄럽게 여긴다. 그래서 신중하게 말한다. 말한 것을 실행하지 않아도 된다고 생각하는 사람들은 말을 가볍게 한다. 어차피 실행하지 않아도 된다고 생각하니 무슨 말을 하든 관계없다고 여긴다. 가볍게 말하지 마라. 한 번 내뱉은 말은 듣는 사람에게 각인된다. 나중에 '기억이 나지 않는다'고 발뺌하는 것은 부끄러운 일이다.

5분 통찰

《논어》를 통해 인간다움을 실천하는 군자의 다섯 가지 덕목을 살펴보았다. 이런 덕목을 아는 것도 중요하지만 더 중요한 것은 실천이다. 아는 것에서 그치지 않고, 내 삶을 조금씩이라도 개선하려는 노력이 중요하다. 이때 필요한 덕목이 용기다.

過則勿憚改.

(과즉물탄개)

잘못이 있거든 두려워하지 말고 즉시 고쳐야 한다.

공자,《논어》[학이]

무언가 개선할 점이 있다면 그것을 있는 그대로 바라보고 인정해야 한다. 그리고 생각해 보자. '이것을 고치는 것이 좋지 않을까?' 하는 생각이 든다면 즉시 고치면 된다. 자기 잘못을 그대로 바라보기 위해서는 용기가 필요하다. 단점을 인정한 뒤에 과감하게 고치기 위해서는 변화를 두려워하지 않는 용기가 필요하다. 자기 잘못을 인정하지 않고 변화를 두려워하는 자에게는 성장과 발전이 없다.

장자, 《장자》

나를 완전히 잃어야
비로소 새롭게 시작할 수 있다

장자의 혜안

朝菌不知晦朔 惠蛄不知春秋 此小年也

(조균부지회삭 혜고부지춘추 차소년야)

아침에 돋은 버섯은 그믐과 초하루를 모르고,

매미는 봄, 가을을 알지 못한다.

이것은 기간이 짧은 탓이다.

장자, 《장자》 [소요유]

　아내가 죽었다. 남자는 처음에 보통 사람들처럼 슬퍼하였다. 하지만
관점을 달리하여 생각해 보니 슬퍼할 것이 없었다. 그래서 두 다리를

뻗고 앉아 항아리를 두드리며 노래 불렀다. 친구 혜시가 찾아왔다. 혜시는 평소에 자기 친구가 남다르다는 것은 알았지만, 아내가 죽었는데도 노래를 부르고 앉아 있으니 기가 찼다.

"이보게, 아내가 함께 자식을 키우고 천수를 다하고 죽었다면 곡은 안 해도 될 것이네. 하지만 항아리를 두드리며 노래를 부르는 건 너무 심한 것 아닌가?"

남자는 천연덕스럽게 말하였다.

"그렇지 않네. 아내가 처음 죽었을 때 나라고 어찌 슬픈 마음이 없었겠나? 그러나 아내 생명의 시작을 살펴보니 본래 생명이라는 것은 없었네. 형체도 없고, 기氣도 없었지. 무엇인가 혼돈 속에 섞여 있다가 변해서 기가 생겼고 기가 변해서 형체가 생기고, 형체 속에서 생명이 생긴 것이네. 그리고 오늘 다시 변해 죽음이 된 것이지. 이는 춘하추동 사계절이 운행하는 것과 같을 뿐이네. 아내가 천지라는 거대한 방에 누워 잠을 자려는데 내가 소리 지르며 곁에서 운다면 천명을 모르는 것 아니겠나?"

장자莊子, B.C. 369?-286는 중국 전국 시대 송나라 출신 도가 사상가로, 인간을 구속하는 모든 고정 관념의 사슬에서부터 의식의 해방을 주장하였다. 그의 사상은 종잡을 수 없고, 어느 틀에 가두기 힘들다. 자유분방하고 호탕하다. 일반적이고 상식적인 관점이 아니다. 장자 철학에서 배울 수 있는 핵심적인 삶의 태도는 바로 '관점의 전환'이다. 학습된 관점으로 주어진 현실을 그대로 받아들이지 말고, 다르게 바라보는 것이다. 장자에게는 심지어 아내의 죽음마저도 슬퍼할 일이 아니라 노래를 부르며 기뻐할 일이었다.

장자가 살던 전국 시대, 백성들의 삶은 참으로 팍팍하였다. 지배자들은 이런저런 명분을 앞세워 자기 나라에서 권력을 잡고, 이웃 나라와 전쟁해서 이익을 얻는 데 집중하였다. 그들의 거짓 놀음에 놀아나면 자유로운, 주인의 삶을 살 수가 없었다. 윤리, 제도, 명분같이 인위적인 고정관념은 권력을 가진 자가 백성들을 지배하기 위한 수단에 불과하였다.

작은 지혜는
큰 지혜에 미치지 못한다

"원숭이를 기르는 주인이 아침 먹이로 알밤을 주면서 아침에 세 개 저녁에 네 개를 주겠다고 말하였다. 그러자 원숭이들은 모두 성을 냈다. 이에 주인은 아침에 네 개, 저녁에 세 개를 주겠다고 하였다. 원숭이들은 모두 좋다고 하였다."

장자, 《장자》 [제물론]

조삼모사朝三暮四 고사의 유래가 된 우화다. 주인은 알밤을 더 주지 않고서도 원숭이들을 효과적으로 통제할 방법을 고민한다. 애초부터 원숭이들에게 더 많은 알밤을 줄 생각은 없다. 원숭이는 자기보다 어리석은 존재다. 아침에 세 개, 저녁에 네 개를 주나 아침에 네 개, 저녁에 세 개를 주나 결과는 똑같다. 달라지는 것이 없다. 주인이 조금만 술수를 쓰면 원숭이들은 눈앞에 보이는 차이에만 정신이 팔려 결국 결과가 같다는 사실을 깨닫지 못한다. 원숭이들은 당장 아침에 알밤 네 개를 먹을 수 있다는 사실이 기쁘다. 그렇게 주인의 통제에서 여전히 벗어나지 못한다.

장자는 백성들이 이런 원숭이처럼 보이지 않았을까? 좁은 시야로 권력을 쥔 자들이 만든 판 안에서 본래의 자기를 잃어 간다고 생각하지 않았을까?

우물 안 개구리가 동해의 자라에게 이렇게 말하였다.

"나는 즐겁다네! 한 번 뛰어올랐다 하면 우물 난간에 오르기도 하고 우물 벽돌이 빠진 구멍에 들어가 쉬기도 한다네. (중략) 장구벌레와 게와 올챙이를 봐도 내 능력을 따라올 자가 없다네. 또한 한 구덩이의 물을 내 맘대로 하고 우물의 쾌락을 독차지한다네."

자라는 바다 이야기를 해 주었다.

"바다는 천 리보다 멀어 그 크기를 잴 수 없고 천 길 높이로도 그 깊이를 다다를 수 없다네! 우임금 때 아홉 번 홍수에도 물이 불어나지 않았고, 탕임금 때 8년 가뭄에도 물기슭이 줄어들지 않았지. 시간이 길고 짧음에 따라 변하지 않고 양이 많고 적음에 따라 나아가거나 물러나지 않는 것이 역시 동해 큰 즐거움이라네."

우물 안 개구리는 이 말을 듣더니 안절부절 놀라 정신을 잃었다.

장자, 《장자》 [추수]

우물 안 개구리에게는 우물이 모두 자기 것이다. 마음대로 뛰어놀고 그 안에 있는 것을 소유한다. 주변을 둘러보아도 자기보다 능력이 더 뛰어난 자가 없다. 세상 편하고 행복하다. 개구리에게는 우물이 자기가 아는 모든 세상이다. 하지만 동해에서 온 자라에게 개구리는 애송이에 지나지 않는다. 바다는 우물을 없애 버릴 만한 홍수나 말려 버릴 가뭄에도 변화가 없다. 상상조차 할 수 없는 크기이다. 개구리의 두뇌 회로에 이상이 생긴다. 도대체 얼마나 크단 말인가! 진짜 세상을 제대로 알지 못하면, 인위에 갇혀 자연으로 돌아가지 않으면, 우물 안 개구리처럼 제가 아는 좁은 세상이 전부인 줄 알고 날뛰는 우를 범할 수 있다.

"북해에 한 물고기가 있는데 이름을 곤鯤이라 한다. 곤은 크 크기가 몇천 리인지 알 수 없다. 이것이 변해 새가 되는데 그 이름이 붕鵬이다. 붕의 등 넓이도 몇천 리인지 알 수 없다. 한 번 노하여 날면 그 날개가 하늘에 구름을 드리운 것 같다. (중략) 대붕이 날아갈 때는 물결이 3,000리이며 폭풍을 타고 9만 리 상공에 올라 여섯 달이 되어야 쉰다."

장자, 《장자》 [소요유]

이쯤 되면 개구리는 기절초풍할 노릇이다. 크기가 몇천 리가 되는 물고기, 그것이 변해서 되는 거대한 붕鵬. 한 번 날면 9만 리를 날아올라 여섯 달 뒤에나 쉰다니, 스케일이 다른 이야기이다. 상상조차 할 수 없는 이야기. 이런 세상이 있을까? 우물 안에만 갇혀 있는, 기존의 고정관념에 빠져 있는 사람들에게는 듣기만 해도 어질어질한 이야기이다. 이런 말도 안 되는 이야기를 들었을 때 반응은 세 가지이다.

1. 말도 안 된다며 비웃는다. 무시한다.
2. 긴가민가 머리를 갸우뚱한다. 조금 알아보다 그만두거나, 알아보는 것을 미루어 둔다.
3. 신선한 충격을 받고 열린 마음으로 새로운 관점을 받아들인다.

매미와 텃새가 대붕을 비웃으며 말하였다.
"내가 마음먹고 한번 날면 느릅나무와 빗살나무까지 갈 수 있지. 어쩌다 가끔 이르지 못해 땅에 곤두박질할 때가 있지만. 무엇 때문에 9만 리 창공을 날아간단 말인가?"

장자, 《장자》 [소요유]

매미와 텃새는 1번을 택한다. 대붕의 행동이 도통 이해가 되지 않는다. 하루하루 먹이를 구하고 살려면 그저 눈앞에 보이는 나무까지만 날아가면 그만인데 왜 굳이 9만 리 창공을 날아오른단 말인가? 매미와 텃

새에게 대붕은 비웃음의 대상일뿐이다.

알바트로스라는 새를 아는가? 알바트로스라의 날개는 보통 길이가 3미터에 이른다. 이 커다란 날개로 한 번 바람을 타면 5,000킬로미터까지 비행한다. 앞의 이야기에 나온 대붕의 수준이다. 멋진 날개를 가졌다. 하지만 알바트로스가 땅에 내려와 뒤뚱거리며 걸어 다닐 때는 그 큰 날개가 방해된다. 땅 위에서 걷는 것에 익숙한 다른 동물들에게는 놀림의 대상이다. 높은 뜻을 가진 사람의 생각은 보통 사람들에게는 작아 보이거나 비웃음거리가 될 수도 있다.

이 이야기를 들려주면서 장자는 이렇게 말한다.

小知不及大知 小年不及大年
(소지불급대지 소년불급대년)
작은 지혜는 큰 지혜에 미치지 못하고, 어린아이는 어른의 지혜에 미치지 못한다.

장자, 《장자》 [소요유]

하루살이는 한 달 뒤의 일을 알지 못한다. 매미는 여름만 알지 다른 계절을 알지 못한다. 뱁새는 관점을 바꾸지 않는 한 죽었다 깨어나도 대붕의 세계를 알 수 없다. 눈먼 사람과는 아름다운 풍경을 함께 즐길 수 없고, 귀 먼 사람과 음악을 함께 들을 수 없다. 인간 인식의 수준에도 장님과 귀머거리가 있다. 생각의 틀을 바꾸지 않으면 높은 수준의 사람과 함께 대화를 나누는 것조차 힘들다.

하루는 친구인 혜자가 장자에게 말하였다.

"위나라 왕이 내게 큰 박씨를 주었는데 내가 이것을 심었더니 닷 섬 들이 큰 박이 열렸다네. 물과 장을 담자니 무거워 들 수가 없고, 쪼개서 바가지를 만들자니 평평해서 담을 수가 있어야지. 할 일 없이 크기만 하고 쓸모없어 부서뜨렸네."

혜자는 박씨를 심어 커다란 박을 얻었는데 기존에 자기의 상식으로 는 쓸모가 없었다. 그래서 부수어 버렸다. 이 말을 들은 장자는 이렇게 말하였다.

"자네는 정말 큰 것을 쓸 줄 모르는군. 송나라에 거북등 손 치료약을 가진 사람이 있었는데 대대로 솜을 물로 세탁하는 직업으로 먹고 살 았다네. (중략) 한 객이 그 기술을 사서 오나라 왕에게 유세하였네. 월 나라가 침입하자 오왕은 그를 장수로 삼아 겨울에 수전을 벌였지. 그 는 월나라에 승리하고 땅을 받아 영주가 되었네. 거북등 손을 치료하 는 약은 하나이지만 혹자는 그것으로 영주가 되고 혹자는 세탁업을 면치 못했으니 그 씀이 달랐기 때문이네."

장자, 《장자》 [소요유]

세탁업자는 거북등 손을 치료하는 약을 세탁업에만 활용하였다. 그 가 아는 세상은 그게 전부였기 때문이다. 하지만 그 기술을 사서 전쟁에 활용한 사람은 한 나라의 장군이 되고, 전쟁에서 승리해 영주가 되었다. 당신이 한 조직을 이끄는 리더라면 보유한 자원들을 어떻게 잘 활용할지 궁리해야 한다. 그것은 물건이 될 수도 있고, 인적인 자원이 될 수도 있다. 가지고 있기만 해서는 크게 쓸 수 없다. 쓰는 것은 사람의 일이다. 다양한 관점에서 활용할 방안을 고민하면 그 활용을 극대화할 수 있는 방법을 찾아낼 가능성이 있다. 여기서 중요한 것은 '거북등 손 약은 세탁용'이라는 관점에서 '거북등 손 약은 전쟁용'과 같은 관점의 변화이다.

관념을 뒤집으면
더 큰 세계를 발견한다

관점은 어떻게 변화할 수 있을까? 어떻게 하면 기존과는 다른 새로운 생각을 할 수 있을까?

> 남곽의 자기가 책상에 기대어 앉아 있었다. 하늘을 우러러 숨쉬며, 멍하니 몸을 잊은 듯했다. 제자인 안성자유는 앞에 시중들며 서 있었다가 물었다.
>
> "어쩐 일이신지요? 몸은 꼭 마른 고목 같고 마음은 꼭 죽은 재처럼 하고 계시니 말입니다. 오늘 탁자에 기대고 앉은 선생님은 어제의 그 사

람이 아닌 것 같습니다."

자기가 말하였다.

"너는 현명하게 그것을 질문하는구나, 지금 나는 나를 죽였다(吾喪我).
너는 그것을 아느냐?"

장자, 《장자》, [제물론]

스승의 몸이 마른 고목 같고, 마음은 꼭 죽은 재처럼 변해 버렸다. 살아 있지만 살아 있는 것이 아닌 듯한 낯선 모습. 제자는 당황해서 어제의 선생님이 아닌 것 같다고 말한다. 그런 제자를 칭찬하는 스승. 스승은 말한다. '내가 나를 죽였다吾喪我'고.

여기에서 '오吾'는 '참된 자아, 고정 관념과 투쟁하는 나, 절대적인 도道의 관점에서의 나'다. 니체의 언어를 빌린다면 '어린아이와 같은' 나다. '상喪'은 무엇인가? '죽이는 것, 장사지내는 것'이다. 어린아이와 같은 본래의 나로 돌아가는 투쟁의 과정, 노력하는 여정이다. 괴테가 《파우스트》에서 말한 '노력하는 한 방황하는' 과정이다. 익숙함과의 결별이고 낯섦과의 만남이다. 이쯤 되면 '아我'가 어떤 의미인지 눈치챘을 것이다. '아我'는 '세상의 권위와 고정 관념에 갇혀 있는 나'다. 허구적인 자의식, 주인이 아닌 노예의 정신이다.

관점의 변화는 기존 노예와 같은 정신의 죽음을 전제로 한다. 남의 말에 휘둘리고, 권위에 굴복하고, 주입된 관념에서 벗어나지 못하면 새로운 관점을 얻기 힘들다. 고정된 관점으로만 세상을 살아가면 대붕처럼 날아오를 수 없고, 우물 안 개구리로만 살아갈 수밖에 없다.

"그는 보통 때처럼 똑바르고 단정한 자세로 앉아 있었다. 하지만 지금까지와는 다르게 보였다. (중략) 눈은 단지 물끄러미 열렸을 뿐 내부의 세계, 혹은 아득히 먼 세계를 향해 있었다. 완벽한 정지 상태로 데미안은 미동 없이 앉아 있었고 숨도 거의 쉬지 않는 것 같았다. (중략) 그 광경에 나는 전율하였다. 이런 모습이 진짜 데미안이다! (중략) 진짜 데미안은 이렇게 돌처럼 굳어 있고, 창백하고, 동물 같고, 아름답고, 차갑게 죽어 있지만 그 안은 비교할 수 없는 생명력으로 넘치는 사람이었다."

헤르만 헤세, 《데미안》

헤르만 헤세, 《데미안》에 보면 데미안이 변신하는 모습이 나온다. 일종의 도취 상태, 남곽 자기와 같은 '오상아 吾喪我'의 상태로 바뀐 모습이다. 껍데기가 아닌 진짜 자신의 모습으로 탈바꿈한다. 방황하면서 깨어나려는 싱클레어를 이끌어 주는 데미안은 항상 다른 관점으로 세상을 바라볼 것을 주문한다. 프란츠 크로머에게 끌려다니지 말고, 기존의 교회라는 권위에 휘둘리지 말고 자기만의 관점으로 당당하게 사내답게 살아가라고 주문한다.

다시 앞의 대붕 이야기로 돌아가 보자. 대붕이 9만 리 상공에 오를 때는 그냥 오르는 것이 아니다. '폭풍을 타고 搏扶搖' 오른다. '박 搏'은 '쥐다, 잡다, 취하다'라는 뜻이다. '부요扶搖'는 '폭풍, 회오리바람'의 뜻이다. 대붕은 그 커다란 몸을 끌어 올리기 위해 폭풍을 활용한다. 폭풍이라는 기회를 놓치지 않고 잡는다. 폭풍이란 무엇인가? 시련이다. 정신적인 혼돈이다. 의식의 균열이다. 세상을 다르게 보는 것은 평상시의 편안함에 기대서는 불가능하다.

5분 통찰

"어느 날 장주는 꿈에 나비가 되었다. 장주는 훨훨 나는 나비가 된 것이 기뻤고 흔쾌히 스스로 나비라고 생각하였다. 자기가 장주라는 것을 알지 못하였다. 하지만 금방 깨어나자 틀림없이 다시 장주였다. 장주가 꿈에 나비가 되었는지 나비가 꿈에 장주가 되었는지 알 수 없다."

장자, 《장자》, [제물론]

어디까지 관점을 전환할 수 있을까? 장자는 자기가 깨어 살아가는 현실조차 꿈이 아닌가 의심하였다. 꿈에서 나비가 된 장자가 진실인지, 나비가 꿈을 꾸어 장자가 된 것이 진실인지 의심하는 것이다.

잠을 자다 깨었을 때 의식이 돌아올 때까지 시간이 걸리는 경우가 있다. 눈을 뜨긴 했지만, 의식과 무의식의 경계에 있는 듯 몽롱하다. 천천히 고개를 돌려보면 익숙한 방 안의 물건들이 눈에 들어온다. 내 책상, 의자, 이불, 베개. 이런 것들을 보면서 서서히 '나'라는 존재를 의식한다. 우리가 보고 있는 현실은 어쩌면 꿈이나 감각 기관이 만들어 낸 허상이 아닐까? 오감으로 들어온 정보를 뇌에서 조합한 가상 현실은 아닐까? 데카르트는 모든 것을 의심하고 의심하다가 한 가지 결론에 이르렀다.

'나는 생각한다. 그러므로 존재한다.'

무엇이 확실한 진실인가? 누구나 믿는 현실까지도 허상이 아닐까 의심할 수 있는 것은 하나의 능력이다. 앞으로의 세상은 예측 불가능하다. 소위 전문가들의 예측은 대부분 빗나간다. 세상은 어떻게 변할지 모른다. 어떤 관점으로 세상을 볼 것인가? 자기 삶의 주인으로 살아가려면 반드시 남들의 권위에 따라가는, 학습된 것이 아닌 나만의 관점이 필요하다.